Krakau entdecken

Unterwegs zwischen Weichsel und Hoher Tatra

Aufgezeichnet von
Joanna Walas-Klute
und Thorsten Klute

Trescher
Reihe Reisen

2.,erweiterte und aktualisierte
Auflage 2006

Reinhardtstraße 9
10117 Berlin
www.trescherverlag.de
post@trescherverlag.de

ISBN 3-89794-088-4

Trescher-Reihe Reisen
Herausgegeben von Sabine Fach und
Bernd Schwenkros
Reihenentwurf: Robert Schumann
Redaktionelle Konzeption:
Detlev von Oppeln
Satz und Bildbearbeitung:
Martina Sailer
Umschlaggestaltung: Tom Schülke
Farbteilgestaltung: Bernd Chill
Lektorat: Thorsten Altheide,
Hinnerk Dreppenstedt
Redaktionelle Mitarbeit: Sabine Fach
Stadtpläne und Karten: Johann Maria
Just

Alle Angaben in diesem Buch wurden sorgfältig recherchiert und überprüft, trotzdem kann für die Richtigkeit keine Gewähr übernommen werden. Hinweise und Informationen unserer Leserinnen und Leser nimmt der Verlag gerne entgegen. Bitte schreiben oder mailen Sie unter obiger Adresse.

Gedruckt auf chlorfrei gebleichtem Papier

Printed in Germany

Vorwort 8
Hinweise zur Benutzung des Reiseführers 10
Zeichenlegende 11

Land und Leute 12

Kleinpolen 14
Geographie und Natur 16
Berge und Täler 16
Flüsse und Seen 17
Flora und Fauna 18
Klima 21

Die Geschichte Kleinpolens – polnische Geschichte 23
Die Anfänge Polens 23
Die Piasten-Dynastie 23
Die Jagiellonen-Dynastie 25
Das Wahlkönigtum 27
Die drei Polnischen Teilungen 28
Die polnischen Könige und Prinzen 31
Kleinpolen unter den Besatzungsmächten 33
Zwischen den Weltkriegen 34
Der Zweite Weltkrieg 35
Krakau in der Volksrepublik Polen 36
Polen heute 37
Die deutsch-polnischen Beziehungen 40
Die Bedeutung der katholischen Kirche in Polen 43
Essen und Trinken 45
Die polnische Sprache 48

Krakau 50

Eine Annäherung 52
Ulica Floriańska 54

Rynek Główny 57
Marienkirche 58
Die Kirche św. Barbary
und der Mały Rynek 61
Adam-Mickiewicz-Denkmal
und St. Adalbert-Kirche 63
Tauben 69
Die Tuchhallen 70
Krakauer Trachten 72
Die Häuser am Rynek 73
Krzysztof Penderecki 76
Das Universitätsviertel 77
Wisława Szymborska 80
Ulica Grodzka 81
Ulica Kanonicza 84
Tadeusz Kantor 86

Wawel 88
Die Kapellen und Grabkammern
des Doms 90
Der Sigismundturm 92
Das Wawelschloß 93
Die Ausstellungen 94
Die Drachenhöhle 97
*Die Legende vom Wawel-
drachen* 98

Kazimierz 99
Geschichte 99
Zeugnisse jüdischer
Vergangenheit 102
Remuh-, Tempel- und
Kupa-Synagoge 105
*Kazimierz als Kulisse für
›Schindlers Liste‹* 108
Das christliche Kazimierz 111

Nowa Huta 113
Die Kirche Arka Pana 116
Kloster in Mogiła 121

kWeitere Touren im Stadtgebiet 122
Krakauer Parks 122
Die vier Krakauer Hügel 124
Das Kamaldulenserkloster im Wolski-Wald 125
Die Benediktinerabtei in Tyniec 126
Mit dem Fahrrad vom Wawel zum Kościuszko- und Piłsudskihügel 127

Unterkunft, Gastronomie und Kultur in Krakau 130

Informationen 132
Post, Banken, Wechselstuben 132
Internetcafés 133
Unterwegs in Krakau 133
Übernachtungsmöglichkeiten 136
Lokalitäten 140
Museen, Galerien und Ausstellungen 145
Theater 151
Kino 152
Einkaufen 152
Feste und Veranstaltungen 154
Baden im Park Wodny 157
Zoo und Park 157

Die Umgebung von Krakau 158

Der Ojców-Nationalpark 160
Wanderung vom Schloß Pieskowa Skała zur Grota Łokietka 162
Weitere Wanderrouten im Ojców-Nationalpark 165

Kleinstädte im Südosten 167
Wieliczka 168
Die Legende von der Heiligen Kinga in Wieliczka 174

Geschichte des Salzbergwerks 175
Das Salzbergwerk heute 175
Niepołomice 178
Dobczyce 180
Myślenice 183
Bochnia 185

Das religiöse Kleinpolen 188
Johannes Paul II. - eine Region verehrt ihren berühmten Sohn 189
Wadowice 192
Kalwaria Zebrzydowska 194

Auschwitz - weltweites Symbol für den Völkermord 197
Geschichte des Konzentrationslagers 197
Auschwitz heute 198
Birkenau 200
Tadeusz Różewicz 201
Eine deutsch-polnische Begegnung in Auschwitz 203

Tarnów 205
Geschichte 205
Ein Stadtrundgang 209
Altstadtkathedrale und ›Dom Mikołajowskich‹ 209
Am Rynek 211
Der jüdische Stadtteil 212
Weitere Sehenswürdigkeiten 213

Die Bergregion 216

Zakopane 219
Architektur und Sehenswürdigkeiten 221
Museen und Galerien 223
Władysław Orkan 224
Wintersport in Zakopane 225

Die Góralen 228
Wanderungen in und um Zakopane 229
Gubałówka 229
Kasprowy Wierch 231
Oscypek am Straßenrand 233
Dolina Chochołowska 234
Dolina Kościeliska 234
Morskie Oko 235
Über das Tal Pięciu Stawów Polskich zum Morskie Oko 236

Nowy Targ 242
Rabka 244
Sucha Beskidzka 245
Der Babia-Góra-Nationalpark 247
Nowy Sącz 249
Piwniczna 252
Eine Anderung von Piwniczna nach Wąwóz Homole 253

Eine Floßfahrt auf dem Dunajec 255
Szczawnica 258
Die Minderheit der Lemken 260

Ein kleiner Sprachführer 261
Reisetips von A bis Z 271
Literatur- und Internethinweise 284
Die Autoren 285

Kartenverzeichnis 286
Ortsregister 287
Personenregister
Bildnachweis

Vorwort

Als ›das Herz von Polen‹ bezeichnet ein von der Wojewodschaft Małopolska herausgegebener Werbeprospekt die Region um Krakau, deren polnischer Name ins Deutsche mit ›Kleinpolen‹ übersetzt wird. Auch wenn sich hinter Werbeslogans gelegentlich mehr Schein als Sein verbirgt, so trifft das Schlagwort vom ›Herz Polens‹ auf diese traditionsreiche Gegend doch tatsächlich genau zu. Krakau, bis ins 17. Jahrhundert Hauptstadt Polens, zur Zeit der polnischen Teilungen, als Polen von der Landkarte verschwunden war, mit dem Status einer Freien Stadt ausgestattet und damit Zentrum des polnischen Nationalbewußtseins, im Zweiten Weltkrieg von Zerstörungen weitgehend verschont geblieben – dieses Krakau ist eine ganz besondere Stadt.

Aber nicht nur Krakau, das kulturelle, wirtschaftliche und politische Zentrum der Wojewodschaft Kleinpolen, sondern auch die Berge und Wälder, die Flüsse und Seen und die vielen kleinen und größeren Städte der Region sind eine Reise wert. Zakopane, die polnische Wintersporthauptstadt in der Hohen Tatra, hat sich nicht zuletzt aufgrund des jährlich dort ausgetragenen Skisprungweltcups einen festen Platz auf der Karte der europäischen Wintersportorte erobert. Die zahlreichen, zum Teil verschlafenen Kurorte in der Gebirgsregion, sei es in den Beskiden, in den Pieninen oder in der Hohen Tatra, haben ihre ganz besonderen Reize. Gerade die Gebirgsregion im Süden Polens ist auch im Sommer für Touristen attraktiv. Wanderungen auf die Gipfel oder durch die Täler der Hohen Tatra oder eine Floßfahrt durch die Pieninen auf dem polnisch-slowakischen Grenzfluß Dunajec sind Höhepunkte einer Reise nach Małopolska.

In der ulica Floriańska, Blick Richtung Marienkirche

Wir kennen die Region zur einen Hälfte seit 1995 und zur anderen Hälfte bereits seit der Geburt. Unsere guten Erfahrungen mit diesem Teil Polens, von dem nicht wenige behaupten, er sei der schönste des Landes, weiterzugeben, ist das Ziel dieses Reiseführers. Ohne an einigen Stellen den kritischen Blick zu verlieren und schwierige Kapi-

Auf dem Markt in den hala targowa

tel außer acht zu lassen, soll das Buch einerseits die Vorfreude auf eine Fahrt nach Krakau und Małopolska wecken, andererseits aber auch ein verläßlicher Begleiter vor Ort sein.

Die vorliegende Auflage berücksichtigt die teilweise großen Veränderungen, die in den vergangenen Jahren stattgefunden haben. Sie wurden nicht zuletzt von einem sogenannten Billigfluganbieter verursacht, der seit Herbst 2004 Krakau direkt anfliegt. Seitdem sind die Übernachtungszahlen in Krakau und Umgebung deutlich angestiegen. Weitere Veränderungen haben sich in der Gastronomie und Kultur ergeben, etwa mit der Einrichtung neuer Museen. Ein für Polen und gerade für die Region Małopolska besonders bedeutsames Ereignis war der Tod Papst Johannes Paul II. im April 2005.

Ein besonderer Dank gilt stellvertretend für viele Unterstützer Izabela Nowak und Mateusz Matejewski aus Dobczyce. Beide haben die Arbeit am Reiseführer von Beginn an sehr konstruktiv begleitet.

Beim Entdecken Krakaus und seiner reizvollen Umgebung wünschen wir viel Spaß!

Versmold, im Frühjahr 2006

Joanna Walas-Klute, Thorsten Klute

Hinweise zur Benutzung des Reiseführers

Nach einer allgemeinen, über Geschichte und Natur, Essen und Trinken sowie Land und Leute informierenden Einführung stellt dieses Reisehandbuch weite Teile Kleinpolens vor. Krakau nimmt als Zentrum der Region den meisten Raum ein. Ein weiterer Schwerpunkt liegt in der polnischen Bergregion, der Hohen Tatra, den Pieninen, dem Tatravorland und den Beskiden. Auch Auschwitz liegt in der Wojewodschaft Kleinpolen und hat somit selbstverständlich einen gebührenden Stellenwert in diesem Buch erhalten.

Krakauer Bürger

In den Kapiteln zu den einzelnen Städten werden jeweils nach einer allgemeinen Einführung die wichtigsten Sehenswürdigkeiten vorgestellt. Karten und Informationskästchen helfen dabei, die Orientierung zu behalten und Ansprechpartner schon im Vorfeld ausfindig zu machen. Neben zahlreichen Adressen und Telefonnummern werden auch Internetadressen für weitere Informationen zu den in den einzelnen Kapiteln beschriebenen Orten angegeben. So werden Öffnungszeiten und Eintrittspreise für Museen und andere Einrichtungen angegeben. Bei den Preisen werden die Normal- und die Ermäßigtenpreise genannt (Beispiel: 7/5 zł). Außerdem sind die wichtigsten Informationen zur Reisevorbereitung am Ende unter der Rubrik ›Reisetips von A bis Z‹ zusammengestellt. Sämtliche Angaben zu Krakau finden sich am Ende der Stadtbeschreibung, in dem separaten Kapitel ›Unterkunft, Gastronomie und Kultur‹.

Die Hotels und Pensionen sind in drei verschiedene Preisklassen - jeweils nach den Preisen für ein Doppelzimmer (nicht pro Person) pro Nacht - unterteilt. Dabei ist zu bemerken, daß die Übernachtungspreise in Krakau deutlich von denen im übrigen Kleinpolen abweichen. Soweit die Kosten einer Übernachtung deutlich über der Grenze zu Preisklasse 3 liegen, werden die Preise in den Empfehlungen genauer bezeichnet.

Preisklasse 1	bis 40 Euro pro Doppelzimmer
Preisklasse 2	40 bis 70 Euro pro Doppelzimmer
Preisklasse 3	über 70 Euro pro Doppelzimmer

Zeichenlegende

 Allgemeine Informationen

 Anreise mit dem PKW

 Anreise mit öffentlichen Verkehrsmitteln

 Hotels, Pensionen und Herbergen

 Campingplätze

 Restaurants und Imbißstuben

 Museen und sonstige Sehenswürdigkeiten

 Fahrradverleih

 Seilbahn

 Floßfahrten

 Wander- und Ausflugsmöglichkeiten

 Golfplatz

 Wintersportmöglichkeiten

 Feste und Veranstaltungen

Häufig verwendete Abkürzungen

al. aleja – Allee
im. imieniem – namens (z.B. in Bezeichnungen öffentlicher Einrichtungen)
os. osiedle – Siedlung
pl. plac – Platz
św. święty / święta – Sankt, Heilig (in Straßen- und Kirchennamen)
ul. ulica – Straße
zł. złoty

»Diese Hauptstadt … hatte eine besondere Lebendigkeit. Niemals, auch in den schwersten Bedrückungen, erlaubte sie es sich, eine kleine Stadt zu werden, genau wie sie heute um nichts zulassen will, Provinz zu werden …«

Tadeusz Boy-Żeleński (1874–1941)

Land und Leute

Kleinpolen

Denjenigen, die sich von Westen kommend auf der Autobahn der alten polnischen Haupt- und Kulturstadt Krakau nähern, eröffnet sich bereits etwa 15 Kilometer vor dem Stadtkern ein Eindruck der Schönheit, die sie erwartet. Mächtig erhebt sich auf einem Berg ein Kamaldulenserkloster aus dem 17. Jahrhundert. Man ist in Kleinpolen (Małopolska) angelangt, einer sich bei ausländischen Besuchern ständig steigender Beliebtheit erfreuenden Region im Süden Polens.

Der Name Małopolska (Polonia Minor) tauchte erstmals im 13. Jahrhundert auf und setzte sich im 15. Jahrhundert durch. Er bezeichnet nicht etwa einen kleinen Teil Polens, sondern deutet auf eine im Vergleich zur älteren Region Großpolen (Polonia Maior), auf polnisch Wielkopolska, jüngere polnische Verwaltungseinheit hin. Auch wenn sich Kleinpolen geographisch gesehen vom westlich von Krakau gelegenen Chrzanów bis an die polnisch-ukrainische Grenze erstreckt, so bestehen doch zwischen dem westlichen und dem östlichen Kleinpolen erhebliche regionale und vor allem auch wirtschaftliche Unterschiede, die sich auch in den Grenzen der vor einigen Jahren neu gestalteten Wojewodschaften (Verwaltungsbezirke) widerspiegeln. Wenn heute von Kleinpolen die Rede ist, dann ist regelmäßig der westliche Teil der Region gemeint, dessen Hauptstadt Krakau ist: von Auschwitz und Chrzanów im Westen bis Tarnów im Osten, von Miechów im Norden bis Zakopane und Krynica an der slowakischen Grenze im Süden - das sind die Eckpunkte der heutigen Wojewodschaft Małopolska.

Auf den gut 15 000 Quadratkilometern - das macht etwa 5 Prozent der Fläche Polens aus - leben rund 3,2 Millionen der insgesamt etwa 39 Millionen Einwohner Polens. Allein 750 000 Einwohner der Region leben in Krakau, dem kulturellen, wirtschaftlichen und politischen Zentrum Kleinpolens. Keine der übrigen 54 Städte, 182 Gemeinden und 2635 Dörfer der Region kann die Größe Krakaus auch nur annähernd erreichen.

Außerhalb Krakaus ist die Region überwiegend ländlich geprägt. Je weiter man sich nach Süden der Grenze zur Slowakei nähert, desto gebirgiger wird das Gelände. Bereits wenige Kilometer hinter Krakau, zwischen Wieliczka und Dobczyce, beginnt hügeliges Terrain. Gut 80 Kilometer weiter gen Süden erreichen diese Nordausläufer der Karpaten in der Hohen Tatra eine Höhe von über 2000 Metern. Die Gegensätze zwischen der polnischen Metropole und Kulturstadt Europas des Jahres 2000, ihrer ländlich geprägten näheren Umgebung und der alpinen Hohen Tatra, dem angeblich kleinsten Hochgebirge der Welt, prägen das Bild Kleinpolens.

Dieser kulturelle Reichtum einerseits und die Begegnung mit dem Reichtum der teilweise noch unberührten Natur andererseits ist in der polnischen Seele tief

Kleinpolen

verwurzelt. Wer Polen verstehen will, muß Krakau und seine Umgebung besucht haben. In dieser Region um Krakau wurden die Fundamente für die polnische Identität gelegt, die von Außenstehenden gelegentlich auch als übertriebener Nationalismus empfunden wird. In dieser Region werden traditionelle Werte besonders geschätzt, wird die nationale Identität noch stärker mit dem christlichen Glauben in Verbindung gebracht als im übrigen und ohnehin an Traditionen reichen Polen. In diese Region fahren seit Jahrzehnten Polen und seit Jahren in kontinuierlich steigendem Maße auch Ausländer, um sich im Sommer eine Mischung aus Erlebnis- und Erholungsurlaub zu gönnen oder im Winter Ski zu fahren.

Małapolska ist touristisch betrachtet eine Boomregion. Seitdem im Herbst 2004 Billigfluglinien aus verschiedenen Staaten Europas Krakau anfliegen, haben sich die jährlichen Passagierzahlen des Krakauer Flughafens verdoppelt. Und auch die Bedingungen einer Anreise mit dem eigenen Fahrzeug von Westen aus werden mit dem fast fertiggestellten Autobahnausbau ab der deutsch-polnischen Grenze immer besser.

Geographie und Natur

Die Region Kleinpolen mit der flachen bis welligen Landschaft um Krakau herum und dem Hochgebirge der Hohen Tatra im Süden ist von geographischen Gegensätzen gekennzeichnet. Naturliebhaber und Erholungssuchende ziehen vor allem die dünn besiedelten und landschaftlich äußerst reizvollen Nordausläufer der Karpaten in ihren Bann.

Sechs Nationalparks befinden sich in der Region Kleinpolen: der Gorczański-Nationalpark, der Babiogórski-, der Ojcowski-, der Pieniński-, der Tatrzański- und zum Teil auch der Magurski-Nationalpark. Daneben bestehen weitere Naturschutzgebiete und Landschaftsparks. Der bekannteste der Nationalparks dürfte der Tatrzański-Park sein, der Tatra-Nationalpark.

Berge und Täler

Die Tatra, deren höchster Teil die Hohe Tatra ist, ist ein sich über die Slowakei und den Süden Polens erstreckendes Gebirgsmassiv der Karpaten. Zwar ragt die Bergkette auf slowakischer Seite mit dem Gerlachovsky štít, dem höchsten Berg des Gebirgszugs, 2655 Meter aus der Landschaft heraus. Doch haben sich die Gletscher vor vielen tausend Jahren aus dem Gebiet zurückgezogen und bilden im Gegensatz zu den Alpen oder dem Kaukasus keine Barrieren mehr. Vielmehr hinterließen die Gletscher bei ihrem Abschied aus der Region wunderschöne Gebirgsseen.

In der Hohen Tatra

Auf polnischer Seite erreicht die Hohe Tatra mit dem 2499 Meter hohen Berg Rysy südöstlich von Zakopane ihren Höhepunkt. Weitere bekannte Berge sind der Kasprowy Wierch bei Zakopane mit 1987 Metern und der Giewont mit 1895 Metern. Trotz dieser Höhen ist die Hohe Tatra wegen ihrer kleinen Fläche eines der kleinsten Hochgebirge der Welt. Neben der Hohen Tatra gehören geographisch gesehen die Westliche Tatra, die Bielska Tatra und das Siwy-Wierch-Massiv zu der aus Sedimentär- und Kristallfelsen bestehenden Gebirgskette der Tatra.

Westlich der Hohen Tatra befinden sich die Beskiden, die ebenfalls zum Karpatenbogen gehören. Deren höchster Berg ist der Babia Góra - auf deutsch soviel wie ›Altweiberberg‹ - mit 1725 Metern. Die Vegetationsgrenze wird in den Beskiden, anders als in der Tatra, nicht erreicht. Die überwiegend unter 1300 Metern liegenden Beskidenberge sind mit üppigen Mischwäldern bewachsen.

Im Osten der Tatra bezaubert der Pieniński-Nationalpark mit seinen herrlichen Wäldern und Bergen und dem Gebirgsfluß Dunajec, der den Nationalpark durchfließt. Die eindrucksvollsten und für Touristen attraktivsten Gipfel der Pieninen sind die Trzy Korony (›Drei Kronen‹) mit einer Höhe von 982 Metern.

Flüsse und Seen

Die im Polnischen für einen auf dem Gebiet des heutigen Polen lebenden Urstamm verwendete Bezeichnung ›Wiślany‹, was soviel wie ›Weichselbewohner‹ heißt, läßt bereits auf die Bedeutung der Weichsel für Polen schließen. Der insgesamt 1068 Kilometer lange Fluß, der auf polnisch ›Wisła‹ heißt, entspringt in den Westbeskiden und mündet in der Danziger Bucht in die Ostsee. Er teilt das Land in Nord-Süd-Richtung. Auch für die Region Kleinpolen und die Stadt Krakau

Das Tal der fünf Teiche in der Hohen Tatra

ist die Weichsel zweifellos der wichtigste Fluß. Die Weichsel fließt direkt am Wawelhügel, dem polnischen Nationalheiligtum, vorbei und ist fester Bestandteil des Krakauer Stadtbilds.

Doch die Weichsel ist nicht das einzige Gewässer in der Region. Der Dunajec, der im Süden ein polnisch-slowakischer Grenzfluß ist und nördlich von Tarnów in die Weichsel mündet, durchbricht den Gebirgszug der Pieninen. Vom Dorf Sromowce Wyżne bis nach Szczawnica und Krościenko werden auf dem Dunajec Floßfahrten durch zauberhafte Landschaften angeboten.

Für Floßfahrten ist auch der Poprad zugänglich, der in der Slowakei entspringt, über Piwniczna nach Polen fließt und südlich von Nowy Sącz in den Dunajec mündet. Die Raba, ein 132 Kilometer langer, in die Weichsel mündender Fluß mit Quelle im Gorcegebirge, fließt durch Myślenice und Bochnia und wird in Dobczyce zu einem etwa 1000 Hektar großen See gestaut. Aus diesem See gewinnt ein gewichtiger Teil der Region Krakau sein Trinkwasser.

Stauseen gibt es auch in anderen Teilen Kleinpolens. Der bei Rożnów den Dunajec stauende See dient der Elektrizitätsgewinnung und ist auch für Wassersportler zugänglich. Der trotz langer Proteste von Ökologen in den Jahren 1996 und 1997 aufgefüllte Czorsztyński-See bei Niedzica in den Pieninen staut den Dunajec zum Hochwasserschutz, zur Energiegewinnung und zum Ausgleich des Wasserstandes der Weichsel.

Neben den verschiedenen Stauseen kennt Kleinpolen auch einige natürliche Seen. Die schönsten befinden sich in der Hohen Tatra, wo sie vor tausenden von Jahren durch den Rückzug der Gletscher entstanden sind. Heute laden sie zu malerischen Wanderungen ein.

Flora und Fauna

Die im Jahr 2001 verstorbene polnische Bergsteigerin Zofia Radwańska-Paryska soll einmal gesagt haben: »Der interessanteste und reichste Pflanzenwuchs auf polnischem Gebiet ist ohne Zweifel der Pflanzenwuchs in der Tatra.« Radwańska-Paryska, die Tatraführerin, wußte, wovon sie sprach.

Daß sich die Pflanzenwelt in den polnischen Gebirgslagen von der Flora des übrigen Landes unterscheidet, versteht sich von selbst. Während in Polen überwiegend Tieflandbewuchs vorzufinden ist, sind in der Hohen Tatra fünf Vegetationsstufen zu beobachten. Bis zu einer Höhe von 1250 Metern ist ein Hochwald mit Fichten, Lärchen, Tannen und auch Buchen vorherrschend. Auf einer zweiten Ebene bis zu einer Höhe von etwa 1500 Metern findet man fast ausschließlich tiefe Fichtenwälder. In der nächsten Vegetationsstufe, die in Höhen zwischen 1500 und 1800 Metern anzutreffen ist, wachsen nur noch Zwergkiefern. Über einer Höhe von 1800 Metern hat man die Grenze des Baumwuchses erreicht. Bergwiesen bestimmen hier die Gebirgslandschaft. Die letzte der fünf Vegetationsstufen bilden dann die nackten Felsen der Berggipfel.

Die Blumen, die im Frühjahr die Täler der Tatra mit einem farbenprächtigen Teppich überziehen, verleihen dem Hochgebirge zu dieser Jahreszeit ein ganz besonderes Aussehen. Eines der schönsten Täler ist im Frühling das von Krokussen lila gefärbte Chochołowska-Tal (Dolina Chochołowska) bei Zakopane. Im Kościeliska-Tal (Dolina Kościeliska) hingegen bezaubern Edelweiß und Enzian, und am Gebirgssee Morskie Oko wachsen zu einem großen Teil Zirbelkiefern.

Nicht weniger interessant ist die Tierwelt in Kleinpolen. Auch in der Fauna sind deutliche Unterschiede zwischen dem Hochgebirge und den übrigen Teilen der Region festzustellen. Neben Hirschen und Rehen, Gemsen und Luchsen leben in der Tatra auch etwa 100 Braunbären. Zahlen des polnischen Außenministeriums zufolge sollen sie die Hälfte aller in der Europäischen Union lebenden Braunbären ausmachen. Es ist nicht auszuschließen, daß die Tiere sich gelegentlich den touristischen Wanderpfaden in der Tatra nähern. Berichten zufolge soll sich ein Bär im Frühling 1992 sogar in die Zakopaner Innenstadt verirrt haben. Falls man bei einer Bergwanderung einem Bären begegnet, sollte man Ruhe bewahren und sich von ihm abwenden. In keinem Falle darf man einen Bären füttern, was übrigens für alle Tiere der Tatra gleichermaßen gilt und auch verboten ist. Daß ein Zusammentreffen mit einem erschrockenen Bären zu einem gefährlichen Abenteuer werden kann, vor allem wenn Jungtiere dabei sind, muß nicht näher ausgeführt werden. Trotz aller berechtigten Warnungen ist jedoch zu betonen, daß die Gefahr, einem Bären auf den ausgetretenen Wanderwegen zu begegnen, eher gering ist und keinesfalls den Spaß an der Wanderung durch diese einzigartige Bergregion beeinträchtigen sollte.

Bewohner der Hohen Tatra

Ein seltenes Ereignis ist auch die Begegnung mit einem Murmeltier. Sie leben zwar in größerer Anzahl in den Bergwiesen, doch ziehen sich die scheuen und pfiffigen Tierchen bei nahenden Gefahren schnell in kleine Felsenhöhlen zurück und bleiben meistens unentdeckt. Noch geringer ist die Chance, in den Gebirgen Kleinpolens einem Wolf zu begegnen. Die wenigen in Polen lebenden Tiere dieser Art haben ihren

Auch der Enzian ist in den Bergen heimisch

Lebensraum ganz überwiegend weiter östlich in den Waldkarpaten an der Grenze zur Ukraine. Zu den Tatrabewohnern sind auch einige seltene Vogelarten zu zählen. Wasseramseln, Tannenhäher und Steinadler sind neben dem Specht und dem Kuckuck zu finden. Die Schlangen sind in den Bergen Kleinpolens mit der Kreuzotter vertreten.

In der Fischwelt kommen in den natürlichen Gewässern Kleinpolens, insbesondere in den Flüssen und Seen der Gebirge, Forellen am häufigsten vor. Häufig bieten kleine häusliche Fischzuchten frisch gefangene Forellen direkt vom Hof an. Gerade in den Beskiden und Pieninen sind Vertreter dieser Zunft anzutreffen. Neben Forellen finden sich auch Hechte und Karpfen in den Gewässern.

Naturreservate sind in Kleinpolen nicht nur in der Hohen Tatra zu finden. So ist der zu den Westbeskiden gehörende Babiogórski Park Narodowy (›Babia-Góra-Nationalpark‹) seit 1977 nicht zuletzt wegen seiner vielfältigen Pflanzenwelt als einer der bedeutendsten polnischen Nationalparks in die UNESCO-Liste der Biosphärenreservate eingetragen. Über 700 Pflanzengattungen, etwa 200 Moose und circa 1100 verschiedene Pilzarten wurden bislang hier entdeckt.

In den Wäldern des Babiogórski Park Narodowy leben auch selten gewordene Tierarten wie Auerhähne und Luchse. Ähnliches gilt für den Ojców-Nationalpark im Norden von Krakau. Fast 1000 verschiedene Gefäßpflanzengattungen, rund 160 verschiedene Moose und etwa 1200 Pilzarten wachsen in diesem kleinsten der polnischen Nationalparks. Außerdem sind zwölf Fledermausarten im Ojców-Nationalpark beheimatet.

Klima

Polen ist Teil der Zone des gemäßigten Übergangsklimas zwischen kontinentalem und Meeresklima. Feuchte atlantische Luftmassen treffen hier auf die trockene Luft Eurasiens. Je weiter man nach Osten kommt, desto kontinentaler verhält sich das Klima. Während im Norden und Westen des Landes milde Winter und eher kühlere Sommer mit relativ hohen Niederschlagsquoten dominieren, ist das Klima im Süden und Osten spürbar kontinentaler ausgerichtet. So erklärt sich für Krakau auch das im Vergleich zum Westen Europas regelmäßig etwas wärmere Wetter im Sommer und die kühlere Luft im Winter.

Während in den Sommermonaten Westwinde überwiegen, weht der Wind in den niedrigeren Lagen Kleinpolens im Winter meistens von Osten. Von Wirbelstürmen, die Häuser einreißen und Bäume einstürzen, bleibt die Region um Krakau weitgehend verschont. Doch in den Gebirgslagen sind gelegentlich starke Fallwinde zu verzeichnen. Diese können dann durchaus gewaltige Schäden anrichten. Im Mai 1968 etwa wurde ein solcher Sturm mit Windstärke 12 der Beaufort-Skala auf dem Kasprowy Wierch gemessen. Der katastrophale Orkan riß damals 1600 Hektar Wald nieder.

Ohnehin ist das Klima in den Hochgebirgsregionen am interessantesten. Je höher man gelangt, desto rauher wird es. Noch am wärmsten ist es in den Höhenlagen der Tatra im Juli. Auf dem Kasprowy Wierch bei Zakopane beträgt die Durchschnittstemperatur dann 7,5 Grad Celsius; auch in den Tälern steigen die Temperaturen im Sommer oft nicht über 15 Grad. Die kältesten Monate sind

Fortbewegungsmittel im Winter

hingegen der Januar und der Februar mit durchschnittlich -8,5 Grad. Nachts kann das Thermometer in den Tatraorten dann durchaus auch auf -20 Grad und darunter fallen. Bemerkenswert ist dabei, daß die Temperaturen in der Tatra im Winter teilweise umgekehrt zu gewöhnlichen Höhenstufen verlaufen. Je höher man in den kältesten Monaten aufsteigt, desto wärmer ist es häufig, so daß es auf dem Kaprowy Wierch im Januar oftmals wärmer ist als im Zentrum Zakopanes. Anders verhält es sich jedoch bei der Dauer der Winter. In der Stadt Zakopane hält die kälteste Jahreszeit in der Regel von Ende November bis Ende März, in den Höhenlagen des Kasprowy Wierch von Mitte Oktober sogar bis Anfang Mai.

Die höchste Regenwahrscheinlichkeit liegt im Juni und Juli vor, wenn die Westwinde feuchte Luft in die Berge wehen. Der Ostwind der Wintermonate ist indessen eher eine Garantie für stabiles und niederschlagsarmes Wetter. Trotz aller gesicherten Tendenzen des vergangenen Jahrhunderts darf nicht übersehen werden, daß die aufgezeichneten Niederschläge der vergangenen zehn Jahre von den Durchschnittswerten der vorangegangenen Dekaden abweichen. Die Sommer sind in der Tatra auffallend trockener als die durchschnittlichen Wärmeperioden der vergangenen Jahrzehnte, was mit den sich weltweit verändernden Klimabedingungen erklärt wird.

Statistiken und Zahlen hin oder her - wer in die polnische Gebirgsregion fährt, sei es die Tatra, die Beskiden oder die Pieninen, sollte sich auf ein wechselhaftes Wetter einstellen. Innerhalb weniger Stunden kann sich das Wetter mehrmals verändern, und eine Regenjacke kann auf ausgedehnten Wanderungen auch dann hilfreich sein, wenn man morgens bei schönstem Sonnenschein gestartet ist.

Auch in der kalten Jahreszeit ist Krakau auf Touristen eingestellt

Die Geschichte Kleinpolens – polnische Geschichte

Bei einem Blick in die bewegte Vergangenheit Polens fällt schnell auf, daß die Geschichte des Landes eng mit der Geschichte Kleinpolens und besonders mit der Geschichte Krakaus verbunden ist. Von 1038 bis zum Anfang des 17. Jahrhunderts war Krakau die Hauptstadt Polens, und noch bis 1734 wurden die Könige des Landes auf dem Krakauer Wawelhügel gekrönt.

Die Anfänge Polens

Kleinpolen ist ein historisch gewachsener, an der Oberen und Mittleren Weichsel gelegener Bezirk Polens. Nachdem sich im 9. Jahrhundert in diesen Gebieten der westslawische Stamm der Wiślany (Weichselbewohner) angesiedelt hatte, dauerte es nicht lange, bis er gegen Ende des 9., Anfang des 10. Jahrhunderts von dem Großmährischen Reich unterworfen wurde. Erst gegen Ende des 10. Jahrhunderts ging das heutige Kleinpolen in den Bestand des polnischen Staates über. Einer Legende nach soll König Krak der Gründer Krakaus gewesen sein und einen fürchterlichen Drachen in einer Höhle am Wawelberg besiegt haben.

Historisch belegt ist der Name Krakau erstmals in einem Reisebericht des jüdisch-hispanischen Kaufmanns Ibrahim Ibn Jakub aus dem Jahre 965. Dem Bericht zufolge war Krakau dem böhmischen König Bolesław unterstellt. Im selben Jahr heiratete der polnische Herzog Mieszko I., der zunächst in Gniezno (Gnesen) in Wielkopolska (Großpolen) herrschte, die böhmische christliche Prinzessin Dubrava. 966 ließ sich Mieszko, der zu der sich von Böhmen loslösenden Piasten-Dynastie gehörte, taufen und legte damit den Grundstein für den Einfluß der römisch-katholischen Kirche in Polen. Die Entstehung des Missionsbistums Poznań (Posen) im selben Jahr gilt heute als das Gründungsjahr Polens.

Die Piasten-Dynastie

Auf Mieszko folgte Fürst Bolesław Chrobry (der Tapfere). Er schuf eine eigenständige polnische Kircheneinheit und gründete im Jahr 1000 das Bistum Krakau. Zwar war damals noch Gniezno das kirchliche Zentrum des Landes, doch gewann Krakau zunehmend an Bedeutung. Das Reich des Fürsten erstreckte sich von der Odermündung bis zum Bug im Osten und zur ungarischen Grenze im

Denkmal für Kazimierz III. in Niepołomice

Süden. Um 1020, also fünf Jahre vor der Krönung Bolesławs Chrobry zum ersten polnischen König im Jahr 1025, begann man mit dem Bau der ersten Kathedrale auf dem Wawel. Wenige Jahre später, vermutlich im Jahr 1038, möglicherweise auch 1037 oder 1040, wurde Krakau unter der Regentschaft des Königs Kazimierz Odnowiciel (der Erneuerer) infolge von Zerstörungen anderer Zentren des Landes zur polnischen Hauptstadt. Kazimierz Odnowiciel pflegte gute Beziehungen ins Rheinland und holte in dieser Zeit nicht nur deutsche Ritter nach Krakau, sondern auch die Benediktinermönche, die im 11. Jahrhundert das Kloster in Tyniec vor den Toren Krakaus gründeten.

Der Sohn Kazimierz' Odnowiciel, Bolesław II. Śmiały (der Kühne), wurde zwar 1076 auf dem Wawel zum König gekrönt, mußte jedoch bereits drei Jahre später infolge der Ermordung des Krakauer Bischofs Stanisław flüchten. Bolesław II. Śmiały und Bischof Stanisław waren tief zerstritten gewesen. Wie der Konflikt zwischen den Vertretern der weltlichen und der kirchlichen Macht tatsächlich verlief, welche genauen Ursachen er hatte und wer schließlich für den Tod des Bischofs verantwortlich war, kann heute nicht sicher gesagt werden. Jedenfalls wurde Bischof Stanisław im 13. Jahrhundert heilig gesprochen und zum Schutzpatron Polens ernannt. Das Grab des Bischofs befindet sich heute in der Wawelkathedrale. Bolesław II. Śmiały hingegen wurde von seinem Bruder Władysław I. Herman auf dem Thron abgelöst. Während dessen Regentschaft begann der Bau der zweiten Kathedrale auf dem Wawelhügel.

Von 1138 bis 1320 war Polen wegen des Testaments Königs Bolesław III. Krzywousty (der Schiefmündige) in zahlreiche Fürstentümer aufgesplittert. Zwar blieb Krakau mit dem Status eines Senioralbezirks weiterhin Hauptstadt, so daß die Krakauer Herrscher in dieser Zeit zugleich die Oberfürsten des Landes waren, doch ging der Einfluß der Stadt zurück. Im 13. Jahrhundert erhielt Krakau das Stadtrecht; zu dieser Zeit wohnten hier etwa 5000 Menschen. In dieser Epoche wurde die Stadt mehrfach von den Tataren überfallen und weitgehend zerstört.

Erst ab 1320, als Władysław Łokietek auf dem Wawel die Königskrone erhielt und die Zersplitterung des Landes zugunsten eines erneuerten einheitlichen Staates aufgegeben wurde, fungierte Krakau wieder als echte Hauptstadt. Władysław Łokietek war auch der erste auf dem Wawel beigesetzte König. In die Fußstapfen Władysław Łokieteks trat Kazimierz Wielki (der Große). Unter seiner Herrschaft wurde die Krakauer Universität als zweite Universität Mitteleuropas ebenso wie der damals noch von der Weichsel und einem ihrer Nebenarme umschlungene Stadtteil Kazimierz gegründet. Auch die Anfänge des Ortsteils Kleparz, der heute für seinen Markt bekannt ist, fallen in diese Zeit. Krakau war damals eine internationale Stadt auf polnischem Boden. Architekten und Künstler aus verschiedenen Teilen Europas kamen in die Stadt und bereicherten sie mit ihren unterschiedlichen kulturellen Traditionen. Unter Kazimierz Wielki erhielt auch die Steinbauweise einen Aufschwung, nicht nur in Krakau, sondern in ganz Polen. Man sagt, daß Kazimierz Wielki ein hölzernes Polen vorgefunden und ein gemauertes hinterlassen hat. Insgesamt wird die Regentschaft Kazimierz' Wielki häufig als eine Zeit der Stabilisierung für Polen bewertet.

Die Jagiellonen-Dynastie

Krakaus Blütezeit setzte hingegen erst einige Jahrzehnte später ein, als die Dynastie der Jagiellonen die Herrschaft über Polen übernahm. Die Jagiellonen, deren Name auf Jagiełło zurückgeht, den Großherzog von Litauen, kamen auf Umwegen auf den Krakauer Thron. Als nämlich nach dem Tod Kazimierz' Wielki im Jahr 1370 keine direkten Nachkommen des Königs vorhanden waren, trat zunächst sein Neffe König Ludwig von Ungarn die Nachfolge an; anschließend wurde 1384 dessen Tochter Jadwiga - gerade mal zehn Jahre alt - zur Königin gekrönt. Die Regentschaft einer Frau durfte jedoch in der Welt des 14. Jahrhunderts nur ein vorübergehender Zustand sein. Ein Mann mußte her, und auf der Suche nach einem geeigneten König entschied sich

Der Barbakan geht auf den Ausbau Krakaus unter den Jagiellonen zurück

Zygmunt August

der Krakauer Adel für den Großfürsten Jagiełło von Litauen als Jadwigas Ehemann. Dieser ließ sich taufen, nahm den Namen Władysław an und wurde 1386 König. Auf Initiative seiner Frau Jadwiga gründete dieser Władysław II. Jagiełło im Jahr 1400 die Krakauer Universität neu, die zwar 36 Jahre zuvor erstmals eröffnet worden war, aber nach nur wenigen Jahren hatte schließen müssen. Bis heute heißt die Universität daher Jagiellonen-Universität (Uniwersytet Jagielloński).

Unter der Herrschaft der Jagiellonen-Dynastie entstanden im 15. und 16. Jahrhundert viele der Bauten und Kunstgegenstände, die auch heute noch Krakaus kulturhistorischen Reichtum ausmachen. Bürgerhäuser wurden zunehmend aus Stein und nicht mehr aus Holz gebaut. Der Nürnberger Bildhauer Veit Stoß, der auf polnisch Wit Stwosz genannt wird, kam nach Krakau und schnitzte den einzigartigen Altar in der Marienkirche am Marktplatz. Das Wawelschloß wurde im Renaissancestil errichtet, und die Tuchhallen auf dem Marktplatz erhielten ihr Renaissancegesicht. Ebenso wurde die Stadt unter der Herrschaft der Jagiellonen-Dynastie mit einer Mauer umgeben, von der eine beeindruckende Festungsanlage, der vor dem Florianstor stehende Barbakan, heute noch zu sehen ist.

Im 16. Jahrhundert wohnten in der polnischen Hauptstadt bereits 20 000 Menschen. Neben Polen hielten sich viele Deutsche und Italiener in Krakau auf. Auch religiöse Unterschiede bestanden. Neben Christen lebte eine große jüdische Bevölkerungsgruppe in Krakau; am Ende des 15. Jahrhunderts verließen die Krakauer Juden aber die Stadt und zogen nach Kazimierz, das damals noch vor den Toren Krakaus lag und eine eigenständige Stadt bildete. Nach der Gründung der Universität in unmittelbarer Nähe der jüdischen Siedlung in der heutigen Straße św. Anny war es zu Auseinandersetzungen zwischen der christlichen und der jüdischen Bevölkerung gekommen. Nach Pogromen gegen die Juden wurden diese schließlich nach Kazimierz umgesiedelt. Trotzdem hatten die Juden weiterhin die Möglichkeit, in Krakau Handel zu treiben.

In die Zeit der Herrschaft der Jagiellonen-Dynastie fallen auch die Ereignisse um die Reformation und die Gegenreformation. Anders als in Skandinavien erhielt die Reformation weniger durch Aktivitäten von Anhängern Luthers, sondern vor allem durch Schüler Calvins Einzug in Polen. Um 1560 befand sich der Calvinismus in Polen zwar auf dem Höhepunkt, mußte sich jedoch mit einer gleichzeitig beginnenden katholischen Gegenbewegung auseinandersetzen. Der polnische König Zygmunt II. August, den Calvin in Briefwechseln für seine reformatorischen Ziele gewinnen wollte, verhielt sich in Glaubensfragen grundsätzlich tolerant, doch ließ er den Calvinismus nicht als zweite Staatskonfession zu. Auch der Sejm, der Reichstag, stützte die katholische Kirche. Der Protestantismus konnte daher in Polen keine tieferen Spuren hinterlassen; erst recht nicht in Krakau, wo die St.- Peter-und-Pauls-Kirche in der ul. Grodzka als Symbol für die Stärke der katholischen Kirche errichtet wurde. Hier predigte dann der wortgewaltige Piotr Skarga, einer der Anführer der polnischen Gegenreformation, gegen die Erneuerer.

Aufgrund der zahlreichen kulturellen Errungenschaften aus der Zeit der Herrschaft der Jagiellonen wird diese Epoche der polnischen Geschichte gelegentlich als das Goldene Zeitalter Krakaus und Polens bezeichnet. Vor allem mit den Königen Zygmunt I. Stary (der Alte) und Zygmunt II. August ist diese Bewertung verbunden. Der Tod Zygmunts II. August markiert das Ende dieses Goldenen Zeitalters und der von 1386 bis 1572 dauernden Herrschaft der Jagiellonen. Die Dynastie hinterließ keine Nachkommen und ist ausgestorben.

Das Wahlkönigtum

Mit dem Tod Zygmunts II. August wurde in Polen das Wahlkönigtum eingeführt. Der Adel bestimmte von nun an, wer auf dem polnischen Thron saß. Im Jahr 1587 übernahm Zygmunt III. Waza aus der Wasa-Dynastie, Sohn des Königs von Schweden und Enkelsohn des polnischen Königs Zygmunt I. Stary, die Regentschaft. Zwar war Zygmunt III. Waza eigentlich schwedischer Thronfolger. Seine Politik der Gegenreformation wurde ihm jedoch im protestantischen Schweden zum Verhängnis. Der schwedische Reichstag setzte ihn 1599 ab. Zygmunt III. Waza übernahm schließlich das Zepter in Polen, hielt aber seinen Anspruch auf den schwedi-

August der Starke (1697-1706)

schen Thron aufrecht. In Krakau ließ er mit der St.-Peter-und-Pauls-Kirche in der ul. Grodzka die erste Barockkirche der Stadt erbauen. Aber dem König war der Krakauer Wawelhügel zu weit von seiner schwedischen Heimat entfernt. 1609 verließ er daher die Stadt, und nur zwei Jahre später verlegte der nach Schweden orientierte Zygmunt III. Waza den Hof nach Warschau - Krakau verlor seine Hauptstadtrolle. Zwar fanden die Krönungen ebenso wie die Begräbniszeremonien weiterhin auf dem Wawelhügel statt. Regiert wurde jedoch von nun an in Warschau.

Im 17. Jahrhundert wurde Krakau schwer erschüttert. Zum einen breitete sich die Pest aus, und zum anderen belagerten schwedische Truppen das ganze Land und verwüsteten viele Städte. Hintergrund der Überfälle der Schweden war einerseits der Wunsch, die Kontrolle über den gesamten Ostseeraum zu erringen. Andererseits war den Schweden die Regentschaft des polnischen Königs Zygmunt III. Waza, der Estland an Polen angeschlossen hatte und damit die Pläne einer schwedischen Vormachtstellung an der Ostsee behindert hatte, ein Dorn im Auge. Durch die Kriege des 18. Jahrhunderts, darunter weitere schwedische Angriffe und eine russische Besatzung, nahm Krakau weiteren Schaden. Als 1733 russische Truppen in Warschau einmarschierten, endete auch die Regentschaft König Augusts II., Kurfürst von Sachsen und König Polens, auch August der Starke genannt. Sein Nachfolger August III. war 1734 der vorletzte polnische König und auch der letzte, der in der ehemaligen Hauptstadt die Königskrone erhielt. Gut zwei Jahrzehnte später trieb der von 1756 bis 1763 andauernde Siebenjährige Krieg, in dem Großbritannien und Preußen gegen ein aus Frankreich, Österreich, Schweden und Rußland bestehendes Bündnis kämpften, den baulichen Verfall Krakaus weiter voran.

Die drei Polnischen Teilungen

Im 18. Jahrhundert war eine deutliche Schwächung des für die Wahl der polnischen Könige verantwortlichen Adels spürbar. Streitigkeiten zwischen den verschiedenen Parteien der Adelsgeschlechter verhinderten längst überfällige Reformen, nicht zuletzt weil jeder Adelsvertreter im Sejm ein Vetorecht hatte. Die Nachbarstaaten Rußland und Preußen, die kein Interesse an einem starken Polen hatten, nutzten diese Schwäche aus. Sie zogen einige Vertreter des polnischen Adels auf ihre Seite und schwächten das auf dem Einstimmigkeitsprinzip im Gesetzgebungsverfahren beruhende politische System weiter. Gerade Rußland, das auch als Beschützer der orthodoxen Minderheit im katholischen Polen auftrat, machte auf diesem Weg seinen Einfluß in Polen geltend. So überrascht es nicht, daß 1764 mit Stanisław August Poniatowski ein ehemaliger Liebhaber der Zarin Katharina II. zum polnischen König gewählt wurde. Gerade diese Nähe zu Rußland wurde dem gebildeten, reformorientierten und diplomatisch erfahrenen König zum Verhängnis. Im Jahr

›Der Dreikönigskuchen‹ – Satire auf die Erste Teilung Polens

1768 schloß sich in der Ortschaft Bar in Podolien - heute zur Ukraine gehörig - ein Militärbündnis des polnischen Adels gegen König Stanisław August Poniatowski zusammen. Es ging als die sogenannte Konföderation von Bar in die polnische Geschichte ein. Ein Bürgerkrieg begann, in den sich Preußen, Österreich und Rußland wie auch Frankreich und wegen der Feindschaft zu Rußland sogar die Türkei einmischten. 1772 wurde das Bündnis von Bar zerschlagen. Polen verlor rund ein Drittel seines Gebietes an Rußland, Österreich und Preußen. Österreich verleibte sich dabei unter anderem einen Großteil des heutigen Kleinpolen ein und nannte die der Habsburgerkrone unterstellte Region Galizien.

Krakau blieb zwar zunächst noch polnisch, wurde aber zur Grenzstadt. Bereits der damals noch von Krakau getrennte heutige Stadtteil Kazimierz gehörte zu Österreich. Die etwa 80 Kilometer östlich von Krakau gelegene Stadt Tarnów wurde zum Zentrum des westlichen Galiziens.

Am 3. Mai 1791 wurde auf Betreiben von König Stanisław August Poniatowski und einiger patriotisch gesinnter Adliger eine für diese Zeit sehr moderne Verfassung vom Sejm verabschiedet. Straßennamen wie ›Aleja 3 Maja‹ erinnern noch heute an dieses Ereignis. Die Mai-Verfassung sah eine Abschaffung des Vetorechts des Adels vor, führte die Gewaltenteilung ein und gewährte den Städten und Märkten Selbstverwaltungsrechte. Die dem Beispiel der Französischen Revolution folgende Verfassung wies damit deutlich demokratische Züge auf und war daher den Monarchien suspekt, die Polen umgaben. Zwar hatten Preußen und Österreich 1790 die Integrität Polens anerkannt. Doch traf Preußen schon bald mit Rußland Absprachen über Polen. Schon im Mai 1791 marschierten die Truppen der russischen Zarin Katharina II. in Polen ein. Die polnische Verteidigung unter Führung des Königs und seiner Feldherren Tadeusz Kościuszko und Józef Poniatowski scheiterte. Die Armeen kapitulierten, die neue Verfassung wurde aufgehoben, und Rußland und Preußen vollzogen die sogenannte Zweite Polnische Teilung. Polen mußte erneut erhebliche Gebietsverluste hinnehmen.

Auch von dieser zweiten Teilung Polens war Krakau nicht direkt betroffen. Die Stadt blieb polnisch. Doch schwor der Anführer des Aufstandes gegen die Besatzer, der Nationalheld Tadeusz Kościuszko, der erste aus dem Bürgertum stammende Anführer Polens, im Jahr 1794 auf dem Krakauer Marktplatz seinen Einsatz für die Unabhängigkeit seines Landes. Wieder einmal stand Krakau im Mittelpunkt des Geschehens. Ein Aufstand setzte ein. Kościuszkos Kampf war indessen vergebens: 1795 verschwand Polen infolge der dritten Teilung, an der sich nun auch wieder Österreich beteiligte, endgültig von der Landkarte - für über 120 Jahre. Krakau fiel an Österreich, das gesamte heutige Kleinpolen stand nun unter der Habsburgerkrone und war Teil Galiziens, das bis nach Lemberg in der heutigen Ukraine reichte. Krakau wurde nach Wien und Budapest zur drittgrößten Stadt des Habsburgerreichs und übernahm die Rolle des Zentrums Westgaliziens.

Die polnischen Könige und Prinzen

Jan Kazimierz

Die Piasten-Dynastie

960–992	Mieszko I.
992–1025	Bolesław I. Chrobry (der Tapfere, 1025 polnischer König)
1025–1034	Mieszko II. Lambert (1025–1033 polnischer König)
1031	Bezprym (kurze Doppelherrschaft)
1034–1058	Kazimierz I. Odnowiciel (der Erneuerer)
1058–1079	Bolesław II. Śmiały (der Kühne, 1076 polnischer König)
1079–1102	Władysław I. Herman
1102–1107	Zbigniew und Bolesław III. Krzywousty (der Schiefmündige), gemeinsame Regentschaft
1107–1138	Bolesław III. Krzywousty (der Schiefmündige)
1138–1146	Władysław II. Wygnaniec* (der Vertriebene)
1146–1173	Bolesław IV. Kędzierzawy* (der Kraushaarige)
1173–1177	Mieszko III. Stary* (der Alte)
1177–1194	Kazimierz II. Sprawiedliwy* (der Gerechte)
1194–1202	Leszek Biały (der Weiße) und Mieszko III. Stary (der Alte), gemeinsame Regentschaft*
1202	Władysław III. Lasko nogi* (der Stockbeinige)
1202–1210	Leszek Biały* (der Weiße)
1210–1211	Mieszko IV. Plątonogi*
1211–1227	Leszek Biały* (der Weiße)
1228	Władysław III. Laskonogi* (der Stockbeinige)
1229–1232	Konrad I. Mazowiecki* (von Masowien)
1232–1238	Henryk I.Brodaty* (der Bärtige)
1238–1241	Henryk II. Pobożny* (der Fromme)
1241–1243	Konrad I. Mazowiecki* (von Mazowien)
1243–1279	Bolesław V. Wstydliwy* (der Schamhafte)
1279–1288	Leszek Czarny* (der Schwarze)

Stanisław August

1288–1290	Henryk IV. Probus*
1290–1291	Przemysł II. (1295–1296 polnischer König)*

Die Przemysliden-Dynastie

1291–1305	Wacław II. Czeski (1300 polnischer König)*
1305–1306	Wacław III. Czeski*

Piasten-Dynastie

1306–1333	Władysław I. Łokietek (Ellenlang), seit 1320 polnischer König
1333–1370	Kazimierz III. (der Große)

Andegawenen-Dynastie

1370–1382	Ludwik Węgierski Wielki (der Große)
1384–1399	Jadwiga
1386–1434	Władysław II. Jagiełło
1434–1444	Władysław III. Warneńczyk (aus Warna)
1447–1492	Kazmierz IV. Jagiellończyk (der Jagiellone)
1492–1501	Jan I. Olbracht
1501–1506	Aleksander Jagiellończyk (der Jagiellone)
1506–1548	Zygmunt I. Stary (der Alte)
1548–1572	Zygmunt II August, formal polnischer König seit 1529

Wahlkönige

1573–1574	Henryk Walezy
1576–1586	Stefan Batory
1587–1632	Zygmunt III. Waza
1632–1648	Władysław IV. Waza
1648–1668	Jan II. Kazimierz (Waza)
1669–1673	Michał Korybut Wiśniowiecki
1674–1696	Jan III. Sobieski
1697–1706	August I. Mocny (August der Starke)
1704–1709	Stanisław Leszczyński
1709–1733	August II. Mocny (Wettin) (August II. der Starke)
1733–1736	Stanisław Leszczyński
1733–1763	August III. (Wettin)
1764–1795	Stanisław August Ponia towski

*Aus der Zeit der Aufteilung Polens in zahlreiche Fürstentümer sind nur die in Krakau herrschenden Fürsten angegeben.

Kleinpolen unter den Besatzungsmächten

Das beginnende 19. Jahrhundert war in Europa vom Expansionsstreben Napoleons bestimmt. Seine Heere besiegten Preußen, 1806 zog er in Warschau ein und gründete im Jahr darauf das Herzogtum Warschau. Krakau und seine Umgebung wurden diesem Herzogtum zwei Jahre später angeschlossen.

Nach Niederlagen des französischen Herrschers besetzten 1812 russische Truppen die Region, und Krakau wurde schließlich auf dem Wiener Kongreß im Jahr 1815 in einem Kompromiß zwischen Österreich und Rußland zu einer unter dem Einfluß der Teilungsmächte stehenden Freien Stadt, der sogenannten ›Republik Krakau‹. Alle übrigen Landesteile blieben von den Nachbarn annektiert, das heutige Kleinpolen gehörte in dieser Zeit weiter zu Galizien und stand unter österreichischer Herrschaft. Die Freie Stadt Krakau indessen war seit dem Wiener Kongreß so etwas wie das einzige polnische Gebiet. Es überrascht kaum, daß Krakau damit zum Zentrum des polnischen Nationalbewußtseins wurde. So fand Tadeusz Kościuszko, der 1817 in der Schweiz verstorbene Anführer des Aufstandes gegen die Teilungsmächte, 1818 in der Krypta der Wawelkathedrale seine letzte Ruhestätte. Ihm zu Ehren wurde der Kościuszkohügel aufgeschüttet, auf den man vom Wawel blickt, wenn man am Eingang zur Drachenhöhle über die Weichsel schaut.

Adlige Verschwörer begannen 1846 in Krakau einen Aufstand gegen die Besatzungsmächte, doch sie scheiterten. Die einst Freie Republik verlor ihre Autonomie und fiel gemäß einer Vereinbarung zwischen Rußland und Österreich an das Habsburgerreich.

Trotz aller Schwierigkeiten und Repressionen gestand Österreich seinen annektierten Gebieten deutlich mehr eigene Rechte zu, als Preußen und Rußland ihren ehemals polnischen Gebieten gewährten. So konnte sich in Galizien die polnische Kultur in der zweiten Hälfte des 19. Jahrhunderts weiterentwickeln. Der Name Kleinpolen erhielt damit eine ganz andere Bedeutung. Das Gebiet um Krakau wurde mit der gewährten relativen Autonomie tatsächlich zu einem ›kleinen Polen‹.

Tadeusz Kościuszko. Portrait von Kazimierz Wojniakowski

Zwischen den Weltkriegen

Das Ende des Ersten Weltkriegs beendete zugleich auch das Zeitalter der Monarchien, die über Jahrhunderte Europa geprägt hatten. In Versailles wurde nicht nur über die Verlierer gerichtet, hier wurden auch die Grundzüge einer neuen Ordnung in Europa festgelegt.

Auch die Unabhängigkeit Polens stand wieder auf der Tagesordnung der Weltpolitik. Im November 1918, als der sozialistische Politiker und Marschall Józef Piłsudski den Oberbefehl über die polnischen Streitkräfte erhielt, erlangte Polen - wie auch eine ganze Reihe kleinerer Staaten - seine Unabhängigkeit zurück. Warschau wurde wieder Hauptstadt. Eine Monarchie gab es nicht, so daß auch keine Krönungen auf dem Wawel stattfinden konnten. Doch das junge demokratische Gebilde war instabil. Von den Erfahrungen der Vergangenheit geprägt, überwog in Polen die Auffassung, nur mit einem autoritären Staat gegenüber Rußland bestehen zu können. Der polnische Staat war mit riesigen Problemen im Inneren und nach Außen konfrontiert. Enorme Konflikte zwischen verschiedenen politischen Ausrichtungen, sozialen und nationalen Gruppen traten im Land auf. In der Verwaltung hatten sich infolge der Teilungen seit Ende des 18. Jahrhunderts drei unterschiedliche Staatstraditionen entwickelt. Wegen der schweren Wirtschaftskrise und den Auseinandersetzungen mit den Nachbarn, vor allem der 1922 formal gegründeten Sowjetunion, kam das Land nicht zur Ruhe. 1926 nutzte Marschall Józef Piłsudski die in der Folge einer Agrarreform entstandenen innenpolitischen Spannungen zu einem Staatsstreich und errichtete unter formaler Beibehaltung der Verfassung und des Parlaments ein autoritäres System. Die wirtschaftlichen Probleme aber blieben. Polen sah sich zudem durch die Machtübernahme der Nationalsozialisten in Deutschland mit einem zunehmend aggressiver auftretenden Nachbarn im Westen konfrontiert. Daher schloß Polen 1939 mit England und Frankreich Verträge über gegenseitige Hilfe im Kriegsfall.

Józef Piłsudski (1867-1935)

Der Zweite Weltkrieg

Am 1. September 1939 überfiel Deutschland Polen und begann damit den Zweiten Weltkrieg. Zwar erklärten Frankreich und England wenige Tage später Deutschland den Krieg, die Westmächte griffen aber nicht aktiv in die Kämpfe ein. Polen war auf sich allein gestellt. Nach heftigen Kämpfen kapitulierte Polen nach wenigen Wochen.

Das Deutsche Reich und die Sowjetunion, die bereits vor Beginn des Krieges in einem geheimen Zusatzprotokoll zum sogenannten ›Hitler-Stalin-Pakt‹ ihre Interessen in Bezug auf Polen abgegrenzt hatten, teilten das polnische Territorium vollständig unter sich auf. Krakau gehörte nun zu dem von den Nazis beherrschten ›Generalgouvernement Polen‹, und das Wawelschloß, das polnische Nationalheiligtum, wurde zum Sitz des von Adolf Hitler eingesetzten Generalgouverneurs Hans Frank.

Gerade in Polen betrieb Hitler seine Rassen- und Vernichtungspolitik mit besonderer Rücksichtslosigkeit. Kaum eine polnische Familie ist von den Folgen des Krieges und der Naziherrschaft verschont geblieben.

Das gilt auch für Krakau. Am 6. November 1939 verhafteten die Deutschen im Rahmen der sogenannten ›Sonderaktion Krakau‹ im Collegium Novum, einem Gebäude der Krakauer Universität, 183 Professoren und deportierten sie in das Konzentrationslager Sachsenhausen. Bedeutsame Kulturgegenstände wurden geplündert, jüdische Einrichtungen in Kazimierz entwürdigt und zerstört. Im jüdischen Stadtteil errichteten die Nazis ein Ghetto, etwas weiter im Ortsteil Płaszów ein Arbeitslager. Etwa 64 000 Juden lebten vor dem Zweiten Weltkrieg in Krakau. Die meisten wurden ab dem Jahr 1940 zwangsausgesiedelt. Etwa 18 000 Juden kamen in das Ghetto, das 1943 aufgelöst wurde. Die Überlebenden wurden anschließend in das etwa 80 Kilometer westlich von Krakau gelegene Konzentrationslager Auschwitz-Birkenau abtransportiert. Das jüdische Leben in Krakau ist in diesen Jahren nahezu ausgelöscht worden.

Einige Deutsche verweigerten sich der Vernichtungsmaschinerie der Nazis. Einer der bekanntesten ist Oskar Schindler. Der deutsche Emaillewarenhersteller, der in Krakau seine Fabrik hatte, rettete über seine sogenannte ›Schindler-Liste‹, auf der arbeitsfähige Juden für seine Fabrik verzeichnet waren, über 1000 Menschen das Leben. Erst Jahrzehnte später stieß dieses mutige Vorgehen mit dem von Steven Spielberg unter anderem in Krakau gedrehten Film ›Schindlers Liste‹ auf das Interesse der weltweiten Öffentlichkeit.

In baulicher Hinsicht überstand Krakau – anders etwa als das völlig zerstörte Warschau – den Zweiten Weltkrieg weitgehend unbeschädigt. So folgenreich das rasche Vorrücken der Roten Armee später auch für Polen war – in der Krakauer Altstadt verhinderte es 1945 größere Zerstörungen.

Krakau in der Volksrepublik Polen

Die Vertreibungen in der Folge des Zweiten Weltkriegs, mit denen die deutsche Bevölkerung Schlesiens, Pommerns und Ostpreußens und die polnische Bevölkerung in den östlichen Landesteilen, die heute zur Ukraine und zu Weißrußland gehören, ihre Heimat verloren, gingen auch an Kleinpolen nicht spurlos vorbei. Einige der aus den früheren polnischen Ostgebieten Vertriebenen kamen nach Krakau. Die Lemken, eine an der Grenze zur heutigen Slowakei und damit auch in Kleinpolen und weiter östlich in den polnischen Waldkarpaten beheimatete slawische Minderheit mit griechisch-orthodoxer Glaubensrichtung, wurden im Rahmen der sogenannten ›Aktion Weichsel‹ zur Aufgabe ihrer angestammten Siedlungsgebiete gezwungen und in das nun zu Polen gehörende Schlesien umgesiedelt.

Lech Wałęsa bei seiner Vereidigung als Präsident am 22. Dezember 1990

Aus der Sowjetunion massiv unterstützte kommunistische Politiker gewannen die Oberhand. Das stalinistische Regime etablierte sich mit Hilfe von landesweiten Enteignungen und einer Bodenreform. 1955 trat Polen dem Militärbündnis der sozialistischen Staaten bei, dem ›Warschauer Vertrag‹. Damit war der sowjetische Einfluß in Polen endgültig abgesichert.

Im Jahr 1946 entschied sich die bürgerlich-religiös geprägte Krakauer Bevölkerung in einem Referendum gegen den Kommunismus. Für die kommunistische Führung war klar: Ein proletarisches Gegengewicht mußte her. Daher ließ sie in den fünfziger Jahren etwa zehn Kilometer nordöstlich von Krakau ein riesiges Stahlwerk errichten und baute in den Folgejahren einige große Wohnsiedlungen. Die Satellitenstadt Nowa Huta entstand und beherbergte in den folgenden Jahrzehnten bis zu 250 000 Menschen. Noch heute leidet die Krakauer Altstadt an den Schäden, die die Emissionen des Stahlwerks verursacht haben.

Trotz aller Bemühungen der Machthaber ließ sich Krakau nicht in eine proletarische Vorzeigestadt verwandeln. Die Krakauer leisteten Widerstand gegen das Regime. Als 1978 der Krakauer Kardinal Karol Wojtyła zum Papst gewählt wurde und den Namen Johannes Paul II. annahm, begann in Polen ein Prozeß, den nicht wenige als entscheidenden Schritt auf dem Weg zum Sturz der kommunistischen Herrschaft ansehen. Die Pilgerreisen des polnischen Papstes in sein Heimatland in den Jahren 1979, 1983 und 1987 wurden zu friedlichen Massendemonstrationen gegen das Regime. Vor über einer Million Menschen hielt er 1979 auf den Krakauer Błonia-Wiesen eine Messe. Die Gewerkschaft Solidarność (›Solidarität‹), die sich 1980 in Danzig im Zusammenhang mit Streiks in der dortigen Leninwerft bildete, erstarkte auch in Krakau als gesellschaftliche Bewegung. Lech Wałęsa, Elektriker auf der Danziger Leninwerft und späterer Friedensnobelpreisträger, wurde ihr Anführer.

Infolge des Aufstiegs der demokratischen Opposition rief Staatschef General Jaruzelski am 13. Dezember 1981 das Kriegsrecht in der Volksrepublik Polen aus; eine einschneidende Maßnahme gegen die Demokraten, die Jaruzelski heute mit dem Ziel begründet, einer angeblich bevorstehenden sowjetischen Intervention vorgebeugt zu haben. Auch Krakau wurde Zeuge des Kriegszustands. In Nowa Huta fuhren Panzer auf - Polen bedrohten Polen.

Krakau und Nowa Huta waren im Süden Polens Keimzellen des Kampfes für die Freiheit. Im Mai 1988 ging das Regime mit Waffen gegen die streikenden Arbeiter von Nowa Huta vor. Vergebens - die Militärregierung mußte einlenken. An einem runden Tisch kamen in Warschau Vertreter des Regimes und der demokratischen Opposition zusammen. 1989 fanden die ersten freien Wahlen statt, aus denen die Solidarność als Siegerin hervorging, auch in Kleinpolen. Tadeusz Mazowiecki wurde der erste frei gewählte Ministerpräsident Polens und verdiente sich weltweit Achtung, Lech Wałęsa wurde Staatspräsident.

Polen heute

Polen ist längst im demokratischen Europa angekommen. Die Achtung der Menschenrechte ist eines der obersten Gebote im Land. 1995 trat Polen der Welthandelsorganisation WTO bei, 1999 der NATO.

Die Freude über die errungene Freiheit wird jedoch wie in anderen ehemaligen Warschauer-Pakt-Staaten von schweren wirtschaftlichen und sozialen Verwerfungen begleitet. Die Arbeitslosigkeit nähert sich der 20-Prozent-Marke, Unzufriedenheit macht sich breit. Zwar liegen die polnischen Durchschnittslöhne inzwischen bei gut 2000 zł brutto, und die Preise sind im Gegensatz zu früheren Jahren stabil. Doch liegt diese Preisstabilität auf hohem Niveau. Lebensmittel und Konsumgüter sind zwar günstiger als in Deutschland, aber für die Polen im Verhältnis immer noch wesentlich teurer.

Dabei steht die Region Kleinpolen wirtschaftlich vergleichsweise gut da, die Arbeitslosigkeit liegt hier deutlich unter dem Landesdurchschnitt. Doch viele der

Landwirte, die im Süden Polens traditionell auf Klein- und Kleinstflächen das Feld bestellen, kämpfen um das wirtschaftliche Überleben.

Lech Wałęsa, der Held der Solidarność und Friedensnobelpreisträger, spielt auf der politischen Bühne keine Rolle mehr. 1995 gewann der gewendete frühere Minister Aleksander Kwaśniewski die Präsidentschaftswahlen und löste Wałęsa in diesem Amt ab. Im Jahr 2000 bestätigten die Polen Kwaśniewski als Präsidenten, der damit bis Herbst 2005 das höchste Staatsamt bekleiden durfte und sich und seinem Amt weltweit Achtung verschafft hat.

Die von den Ministerpräsidenten geführten Regierungen sind hingegen wenig beständig. Bisher ist keine der seit 1989 gewählten Regierungen nach Ablauf der Legislaturperiode wiedergewählt worden. Im Gegenteil: Die Koalitionen zerbrechen in der Regel schon vor dem Ablauf der Wahlperioden. Für das von der politischen Mitte bis weit nach rechts reichende Wahlbündnis Solidarität endeten die Parlamentswahlen 2001 sogar mit einem Desaster, denn das bis zu diesem Zeitpunkt mit Jerzy Buzek den Ministerpräsidenten stellende Wahlbündnis flog aus dem Parlament. Der Demokratische Linksbund SLD, der nach der Wende aus der Polnischen Vereinigten Arbeiterpartei hervorging und heute zu den sozialdemokratischen Parteien zählt, gewann die Wahl. Doch auch der SLD mußte im März 2004, nach zahlreichen Affären, eine Spaltung der Partei und damit eine kaum zu kompensierende Schwächung hinnehmen.

Trotz aller innenpolitischen Probleme, die auch in anderen europäischen Staaten in Reformzeiten nicht zu übersehen sind, ist Polen ein zuverlässiger und auch selbstbewußt auftretender außenpolitischer Partner. Auf dem Gipfel von Kopen-

Osterprozession. Nach wie vor spielt der Glaube im Alltag eine wichtige Rolle

hagen am 13. Dezember 2002, auf den Tag genau 21 Jahre nach der Ausrufung des Kriegsrechts durch General Jaruzelski, wurden die Weichen für Polens EU-Beitritt gestellt. Adam Michnik, Bürgerrechtler, Untergrundpublizist in Solidarność-Zeiten und heute Chefredakteur der größten polnischen Tageszeitung Gazeta Wyborcza kommentierte dieses Ereignis am nächsten Tag mit den Worten: »Gewöhnlich meiden wir Pathos, hier hingegen sagen wir mit von Ergriffenheit und Hoffnung erfüllter Stimme: In Polen, unserem Vaterland, ist etwas sehr Gutes geschehen. Wir sind im demokratischen Europa. Es ging der Traum einiger Generationen von Polen, die beharrlich mit den Köpfen die Mauern der totalitären Diktaturen durchschlugen, in Erfüllung. ... Wir danken allen, die dazu beigetragen haben - das ist unser gemeinsamer Erfolg, ein Erfolg der gesamten polnischen Demokratie. Für uns, die Menschen der früheren demokratischen Opposition, ist das die wahre Vollendung des Augusts des Jahres 1980, des Komitees der Arbeiterverteidigung und der Solidarność. Für unsere damaligen Gegner ist das die Bestätigung des Sinns der Wahlen aus den Zeiten des runden Tischs, als sie die Welt der Diktatur zugunsten der Logik der Demokratie wegwarfen. Das, was vor 20 Jahren unvorstellbar war, wurde Realität. Der 13. Dezember - Symbol des Dramas des Kriegszustandes - wird zum Symbol der Freude und des Erfolgs.«

Aleksander Kwaśniewski, Präsident von 1995 bis 2005

Im Juni 2003 stimmte das polnische Volk in einem Referendum über den Beitritt zur Europäischen Union ab. Das Ergebnis spricht eine deutliche Sprache: 77 Prozent der Polen stimmten dafür. Die oft rechts außen stehenden Beitrittsgegner, die in Kleinpolen stärker sind als in anderen Landesteilen, blieben abgeschlagen. Am 1. Mai 2004 trat Polen schließlich der Europäischen Union bei.

Und doch kann man mit der für deutsche Verhältnisse ungewöhnlich deutlichen Betonung des Nationalen in Polen politische Gewinne einfahren. Seit dem Herbst 2005 hat Polen eine neue Regierung und einen neuen Präsidenten. Die Partei ›Recht und Gerechtigkeit‹ hatte im Wahlkampf deutlich in die Sammlung rechtspopulistischer Parolen gegriffen. Premierminister Kazimierz Marcinkiewicz und Präsident Lech Kaczyński sind seither im Amt.

Die deutsch-polnischen Beziehungen

»Die deutsch-polnischen Beziehungen sind heute so gut wie nie zuvor.«
Oft fielen diese oder ähnliche Worte bei offiziellen Begegnungen zwischen Deutschen und Polen in den vergangenen Jahren.
In der Tat arbeiten die beiden Staaten heute partnerschaftlich zusammen. Das war nicht immer so. Die deutsch-polnische Geschichte war lange Zeit von Unterdrückung und Krieg geprägt. Gemeinsam mit Rußland und Österreich sorgte Preußen im 18. Jahrhundert dafür, daß der polnische Staat für etwa 120 Jahre aufhörte zu existieren. Ein Beschluß des Vorparlaments in der Frankfurter Paulskirche im März 1848, in dem die Wiederherstellung des polnischen Staates als die ›heilige Pflicht des deutschen Volkes‹ und die Teilung als ›schreiendes Unrecht‹ bezeichnet wurde, hatte keine nachhaltigen Auswirkungen. Erst nach dem Ersten Weltkrieg erlangte Polen seine Unabhängigkeit zurück. Sie dauerte nur knapp 21 Jahre.
Im September 1939 überfiel Hitler-Deutschland Polen – der Beginn des Zweiten Weltkriegs. Die deutschen Besatzer verfolgten ihr Ziel, die ›Germanisierung‹ des eroberten Gebiets, mit fürchterlicher Brutalität. Die polnische Stadt Auschwitz ist seitdem ein Synonym für den Holocaust. Daß Stalins Truppen sich in den von der Sowjetunion besetzten polnischen Gebieten nicht weniger brutal verhielten, kann die Schuld der Nazis keineswegs relativieren.
Im August 1945 wurden neue Nachkriegsgrenzen festgelegt. Die polnische Grenze wurde bis zur Oder-Neiße-Linie nach Westen verschoben. Millionen Deutsche mußten ihre Heimat verlassen – persönliches Leid auf deutscher Seite.
Angesichts dieser Vergangenheit erscheint die Entwicklung der deutsch-polnischen Beziehungen wie ein Wunder. Zwar nahm die DDR schon 1949 diplomatische Beziehungen zum sozialistischen Bruderstaat auf und schloß 1950 sogar einen Freundschaftsvertrag, in dem die Oder-Neiße-Linie als Grenze zwischen den beiden Staaten verbindlich festgeschrieben wurde. Doch blieb diese Freundschaft nur vordergründig. Daß die DDR keinerlei Verantwortung für die Taten des Zweiten Weltkriegs übernehmen wollte, war für viele Polen unerträglich.
Die Kontakte zwischen Warschau und Bonn waren zunächst noch frostiger. Die Oder-Neiße-Linie als östliche Grenze Deutschlands war für viele Deutsche in den ersten Nachkriegsjahren inakzeptabel. Ein Briefwechsel mit den katholischen Bischöfen in Deutschland, mit dem die polnischen Bischöfe 1965 die Hand zur Versöhnung ausstreckten, war dann ein wichtiger Schritt auf dem Weg zur Annäherung zwischen den Bürgern beider Staaten. Bedeutsam war auch die ebenfalls 1965 veröffentlichte

und von heftigen innenpolitischen Diskussionen begleitete Denkschrift der Evangelischen Kirche in Deutschland, in der die Anerkennung der Oder-Neiße-Linie gefordert wurde.
Im Jahr 1970 unterzeichneten schließlich die polnische und die deutsche Regierung den Warschauer Vertrag, in dem die Bundesrepublik Deutschland auf Gebietsansprüche verzichtete. Die ungewöhnliche Geste des am Mahnmal für die Opfer des Aufstandes im Warschauer Ghetto knieenden Bundeskanzlers Willy Brandt wurde weltweit zum Symbol einer Annäherung der ehemals verfeindeten Staaten.
Große Gesten sorgten auch nach dem Fall der Berliner Mauer im Jahr 1989 für Auftrieb in den deutsch-polnischen Beziehungen. Unter Bundeskanzler Helmut Kohl bestätigte das vereinigte Deutschland im Jahr 1990 die Oder-Neiße-Grenze. Ein Jahr später wurde zwischen Polen und Deutschland der Vertrag über gute Nachbarschaft und freundschaftliche Zusammenarbeit geschlossen. Zahlreiche deutsch-polnische Städtepartnerschaften wurden in den Jahren nach der Vertragsunterzeichnung begründet und bringen seitdem die Menschen einander näher. Ebenso bedeutsam ist die Einrichtung des Deutsch-Polnischen Jugendwerks, das seit über zehn Jahren den Austausch zwischen den Jugendlichen beider Staaten fördert. Zur Verbesserung des Deutschlandbilds in Polen hat auch der Besuch des Bundespräsidenten Roman Herzog im Jahr 1994 anläßlich des 50. Jahrestags

In Polen unvergessen: Der Kniefall von Willy Brandt vor dem Mahnmal im einstigen Ghetto

des Warschauer Ghettoaufstandes deutlich beigetragen. Auf Einladung des damaligen polnischen Präsidenten Lech Wałęsa war Herzog nach Warschau gereist und hatte die vorbehaltlose Anerkennung der deutschen Schuld für die Leiden der polnischen Bevölkerung im Zweiten Weltkrieg erklärt. Ein Jahr später hielt mit dem damaligen polnischen Außenminister Władysław Bartoszewski erstmals ein ausländischer Staatsgast eine Ansprache vor dem Deutschen Bundestag. Bartoszewski drückte damals im Namen seines Volkes das Bedauern über das Nachkriegsschicksal der deutschen Flüchtlinge und Vertriebenen aus.
Inzwischen ist die Zeit der großen Gesten in den deutsch-polnischen Beziehungen vorüber. Zwar hat Deutschland Polens Weg in die Europäische Union kräftig unterstützt.

Doch kristallisieren sich im Zuge der zunehmenden Normalität auch unterschiedliche außenpolitische Ansätze heraus. Besonders deutlich wurden diese Unterschiede bei den Haltungen der Regierungen beider Länder in der Frage der Unterstützung der USA im Jahr 2003 im Krieg gegen den Irak. Auch Fragen der Europäischen Verfassung, die Planung einer Ölpipeline von Rußland nach Deutschland – an Polen vorbei durch die Ostsee und ohne politische Beteiligung Polens – führten zu diplomatischen Verständigungsschwierigkeiten. Zwar stand die Haltung zu Deutschland nicht im Mittelpunkt der polnischen Wahlkämpfe im Herbst 2005, doch gewannen die Zwillingsbrüder Jarosław und Lech Kaczyński mit ihrer Partei ›Recht und Gerechtigkeit‹ auch mit unüberhörbar kritischen Stimmen gegenüber Deutschland zunächst die Parlaments- und anschließend die Präsidentschaftswahlen. Die Brüder Kaczyński gelten gar als wichtige Akteure eines Beschlusses des polnischen Parlaments aus dem Jahr 2004, wonach die polnische Regierung aufgefordert wird, mit der Bundesregierung Verhandlungen über Reparationszahlungen für im Zweiten Weltkrieg erlittene polnische Schäden aufzunehmen. Dieser Entscheidung der polnischen Politik waren lautstark vorgetragene, angebliche Entschädigungsansprüche einer kleinen, von deutschen Vertriebenen geführten Firma mit dem Namen ›Preußische Treuhand‹ gegen den polnischen Staat vorausgegangen. Obwohl die ›Preußische Treuhand‹ mit ihren allgemein als aussichtslos gewerteten Forderungen in Deutschland weitgehend ohne Bedeutung blieb, die Regierung Schröder schnell die Ablehnung der Ziele der Firma unterstrich und sich sogar der Bund der Vertriebenen von der ›Preußischen Treuhand‹ distanzierte, schlug das Vorgehen der Firma in Polen hohe Wellen. Schnell rechnete Lech Kaczyński in seiner damaligen Funktion als Präsident Warschaus die Entschädigungsforderungen für die Zerstörung seiner Stadt vor. Erst nach dem Wahlsieg schlug der neue Staatspräsident Lech Kaczyński versöhnlichere Töne gegenüber dem westlichen Nachbarn an. Inzwischen wurden die Wogen bei einem ersten Treffen des polnischen Ministerpräsidenten Kazimierz Marcinkiewicz mit der deutschen Kanzlerin Angela Merkel etwas geglättet.

Ob die im Frühjahr 2006 gebildete polnische Regierungskoalition, an der auch Nationalisten beteiligt sind, dem Verhältnis beider Staaten zueinander Auftrieb geben kann, ist noch abzuwarten.

So haben die deutsch-polnischen Beziehungen in den vergangenen Jahren bereits bessere Zeiten gesehen. Doch trotz aller aktuellen Differenzen bleibt angesichts der Erfahrungen der vergangenen Jahrhunderte festzuhalten: Die deutsch-polnischen Beziehungen sind so gut wie nie zuvor.

Die Bedeutung der katholischen Kirche in Polen

Wenn ein deutscher Tourist mit dem Bus durch die ländlichen Ortschaften der Region Kleinpolen fährt, kann ihm schon gelegentlich die Frage in den Kopf kommen, warum sich einige seiner Mitfahrer immer wieder während der Fahrt bekreuzigen. Erst beim dritten oder vierten Mal wird er vielleicht bemerken, daß einige der Insassen dieses religiöse Ritual immer dann ausüben, wenn der Bus gerade an einer Kirche vorbeigefahren ist. Das Bekreuzigen beim Passieren einer Kirche ist in Polen weit verbreitet.

In kaum einem Staat in Europa, Irland ausgenommen, ist die Bevölkerung so eng mit der katholischen Kirche verbunden wie in Polen. Zwar gibt es auch andere Regionen auf dem Kontinent, insbesondere in Südeuropa, in denen ganz überwiegend katholische Christen leben. Aber in Polen kommt der Kirche eine besonders hohe Bedeutung zu. In der Region Małopolska, einer der konservativeren polnischen Regionen, ist diese religiöse Ausrichtung nochmals stärker ausgeprägt. Nicht nur in den Dörfern orientiert sich das gesellschaftliche Leben am Kalendar des Kirchenjahres. Abgesehen von der Großstadt Krakau wird beispielsweise in weiten Teilen Kleinpolens aus religiösen Gründen an Freitagen nicht öffentlich getanzt, auch in Diskotheken nicht. Die Fastenzeit vor Ostern wird nicht nur auf den Karfreitag reduziert, an dem auch in vielen deutschen und österreichischen Familien kein Fleisch gegessen wird. Zwar bedeutet Fasten vor Ostern in Polen keinesfalls wochenlangen Fleischverzicht. Doch sind Feiern, etwa eine Hochzeit, in der Fastenzeit in der gesamten Region undenkbar. Angesichts dieser Bedeutung

Schaufenstergestaltungen wie diese findet man häufig in Kleinpolen

Priesterausflug in Krakau

des religiösen Lebens ist der sonntägliche Gang in die stets gut besuchten polnischen Kirchen eine Selbstverständlichkeit in vielen Häusern.

Die auffallend starke Rolle der katholischen Kirche in Polen hat historische Wurzeln. Schon die Gründung des polnischen Staates ist auf die Annahme des christlichen Glaubens durch den Fürsten Mieszko zurückzuführen. Untrennbar sind die Anfänge des polnischen Staates daher mit der Kirche verbunden. In der Zeit der Reformation konnten sich die Ideen Luthers und Calvins in Polen nicht durchsetzen.

Besonders wichtig für die heutige Bedeutung der katholischen Kirche war die Rolle, die sie seit dem späten 18. Jahrhundert spielte. In der Zeit nach den Polnischen Teilungen, als Polen politisch nicht mehr existierte, war die Kirche für das Volk ohne Staat ein Ort, in dem die Menschen ihre nationalen Werte bewahren konnten. Über die katholische Kirche grenzte man sich deutlich von den russischen und preußischen Besatzern ab.

Eine ähnliche, wenn auch nur schwer vergleichbare Funktion kam der Kirche in Polen auch in der kommunistischen Zeit nach dem Zweiten Weltkrieg zu. Sie war die einzige nicht zu bezwingende Opposition. In die Kirche gingen nicht nur Gläubige, sondern auch die, die einen Rückzugsort und größere Meinungsfreiheit suchten. Die Wahl des Krakauer Kardinals Karol Wojtyła zum Papst im Jahr 1978 gab dieser Opposition weiteren Auftrieb. Solidarność und Kirche beteten und stritten gemeinsam für Freiheit und Menschenrechte. Lech Wałęsa, der Held der demokratischen Opposition und Friedensnobelpreisträger, hat nach der Wende mehrfach betont, daß der Erfolg seiner Gewerkschaft ohne die Unterstützung des Papstes und der katholischen Kirche nicht denkbar bewesen wäre.

Diese enge Verbindung von Politik und Kirche drückt sich auch heute noch in einer national ausgerichteten Haltung eines nicht unwesentlichen Teils der katholischen Kirche in Polen aus. In übersteigerter Form erhalten Vertreter dieser Denkrichtung, für die nur ein Katholik ein wahrer Pole ist und die das Land im 21. Jahrhundert weitestgehend vor ausländischen Einflüssen bewahren möchten, auch Einzug in die Parlamente und in die Medienlandschaft.

Doch diese religiös motivierten nationalistischen Ansätze spiegeln keineswegs die Mehrheit der polnischen Bevölkerung und auch nicht der polnischen katholischen Kirche wider. Für die meisten Menschen im Land ist der Glaube mit seinen Institutionen und Traditionen etwas, was zu ihrem Leben völlig selbstverständlich dazugehört, aus dem sie Hoffnung und Kraft schöpfen.

Essen und Trinken

Ebenso wie in anderen Regionen Europas wurde auch in Polen in früheren Jahrhunderten in den verschiedenen sozialen Schichten sehr unterschiedlich gekocht. Der Adel aß anders als das Bürgertum, und dieses wiederum unterschied sich in seinen Eßgewohnheiten deutlich von den Bauern. Diese Unterscheidungen haben sich heute in den verschiedensten Gerichten vereinigt.

Vermischungen fanden indessen nicht nur innerhalb Polens statt. Kriege, Besatzungen und Hochzeiten polnischer Könige haben wie überall in Europa auch die nationale Küche beeinflußt und ausländische Eßkulturen nach Polen gebracht. So sind im Laufe der Jahrhunderte russische, österreichische, deutsche, litauische, mongolische, schwedische und türkische Elemente in den polnischen Kochtopf miteingeflossen. Zum Beispiel gelangte in Folge der Heirat König Zygmunts I. mit der Italienerin Bona di Sforza im 16. Jahrhundert Gemüse wie Blumenkohl und Artischocken auf den Krakauer Wawelhügel.

Doch trotz aller aktuellen europa- und inzwischen längst auch weltweiten Vermischungen der Ernährungsgewohnheiten hält sich in Polen hartnäckig eine traditionelle Küche. Kartoffeln und Getreide bilden weiterhin in vielen polnischen Haushalten die Grundnahrungsmittel. Deftige Fleischgerichte und heiße Suppen sind aus der polnischen Küche ebenso nicht wegzudenken. Zur Landesgewohnheit gehört, daß in vielen Haushalten freitags kein Fleisch, sondern häufig Fisch gegessen wird.

Ein traditionelles polnisches Gericht, das man durchaus als Nationalgericht bezeichnen kann, ist zum Beispiel der Bigos. Dieser Eintopf aus gedünstetem

Sauerkraut und Fleisch ist eigentlich überall zu finden, in Restaurants, Schnellimbißstuben und privaten Haushalten. Und Bigos schmeckt nicht nur gut, sondern ist auch praktisch. Ohnehin schon als Resteprodukt entstanden, weil man im Bigos die übrig gebliebenen Speisereste der vergangenen Tage verwerten kann, hat der deftige Eintopf auch noch den Vorteil, daß er umso besser schmeckt, je länger der Zeitraum zwischen Vorbereitung und Servieren liegt. Heute kochen, morgen noch einmal erhitzen - und übermorgen schmeckt der Eintopf noch viel besser. Ein einheitliches Bigosrezept gibt es nicht. Jeder verfolgt bei den Zutaten seine Feinheiten. Und wohl in jedem polnischen Haushalt wird mit völliger Überzeugung behauptet, daß die Mutter den besten Bigos der Welt macht, dicht gefolgt von der Großmutter.

Neben dem Sauerkrauteintopf gehören auch die Piroggen regelmäßig auf die Tagesordnung der polnischen Küche. Diese Teigtaschen gibt es mit den verschiedensten Füllungen wie mit Fettquark, mit Obst, mit Pilzen oder mit Fleisch. Nach dem Kochen werden sie ohne Sauce, aber mit zerlaufener Butter oder Speck garniert. Zu den traditionell in Polen gerne gegessenen Suppen zählen Żur und Barszcz Czerwony. Żur ist eine mit Wursteinlage, am Freitag aus religiösen Gründen häufig vegetarisch zubereitete Roggenmehlsuppe, Barszcz Czerwony eine scharf gewürzte Rote-Rüben-Suppe.

Abweichend von der deutschen Küche wird in Polen nur sehr selten ein Dessert vorbereitet. Süße Speisen, dann zumeist Kuchen oder Kekse, sind eher etwas für den Nachmittag. Wenn es schon ein Dessert gibt, ist es nicht selten flüssig. So ist der Kompott ein fester Bestandteil der polnischen Küche. Der Saft von

Deftige Kost in einer Wanderhütte bei Zakopane

in Wasser gekochten Früchten wird dabei abgekühlt und als Getränk zum Ende der Mahlzeit serviert.

Neben dem Kompott zählt der Teegenuß zu den polnischen Trinkgewohnheiten. Auch wenn in der jüngeren Generation Cappuccino und Milchkaffee immer mehr an Boden gewinnen, so ist doch der schwarze Tee das erste, was man Gästen anbietet, wenn sie nicht gerade bei hochsommerlichen Temperaturen erscheinen. Die Palette der kalten alkoholfreien Getränke läßt auch in Polen von Wasser über Saft bis hin zur Cola keine Wünsche offen. Eine Spezialität ist dabei der häufig und gern getrunkene schwarze Johannisbeersaft.

Auch Alkohol hat in Polen eine lange Tradition. Wodka und Bier sind weiterhin polnische Bestseller. Wer das Trinken des hochprozentigen Kartoffelschnapses lieber anderen überläßt, wird vielleicht von den vielen verschiedenen Flaschenformen ermutigt, sich ein flüssiges Andenken von einer Polenreise mit nach Hause zu nehmen. Edel aussehende und auch nicht gerade billige Wodkaflaschen wirken in einer Hausbar jedenfalls nicht schlecht. Biersorten gibt es in Polen inzwischen zahlreiche. Die regional vorherrschenden Marken in Kleinpolen sind Żywiec und Okocim, und auch das in Schlesien gebraute Tyskie-Bier wird in der Region um Krakau gerne getrunken. Eine Weintrinkernation sind die Polen hingegen nicht. ›Je süßer desto besser‹, scheint manchmal die Maxime zu sein. Trockene Weiß- und Rotweine sind bei privaten Anlässen selten anzutreffen.

Zwei besonders typischen Speisen sind Bigos und Piroggen. Die Rezepte:

Bigos

Zutaten für vier Personen:
1kg Sauerkraut,
400g Schweine- oder Rindfleisch,
300g Wurst,
100g geräucherter Speck,
50g Tomatenmark,
5 Pimentkörner, 2 Lorbeerblätter,
Salz, Pfeffer, Suppengewürz

Das Sauerkraut schneiden und mit seiner Flüssigkeit in einen Topf geben. Das in feine Stücke geschnittene Fleisch mit der kleingeschnittenen Wurst und dem Speck in den Topf geben und den Inhalt kurz aufkochen lassen. Pimentkörner und Lorbeerblätter hinzugeben und eine Stunde lang bei geringer Hitze köcheln lassen. Anschließend mit Tomatenmark, Salz, Pfeffer und Suppengewürz abschmecken. Nun sollte der Bigos mindestens einen Tag stehen und erst am nächsten oder gar am übernächsten Tag warm serviert werden. Dazu ißt man Brot.

Pierogi Ruskie

Piroggen werden in Polen in den verschiedensten Variationen gegessen. Besonders beliebt sind Pierogi Ruskie, also ›Russische Piroggen‹.

Zutaten für vier Personen:
3 Gläser Mehl,
1 Ei,
200 ml Wasser für den Teig,
1kg gekochte und gepreßte Kartoffeln.
Für die Füllung:
150g Fettquark,
zwei geschnittene und geschmorte Zwiebeln,
1 Teelöffel Majoran, Salz und Pfeffer für die Füllung.

Die Zutaten der Füllung vermischen und scharf abschmecken, die Zutaten für den Teig kneten. Der Teig darf nicht zu fest werden. Anschließend den Teig auf einem mit Mehl bestreuten Tisch ausrollen und mit einem Glas Kreise aus dem Teig ausstechen. Jede Scheibe mit etwas Füllung belegen und dann die Ränder der Scheiben zu Taschen fest zusammenkneten, so daß die Füllung beim Kochen nicht auslaufen kann. Gesalzenes Wasser kochen und einen Schuß Speiseöl hinzugeben. Dann die Piroggen in den Topf geben und etwa 12 Minuten kochen lassen. Anschließend Wasser abtropfen lassen und die fertigen Piroggen servieren. Je nach Geschmack können sie noch mit geschmortem Speck garniert werden.

Die polnische Sprache

Hätte die menschliche Zunge Knochen, müßte sie bei einigen Schülern der polnischen Sprache ständig eingegipst sein. Das glauben zumindest viele, die erstmals versuchen, polnische Worte laut vorzulesen. Ein wahrer Zungenbrecher ist zum Beispiel das Wort neunzig auf Polnisch. Richtig ausgeschrieben wird die Zahl ›dziewięćdziesiąt‹. Mit den im Deutschen vorkommenden Lauten würde man das Wort wohl als ›dschjewjendschischont‹ ausschreiben, auch wenn diese Schreibweise wegen der fehlenden Sonderzeichen im Deutschen nur eine Annäherung bleiben kann. Dschjewjendschischont: wer diese Aussprache geschafft hat, sollte jemanden fragen, ob er ihm erklären kann, wie man mit deutschen Lauten die Zahl ›neunhundertneunundneunzig‹ ins Polnische übersetzt und ausschreibt.

Beim Anblick von den für deutsche Augen unglaublichen Konsonantenhäufungen wie zum Beispiel bei dem Wort ›pszczelarz‹ (Imker) schrecken viele vor einer intensiveren Auseinandersetzung mit der Sprache zurück, obwohl im östlichen Mitteleuropa Polnischkenntnisse ein enormer Vorteil sind. Denn mit dem Polnischen kann man sich auch mit Slowaken gut verständigen, und auch in Tschechien helfen Polnischkenntnisse über die alltäglichen Verständigungsschwierigkeiten hinweg. Schließlich zählt Polnisch zu den westslawischen Sprachen und ist daher mit dem Tschechischen, dem Slowakischen und dem von der sorbischen Minderheit im Osten Deutschlands gesprochenen Sorbischen eng verwandt. Verwandtschaften bestehen auch zu anderen slawischen Sprachen wie Russisch, Bulgarisch und Slowenisch.

CENNIK
rakow.pl
PRZEJAZDY TRAMWAJAMI I AUTOBUSAMI
Przedsiębiorstwa Komunikacyjnego SA w Krakowie
chwała Nr LXVII/ 631/ 04 Rady Miasta Krakowa z dnia 22 grudnia 2004 r.
chwała Nr LXXV/ 738/ 05 Rady Miasta Krakowa z dnia 13 kwietnia 2005 r. - dotyczy opłat na terenie gminy Kraków
PRZEJAZDY JEDNOKROTNE, WIELOKROTNE I GRUPOWE

RODZAJ LINII	CENY BILETÓW w zł			
	NORMALNYCH	ULGOWYCH USTAWOWYCH	ULGOWYCH GMINNYCH	ZA BAGAŻ
WYKŁE I PRZYSPIESZONE W GMINIE KRAKÓW				
azd jednorazowy 1 osoby w komunikacji dziennej	2,50	1,25	1,35	2,50
azd jednorazowy 1 osoby w komunikacji nocnej	5,00	2,50	—	2,50
zd jednorazowy grupowy w komunikacji dziennej - do 15 osób	21,00	10,50	12,50	2,50 za każdy bagaż
- do 20 osób	24,00	12,00	14,50	
azdy wielokrotne 1 osoby - przez 60 minut w komunikacji dziennej	3,10	1,55	1,65	—
- przez 24 godz. w komunikacji dziennej i nocnej	10,40	5,20	5,70	—
- przez 48 godz. w komunikacji dziennej i nocnej	18,80	9,40	11,50	—
- przez 72 godz. w komunikacji dziennej i nocnej	25,00	12,50	15,60	—
azdy wielokrotne rodzinne munikacji dziennej w sobotę i niedzielę	10,40	—	—	—
STREFOWE			Dotyczy gmin: SKAWINA WIELKA WIEŚ ZABIERZÓW	
ejazd jednorazowy 1 osoby w granicach inistracyjnych m. Krakowa i poza jego granicami niach autobusowych poza granicami administracyjnymi Krakowa obowiązuje bilet w kolorze żółtym	2,50	1,25	1,25	2,50
ejazdy wielokrotne 1 osoby przez 24 godziny Krakowie i poza jego granicami (M+S)	11,00	5,50	—	—

DATKOWE
ez ważnego biletu jednej osoby - 100 zł + należność za bilet
z ważnego dokumentu poświadczającego uprawnienie do bezpłatnego albo ulgowego przejazdu - 75 zł a bilet
e sobą do środka transportowego bez biletu zwierząt i rzeczy, za których przewóz taryfa łaty, lub za przewóz rzeczy wyłączonych z przewozu - 75 zł + należność za bilet

Tariftabelle der Krakauer Nahverkehrsbetriebe - auch hier helfen Grundkenntnisse der polnischen Sprache

Das Polnische kennt acht Vokale und 27 Konsonanten. Diese werden mit einem an das Polnische angepaßten lateinischen Alphabet wiedergegeben. Neben den auffallend vielen Zischlauten und den Nasalen ist das ›ł‹, ein wie das englische ›w‹ (wonderful, win) ausgesprochener Buchstabe, eine Besonderheit.

Polnisch ist sicher keine einfache, aber eine sehr schöne Sprache. Und man kann sie lernen, wenn man in der Anfangsphase die Aussprache der für deutsche Zungen schwierigen Zischlaute und später die für die slawischen Sprachen typischen Unterscheidungen zwischen vollendeten und unvollendeten Verben sowie das Denken in sieben grammatischen Fällen in den Griff bekommt.

Auf der anderen Seite ist immerhin die Aussprache im Gegensatz zum Deutschen oder Englischen fast vollständig regelmäßig dem Schriftbild entsprechend. Am Ende des Buches findet sich ein kleiner Sprachführer und eine polnisch-deutsche Speisekarte.

Eine gute Adresse zum Polnischlernen ist in Krakau die private Sprachschule Prolog. Seit 1994 werden dort regelmäßig intensive Polnischkurse für Ausländer angeboten: Prolog - Szkoła Języków Obcych (Fremdsprachenschule), ul. Bronowicka 37, 30-084 Krakau, Tel. 638 45 65, www.prolog.edu.pl.

Empfehlenswert sind auch die drei- bis sechswöchigen Kurse der ›Sommerakademie der polnischen Sprache und Kultur‹, die von der Jagiellonen-Universität jährlich veranstaltet werden; Informationen unter www2.uj.edu.pl/SL/german.html.

»Es gibt Orte, Augenblicke und Situationen, in denen sich die Vergangenheit mit der Gegenwart trifft, und das auf eine so leichte und natürliche Art und Weise, daß es fast überraschend wirkt. Ein solcher Ort ist Krakau.«

Jacek Woźniakowski

Krakau

Eine Annäherung

Ihre Hauptstadt Warschau achten die Polen, Krakau hingegen lieben sie. Bei einem Besuch in Krakau lernt man man diese Haltung rasch zu verstehen. Im Zweiten Weltkrieg von Zerstörungen in der Altstadt weitgehend verschont geblieben, fasziniert der historische Kern auch erfahrene Krakautouristen immer wieder. Die ul. Floriańska, der Rynek (Markt) mit den Tuchhallen, der Marienkirche und dem Rathausturm, das Collegium Maius, die ul. Grodzka und ganz besonders der Wawelhügel, auf dem Jahrhunderte lang die polnischen Könige residierten und gekrönt wurden, weisen einen großen kulturhistorischen Schatz auf - nicht ohne Grund hat die UNESCO die Krakauer Altstadt auf ihre Liste des Weltkulturerbes gesetzt.

Zu Krakau gehört auch Nowa Huta, die zu Zeiten der Volksrepublik Polen als Vorzeigestadt um ein Stahlwerk erbaute Satellitenstadt. Dieses Nowa Huta erinnert heute trotz aufwendiger Bemühungen zur Verbesserung der Lebensqualität noch immer an ein Museum des Sozrealismus. Kazimierz, der früher jüdische Stadtteil, ist eines der bedeutendsten Zeugnisse jüdischer Kultur in Europa, heute ein beliebtes Ausgehviertel und erfreut sich immer größerer Beliebtheit nicht nur bei Touristen.

Krakau hat für verschiedene Interessen und Geschmäcker einiges zu bieten. So ist die ehemalige polnische Hauptstadt das kulturelle Zentrum des Landes. Viele Größen aus Kunst, Literatur und Musik sind entweder in Krakau und Umgebung aufgewachsen oder haben sich im Laufe ihres Lebens für die Stadt als ihren Lebensmittelpunkt entschieden. Theater- und Philharmoniefreunde können hier voll auf ihre Kosten kommen. Weiteren Auftrieb hat das kulturelle Leben im Jahr 2000 erhalten, als Krakau eine der damals neun Kulturstädte Europas war und dieser Sektor kräftige Finanzspritzen erhielt.

Daneben ist Krakau als Sitz der Selbstverwaltung der Wojewodschaft Małopolska, die insgesamt etwa 3,2 Millionen Einwohner zählt, eine politische Größe; es ist auch das wirtschaftliche Zentrum Kleinpolens. Der religiöse Puls

Legende

1 Café ›Jama Michalika‹
2 Jan-Matejko-Haus
3 Pharmaziemuseum
4 Hotel ›Pod Różą‹
5 Haus ›Pod Murzynami‹
6 Collegium Maius
7 Collegium Novum
8 Palast der Krakauer Bischöfe
9 ›Cricoteka‹
10 Chor der Jagiellonen-Universität
11 Museum der Erzdiözese Krakau
12 Jan-Długosz-Haus

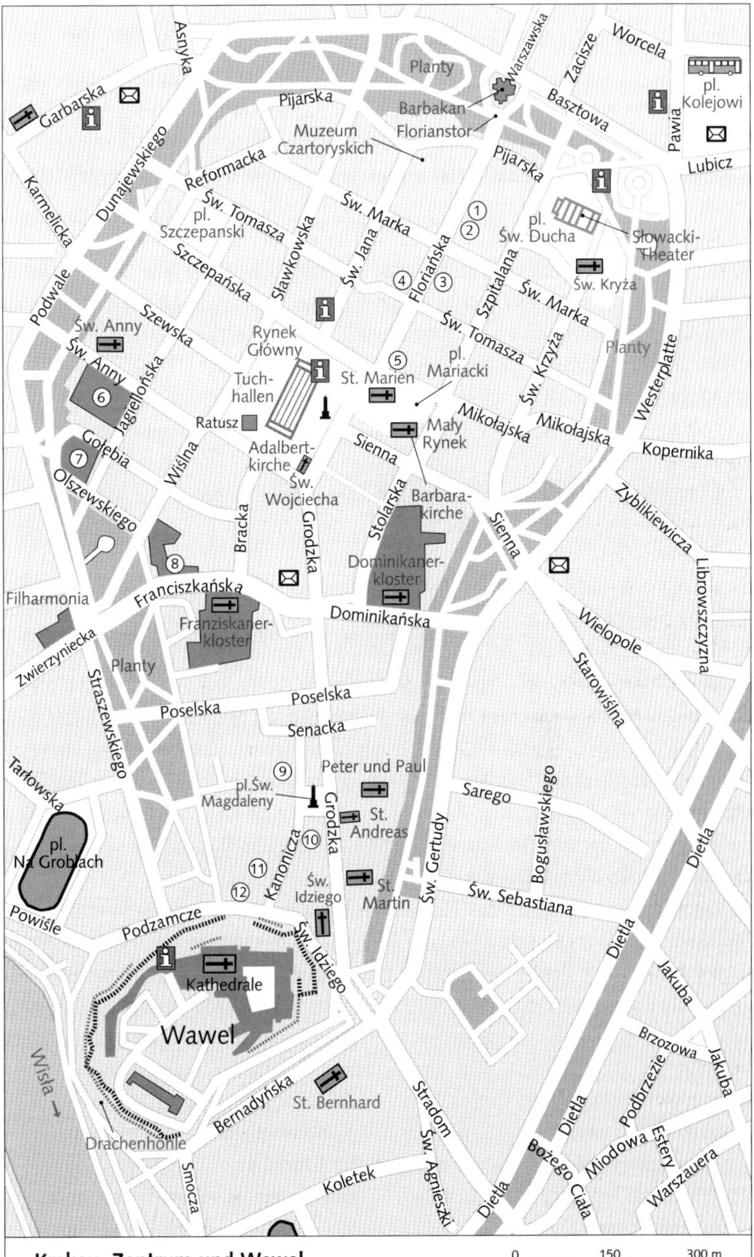

Krakau, Zentrum und Wawel

Polens schlägt ebenso hier; mehr noch als in anderen Regionen des Landes lebt man im Alltag mit den Traditionen der katholischen Kirche.

Krakau ist aber auch die Stadt der Kneipen. Um den Marktplatz herum konzentriert sich das Nachtleben. Viele Kneipen um den Rynek sind in mittelalterlichen Gewölbekellern eingerichtet, nicht wenige bieten insbesondere im Sommer regelmäßig Livemusik. Straßenkünstler gehören nicht nur in warmen Sommernächten zum Leben um den Marktplatz herum wie die Butter zum Brot.

Auch für Sportinteressierte ist Krakau kein Niemandsland. Die Kicker des Traditionsvereins Wisła Krakau können seit einigen Jahren wieder an ihre früheren Erfolge anknüpfen und gehören zu den besten Teams des Landes, auch wenn der ganz große Durchbruch der Mannschaft, die im Stadion an der ul. Reymonta spielt, auf internationaler Bühne noch nicht geglückt ist.

Nicht zuletzt spielt die Universität eine wichtige Rolle. Etwa 100 000 Frauen und Männer studieren an den 17 Hochschulen Krakaus und prägen das Stadtbild zu jeder Jahreszeit.

Kurz gesagt, ist Krakau eine Stadt mit Zukunft und zugleich eine innige Begegnung mit der polnischen Geschichte.

Ulica Floriańska

Es empfiehlt sich, eine Besichtigung der Krakauer Altstadt am Florianstor (Brama Floriańska) zu beginnen, das in die ul. Floriańska, die Floriansstraße, führt. Seit ihrer Entstehung in der Mitte des 13. Jahrhunderts hat diese wohl bekannteste Krakauer Straße ihren Namen nicht mehr gewechselt. Das Florianstor markiert den Anfang des sogenannten Königstrakts, des Trakt Królewski. Auf dem Weg zu ihrer Krönung schritten die polnischen Könige durch dieses Tor über die ul. Floriańska, den Rynek und die ul. Grodzka zum Wawel.

Doch bevor man durch das Florianstor hindurch in das Gebiet innerhalb der Stadtmauern schreitet, lohnt die nur wenige Meter entfernte Festungsanlage auf dem Gelände des ›Planty‹ genannten Grüngürtels, der Barbakan, eine Besichtigung. Als die gesamte Krakauer Altstadt noch mit einer Mauer geschützt war, gehörte der vor dem Eingangstor zur ul. Floriańska stehende runde Backsteinbau aus dem 15. Jahrhundert zum Verteidigungssystem der Stadt. Das mächtige Gebäude mit einem Durchmesser von 24 Metern und seinen 1,3 Meter dicken Mauern wurde nach Vorbildern in der arabischen Architektur geschaffen und ist als einzige Verteidigungsbastion dieser Art in Europa in außergewöhnlich gutem Zustand erhalten geblieben. Von sieben kleinen Türmen aus wurden herannahende Gegner beobachtet. 130 Schießscharten sind in die Mauer eingelassen. Inzwischen ist die Festungsanlage in der Sommersaison für Besucher geöffnet.

Die Reste der Stadtmauer dienen heute Krakauer Künstlern als Verkaufsort

Detail am ›Haus zu den Mohren‹

Vom Barbakan gelangt man durch das Florianstor in die Altstadt. Das Tor, Teil der alten Stadtmauer, ist nach dem Heiligen Florian benannt, dem Schutzpatron der Feuerwehr. Es wurde zu Beginn des 14. Jahrhunderts erbaut und anschließend in die Obhut der Kürschnerzunft gestellt. Vom Barbakan aus sieht man einen in den Stein gehauenen Adler der Piasten-Dynastie über dem Tor hängen, und auf der Seite zur ul Floriańska grüßt eine Plastik des Heiligen Florian. Im Durchgang befindet sich eine Kopie des Bildes der Tschenstochauer Mutter Gottes, der sogenannten Schwarzen Madonna.

Links vom Florianstor, an der Innenseite der Mauer, hängen gegenüber von Krakaus erstem, inzwischen längst nicht mehr einzigem McDonald's Restaurant bei Wind und Wetter Bilder in den phantasievollsten Farben. Krakauer Künstler verkaufen dort ihre Werke, auf denen häufig örtliche Ansichten zu sehen sind. Für die einen sind die Bilder kitschige Massenware, andere sehen sie als willkommene Souvenirs aus Polen.

Etwas weiter in Richtung Marktplatz befindet sich auf der linken Seite im Haus ul. Floriańska 45 [1] ein bekanntes und nicht ganz preiswertes Café, die Jama Michalika (Michaliks Höhle). Anfang des 20. Jahrhunderts war dieses Lokal ein beliebter Treffpunkt der Krakauer Künstler. Nicht immer waren die Künstler zum Bezahlen ihrer verzehrten Speisen und Getränke in der Lage. Der verständnisvolle Betreiber ließ sie zum Ausgleich ihrer Rechnungen die Wände bemalen, so daß die Jama Michalika heute mit kunstvoll bemalten Jugendstilwänden geschmückt ist. Im Jahr 1904 war hier das erste polnische Kabarett ›Zielony Balonik‹ (›Grüner Ballon‹) beheimatet.

Nur wenige Schritte weiter, ebenfalls auf der linken Straßenseite (Nr. 41), gelangt man zum Jan-Matejko-Haus [2]. Hier lebte und arbeitete der 1893 im Alter von 55 Jahren gestorbene Krakauer Historienmaler und Professor an der Krakauer Akademie der schönen Künste Jan Matejko. Der Name des Krakauer Künstlers, der verschiedene Szenen der polnischen Geschichte in Bildern verewigt hat, ist mit der Stadt Krakau eng verbunden. 1904 wurde in dem bis heute kaum veränderten Gebäude das Matejko-Museum mit Werken des Krakauer Künstlers eröffnet.

Das Haus ul. Floriańska 25 beherbergt das Pharmaziemuseum [3]. Dort werden Apothekenausstattungen vom 16. Jahrhundert bis zum 19. Jahrhundert gezeigt. In einem der Ausstellungsräume ist die Einrichtung einer Apotheke aus dem 17. Jahrhundert nachgebildet.

Im Haus Nummer 14 auf der rechten Seite der Straße wird seit über 200 Jahren das Hotel Pod Różą (›Zur Rose‹) betrieben [4]. Das Eingangsportal aus dem 16. Jahrhundert trägt in lateinischer Sprache die Inschrift: ›Möge dieses Haus so viele Jahre fortbestehen, bis die Ameisen das Meer ausgetrunken haben und die Schildkröte um die Welt gezogen ist.‹

Wieder auf der linken Seite, direkt an der Ecke der ul. Floriańska mit dem Rynek, steht mit der Nummer 1 das Haus mit dem Namen ›Pod Murzynami‹ (›Zu den Mohren‹) [5]. Diesen Titel erhielt das Gebäude aufgrund der beiden Steinmohren mit einem Korb voller exotischer Früchte, die die Fassade des ersten Stockwerks schmücken. Hier befand sich im 16. Jahrhundert eine Apotheke.

Rynek Główny

Eine der unbestreitbar eindrucksvollsten Krakauer Sehenswürdigkeiten ist der Rynek Główny, der Hauptmarkt. Er war über die Jahrhunderte immer wieder Schauplatz wichtiger historischer Ereignisse, und wer auf dem quadratischen Platz in Ruhe entlangspaziert und sich auf seine Atmosphäre einläßt, kann sich leicht die Geschichten vorstellen, die die Steine der historischen Gemäuer erzählen könnten. Hier kniete im Jahr 1525 Prinz Albrecht von Hohenzollern und schwor dem polnischen König die Treue. Im Gegenzug erhielt er von König Sigismund dem Alten Preußen als Lehen. Nach der zweiten Teilung Polens schwor hier 1794 der Nationalheld Tadeusz Kościuszko seinen Eid, was den Beginn des Nationalaufstandes gegen die Besatzer zur Folge hatte. Auch heute noch, obwohl Warschau lange schon die Hauptstadtrolle übernommen hat, führen Staatsbesuche, von Roman Herzog über Queen Elizabeth bis hin zu Wladimir Putin, häufig auf den Krakauer Marktplatz.

Straßenkünstler auf dem Rynek Główny‹

Mit seinen 200 mal 200 Metern ist der Rynek einer der größten mittelalterlichen Marktplätze Europas. Etwa 50 Häuser aus verschiedenen Epochen umrahmen den Platz, den die gelb-roten Tuchhallen (Sukiennice), das auffälligste Bauwerk des Rynek, in der Mitte teilen. Jedes der Gebäude wäre eine Besichtigung für sich wert. In Krakau aber, wo sich am Marktplatz die architektonischen Attraktionen ballen, wird kaum ein Reisender ausreichend Zeit zur gebührenden Würdigung jedes einzelnen Hauses aufbringen können. Ein Muß für Besucher sind indessen die Marienkirche, die Sukiennice und der Rathausturm.

Es ist ein Genuß, in warmen Sommernächten in einem der zahlreichen Straßencafés des Marktplatzes zu sitzen und Kleinkünstlern bei ihren Vorführungen zuzusehen oder einfach nur die vorbeiziehenden Menschen zu beobachten. Insbesondere die Westseite mit ihrem Rathausturm ist regelmäßig Schauplatz verschiedenster Veranstaltungen. Vom Weihnachtsmarkt über Folkloreauftritte bis hin zu Rockkonzerten spielt sich hier das Krakauer Leben sowohl im Sommer als auch im Winter ab, nicht nur für Touristen. Wer es lieber etwas uriger mag, sucht eine der vielen am und um den Rynek gelegenen Kneipen in historischen Kellergewölben auf. In vielen Kneipenkellern wird Live-Musik geboten, überwiegend Jazz und Rock.

Marienkirche

An der Ostseite des Platzes befindet sich unübersehbar die Marienkirche mit ihren zwei ungleichen Türmen. Einer Legende nach haben zwei Brüder die Kirche errichtet. Während der Bauarbeiten soll einer der beiden sich als talentierter und schneller erwiesen und seinen Turm weitaus höher und schöner gebaut haben als der andere. In seiner Eifersucht erstach der unterlegene Baumeister seinen Bruder mit einem Messer und brachte sich anschließend, geplagt von Gewissensbissen, selbst um, indem er sich von seinem niedrigeren Turm auf das Pflaster des Marktplatzes stürzte.

Der höhere Turm wurde über viele Jahrhunderte als Stadtwarte genutzt. Heute spielt von dort aus zu jeder vollen Stunde ein Trompeter den traditionsreichen Hejnał. Nach einigen Takten bricht dieses Turmlied an einer Stelle plötzlich ab. Einer weiteren Legende nach soll der Hejnał-Spieler von seinem Turm aus die herannahenden Tataren gesehen haben. Mit seiner Melodie wollte er die Krakauer warnen, doch traf der Pfeil eines Tataren den Trompeter und tötete ihn, so daß die Melodie noch heute an der tödlichen Stelle endet. Über die Jahrhunderte hinweg hat sich der Hejnał zum musikalischen Symbol Krakaus entwickelt.

Die ursprüngliche Marienkirche war aus Holz gebaut. Anfang des 13. Jahrhunderts wurde sie durch einen romanischen Bau ersetzt, der jedoch beim Einfall der Tataren zerstört wurde. Teilweise noch auf erhalten gebliebenen romanischen Fundamenten begann man im Jahr 1290, eine gotische Backsteinkirche mit zwei Türmen zu errichten. Der größere der beiden Türme ist 81 Meter hoch, mit einem spätgotischen Helm versehen und wird von acht kleinen Spitztürmchen geschmückt. Der kleinere Turm erreicht eine Höhe von 69 Metern und erhielt 1592 einen Helm im Stil der Spätrenaissance mit vier kleineren Kuppeln. Die drei Kirchenschiffe entstanden Ende des 14. Jahrhunderts, und in der ersten Hälfte des 15. Jahrhunderts wurden die seitlichen Kapellen hinzugebaut. Wer einmal um die Kirche herumgeht, sieht neben verschiedenen Gedenktafeln auf der Südseite die Sonnenuhr aus dem Jahre 1682 mit der lateinischen Aufschrift ›Dies nostri quasi umbra super terram et nulla est mora‹, zu deutsch: ›Unsere Tage sind wie ein Schatten auf Erden und es gibt keinen Aufschub‹. An der Nordseite befinden sich eine König Jan III. Sobieski gewidmete Bronzetafel und ein Bild der Muttergottes aus dem 18. Jahrhundert.

Das dunkle Innere der Marienkirche ist von einem überwältigenden Reichtum an Details geprägt. Wohin das Auge auch fällt – aufwendige Holzschnitzereien und prunkvolles Gold bieten Liebhabern monumentaler Sakralkunst einen seltenen Anblick. Von besonderer kulturhistorischer Bedeutung ist der Veit-Stoß-Altar. Um dorthin zu gelangen, muß man die Marienkirche durch den für Touristen bestimmten Südeingang betreten und ein geringes und in jedem Fall lohnendes Eintrittsgeld entrichten. Der Eingang durch den zur Marktplatzseite gelegenen Westeingang ist hingegen nur für religiös motivierte Besucher gedacht. Eine Barriere verhindert den Durchgang vom Westeingang zum Presbyterium und zum Veit-Stoß-Altar.

Den aus Spenden von Krakauer Bürgern finanzierten einzigartigen Hochaltar mit etwa 13 Metern Höhe und 11 Metern Breite schuf der berühmte Nürnberger

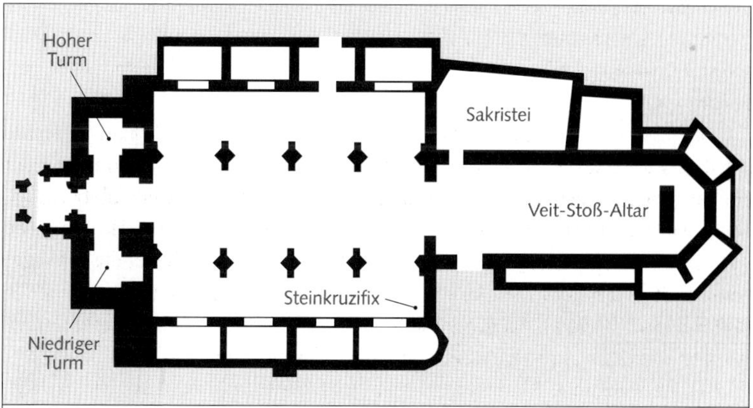

Marienkirche

Die Marienkirche überragt den Rynek

Bildhauer Veit Stoß in den Jahren zwischen 1477 und 1489 gemeinsam mit einigen Gesellen. Der Mittelschrein des Altars zeigt im Zentrum die einschlafende und in die Arme Jakobs gleitende Jungfrau Maria und im oberen Teil Marias Aufnahme in den Himmel. Der Nürnberger Bildhauer stellte Maria als junge und zarte Frau dar und unterstrich damit den sanften Charakter ihres Einschlafens. Die einschlafende Maria ist umgeben von über drei Meter hohen, aus Lindenholz geschnitzten Apostelfiguren. Auf dem linken Seitenflügel sind von oben nach unten Mariä Verkündigung, Christi Geburt und die Verbeugung der Heiligen Drei Könige zu sehen, auf dem rechten Flügel von oben nach unten die Auferstehung, die Himmelfahrt und die Ausgießung des Heiligen Geistes. Getragen wird der Altar von der Predella, dem Unterbau. Die Predella erinnert an die königliche Abstammung Christi. Sie zeigt die Wurzel von Isai, dem Vater des Königs David, aus dessen Körper ein Stamm mit vielen Verästelungen entsprießt. Die 14 sich in den Verästelungen befindlichen kleinen Figuren sind aus den 30 Generationen von Juda ausgewählte Vorfahren Christi. Von der Predella sind nur die Figuren, nicht hingegen der Stamm, original erhalten. Der Altaraufsatz schließlich stellt die Krönung Marias dar. Ihr stehen die Schutzpatronen Polens zur Seite, der heilige Adalbert und der heilige Stanislaus.

Der Hochaltar ist nicht das einzige Werk von Veit Stoß in der Krakauer Marienkirche. Am Ende des rechten Seitenschiffes, neben einem von dem Italiener Gian Maria Mosca erbauten prunkvollen Renaissancealtar, steht ein Steinkruzifix des Nürnberger Bildhauers. Das gotische Werk entstand um 1490 und ist eine geradezu expressionistische Darstellung des Sterbens Christi. Gegenüber dem Renaissancealtar befindet sich in einem Barockaltar ein sehenswertes Gemälde des italienischen Künstlers Giambattista Pittoni aus dem 18. Jahrhundert. Das Bild zeigt Mariä Verkündigung.

Geht man ins linke Seitenschiff der Marienkirche, empfiehlt sich ein Blick auf die Platten des Grabes des aus der Rheinpfalz stammenden Kaufmanns Severin Boner in der nach ihm benannten Bonerkapelle. Die Grabplatten wurden in der ersten Hälfte des 16. Jahrhunderts in der Nürnberger Gießhütte von Hans Vischer geschaffen.

Die Kirche św. Barbary und der Mały Rynek

An der Südseite der Marienkirche findet sich mit dem Plac Mariacki (Marienplatz) und der angrenzenden Jesuitenkirche św. Barbary (Heilige Barbara) ein weiteres Krakauer Kleinod. Die im Verhältnis zur Marienkirche beinahe winzige Kirche św. Barbary wurde Ende des 14. Jahrhunderts möglicherweise aus dem beim Bau der Marienkirche übrig gebliebenem Baumaterial errichtet. Das im Stil des Barock

Schmale Häuser säumen den Mały Rynek

eingerichtete Innere wirkt im Gegensatz zur wunderschönen Außenfassade der Kirche eher bescheiden. An der Nordseite der kościoł św. Barbary, also zur Marienkirche hin, ist eine gotische Kapelle aus der Zeit Ende des 15. und Anfang des 16. Jahrhunderts erhalten geblieben. Im Inneren befindet sich auf der linken Seite des Hauptaltars eine Darstellung der Mutter Gottes aus dem 15. Jahrhundert.

Ein Durchgang zwischen der Marienkirche und der Kirche św. Barbary führt zum Mały Rynek (Kleiner Marktplatz). Ein kurzer Abstecher zu diesem im Vergleich zum Hauptmarkt kleinen Platz, der im Mittelalter der zweitgrößte Krakauer Handelsplatz war, ist lohnenswert. Die Außenfassaden der überwiegend aus dem 14. und 15. Jahrhundert stammenden Gebäude verleihen dem Marktplatz eine interessante Atmosphäre. Trotz dieser Bauten und einiger angenehmer Lokale, die in ihnen untergebracht sind, sowie der Nähe zum Rynek steht der Mały Rynek stets im Schatten des nur wenige Meter entfernten großen Bruders.

Vom Mały Rynek führt der Altstadtspaziergang über die ul. Sienna wieder auf den Rynek. Das Haus ul. Sienna 5 ist für ausländische Touristen, insbesondere für Studenten, von Interesse. Der sogenannte Wednesday-Club bietet dort seit Jahren jeden Mittwoch um 18 Uhr die Gelegenheit, mit einheimischen Krakauern ins Gespräch zu kommen. Kommunikationssprache ist überwiegend Englisch, aber auch Französisch, Spanisch und Deutsch wird dort gesprochen.

Adam-Mickiewicz-Denkmal und St. Adalbert-Kirche

Von der ul. Sienna eröffnet sich in Richtung Marktplatz ein Blick auf ein zwischen Marienkirche und Sukiennice stehendes, auffälliges Denkmal. Es zeigt den polnischen Nationaldichter Adam Mickiewicz und vier Allegorien: Vaterland - von der zur ul. Sienna gelegenen Seite aus gesehen; Lehre - von der zur ul. Floriańska gelegenen Seite aus; Poesie - zu der kleinen Adalbertkirche hin gewendet; Patriotismus - von den Tuchhallen aus zu sehen.

Adam Mickiewicz gilt unbestritten als der wichtigste Vertreter der polnischen Romantik. Am Heiligabend 1798 in dem kleinen Dorf Zaosie bei Nowogródek im heutigen Litauen geboren, wuchs der aus patriotischem Elternhaus stammende Mickiewicz mit den Eindrücken des Krieges Napoleons gegen Rußland auf und begann 1815 sein Studium an der Universität Wilna. Sieben Jahre später, Adam Mickiewicz war inzwischen Lehrer, erschien mit ›Balada i Romanse‹ (›Balladen und Romanzen‹) sein erster Gedichtband. Im Jahr 1823, als Polen aufgrund der drei Teilungen längst als unabhängiger Staat von der Landkarte verschwunden war, wurde der patriotische Dichter für fünf Jahre nach Rußland verbannt. Dort baute er seinen Stil der romantischen Dichtung aus. Das in dieser Zeit entstandene Werk ›Konrad Wallenrod‹ fiel der russischen Zensur zum Opfer. Mickiewicz verließ daraufhin mit Hilfe von Freunden Rußland und zog in verschiedene Städte Westeuropas. In den Jahren 1828 und 1832 entstand sein Drama ›Totenfeier‹, anschließend verfaßte Mickiewicz die ›Bücher der polnischen Nation und der polnischen Pilgerschaft‹. Im Jahr 1832 begab er sich ins Exil nach Paris. Zu dieser Zeit war Adam Mickiewicz bereits ein bekannter Literat und wurde von den in Paris lebenden Polen herzlich empfangen. In der Pariser Zeit entstand schließlich das Epos ›Pan Tadeusz‹ (›Herr Tadeusz‹), ein heute wohl jedem Polen zumindest vom Titel her bekanntes Verswerk, das Adam Mickiewicz zum bedeutendsten polnischen Nationaldichter werden ließ. Das Epos beginnt mit den berühmten Worten:

Denkmal für den verehrten Dichter Adam Mickiewicz

›Litwo! Ojczyzno moja! ty jesteś jak zdrowie
Ile cię trzeba cenić, ten tylko się dowie,
Kto cię stracił.‹

(›Litauen, du meine Heimat! Du bist wie die Gesundheit,
Nur wer dich verlor, weiß dich zu schätzen‹)

›Pan Tadeusz‹ spielt in den Jahren 1811 und 1812 in dem in Litauen gelegenen Dorf Soplicowo und handelt vom Streit zweier Adelsfamilien um ein Schloß und von der Liebe des Herrn Tadeusz zu Zofia.

Die St. Adalbert-Kirche präsentiert sich bescheiden

Adam Mickiewicz verstarb 1855 in Konstantinopel, wo er eine polnische Legion im Kampf gegen die Zarenherrschaft aufstellen wollte, an Cholera. Seine Werke indessen leben in der polnischen Kultur weiter. Insbesondere ›Pan Tadeusz‹ gehört auch heute noch zur Pflichtlektüre in polnischen Schulen. In vielen Städten und Gemeinden sind Straßen, Plätze oder Schulen nach Mickiewicz benannt.

Das Denkmal auf dem Krakauer Marktplatz wurde von Teodor Rygier entworfen und Ende des 19. Jahrhunderts errichtet. Über das nationale Pathos hinaus kommt ihm im Krakauer Alltag vor allem eine besonders praktische Aufgabe zu. Es ist nämlich ein beliebter Ort für Verabredungen. Will man sich in der Innenstadt mit jemandem treffen, vereinbart man nicht selten den ›Adaś‹, wie die Krakauer das Adam-Mickiewicz-Denkmal liebevoll nennen, als Ort, um von dort dann gemeinsam weiterzuziehen. Auch wenn man noch so fremd in der Stadt ist – diesen Ort kann man eigentlich nicht verfehlen.

Ganz in der Nähe des Mickiewicz-Denkmals steht ein im Vergleich zur Marienkirche kleines, helles und bescheidenes Gebäude, die St. Adalbert-Kirche

Wawel, Kathedrale
Apostel an der St.-Peter-und-Paul-Kirche; Grabmalskunst an der Marienkirche

(kościoł św. Wojciecha). Schon im 10. Jahrhundert befand sich an diesem Ort ein Gotteshaus. Ihr gegenwärtiges, barockes Gesicht erhielt die Kirche allerdings erst im 18. Jahrhundert. Die Christusfigur am Kreuz über dem Altar ist mit echtem Haar versehen. Im Keller gibt es im Sommer eine Ausstellung von archäologischen Funden und über den heiligen Adalbert zu sehen (Mo–Sa 12–16 Uhr). Adalbert wirkte als Missionar und starb um das Jahr 1000 den Märtyrertod.

Tauben

Um die Tauben am Rynek rankt sich eine bekannte Legende

Im Nordosten des Rynek, zwischen Marienkirche und Sukiennice, fallen die unzähligen und sich regelmäßig dort aufhaltenden Tauben auf. Einer bekannten Krakauer Legende nach sind das keine gewöhnlichen Tauben. Der in Finanznot geratene schlesische König Heinrich, der Ende des 13. Jahrhunderts auf den Krakauer Thron gekommen war, hatte dieser Legende nach die Absicht, zum Papst nach Rom zu fahren, um die Vereinigung des zersplitterten Polen zu erreichen. Eine in einer Hütte in der Nähe von Krakau wohnende Hexe versprach Heinrich, das notwendige Gold für die Reise nach Rom zu beschaffen. Als Bedingung dafür nannte sie, er müsse allein nach Rom reisen. Sie werde daher seine Ritter in Tauben verwandeln, so daß sich diese nicht mit ihm auf die Reise nach Rom machen könnten. Nachdem die Hexe es so geschehen lassen hatte, pickten die zu Tauben verwunschenen Ritter Steine aus der Marienkirche heraus. Die Steine fielen herab und verwandelten sich am Boden des Marktplatzes zu Gold. Der staunende Heinrich machte sich auf den Weg nach Rom. Doch kam er nie beim Papst an, weil er unterwegs das gesamte Gold verjubelt hatte und somit aus Geld-

Detail der Marienkirche
Der Hochalter von Veit Stoß; Glasfenster des Jugendstilcafés Jama Michalika

mangel umkehren mußte. Seine in Tauben verwandelten Ritter konnte Heinrich damit nicht mehr erlösen. Der Legende nach halten sich die verwunschenen Ritter noch heute auf dem Marktplatz zwischen Marienkirche und Sukiennice auf und warten auf die Hexe, die sie wieder in Heinrichs Ritter verwandelt. Aus diesem Grund genießen die Rynektauben auch eine besondere Pflege in der Krakauer Bevölkerung. Denn so wie in der Legende muß es sich ja zugetragen haben.

Tatsächlich dürften hingegen rationale Gründe für die Ansammlung der Tauben ursächlich sein. Traditionell verkaufen Händler dort Brot und andere Leckereien, so daß die Futterstelle ein beliebtes Ziel für Kinder ist. Den Tauben ein Stück Brot vor die Füße zu werfen und zu sehen, wie die Vögel das Futter annehmen, hat schon so manchem Dreikäsehoch Freude bereitet.

Die Tuchhallen

Das wohl auffälligste Gebäude des Krakauer Marktplatzes sind die Sukiennice, die Tuchhallen. Dieser 108 Meter lange und 18 Meter breite Bau teilt den Rynek in zwei Hälften und verleiht ihm eine besondere Note. Neben dem Wawel und der Marienkirche sind gerade die gelb-roten Sukiennice ein Charakteristikum Krakauer Architektur und ein Wahrzeichen der Stadt.

Im Jahr 1312 taucht erstmals der lateinische Begriff camera pannorum (Tuchgeschäft) in den Dokumenten der Stadt auf. Damals handelten die Krakauer in dem imposanten Bau überwiegend mit Tuchen. Wer als Händler von außerhalb in die Stadt kam, hatte einem Gesetz des Königs Władysław Łokietek zufolge den einheimischen Kollegen zunächst seine Waren zu verkaufen. Dieses sogenannte Stapelrecht war ein übliches Verfahren in jener Zeit.

Bereits im 14. Jahrhundert, während der Amtszeit Königs Kazimierz Wielki, wurden die Sukiennice auf ihren heutigen Flächenumfang ausgebaut. Ein Brand zerstörte diesen ursprünglichen Bau allerdings, so daß er erst im 16. Jahrhundert sein Erscheinungsbild im Stil der Renaissance erhielt. Die Figuren auf der Dachfassade stellen die schlechten Eigenschaften des Menschen wie Trunksucht oder Geiz allegorisch dar.

Auch heute noch wird in den Sukiennice Handel betrieben. Freilich haben die Tuchhallen ihre damalige Funktion der lokalen Versorgung längst verloren. Im Inneren des imposanten Gebäudes werden nun in kleinen Buden auf beiden Längsseiten Souvenirs für Krakaubesucher und allerlei Ramsch feilgeboten. Von Bernstein über Krakauer Trachten in Kindergrößen und Bunzlauer Porzellan bis hin zu Postkarten und Schachspielen können Touristen hier auf ihre Kosten kommen. Hebt man seinen Blick von den Warenauslagen nach oben, so sieht man an den Wänden die Wappen verschiedener polnischer Städte.

Blick auf die Tuchhallen von der Südostseite

In der oberen Etage der Tuchhallen befindet sich seit 1883 eine vom polnischen Maler Henryk Siemiradzki gegründete Galerie, die heute Teil des Nationalmuseums ist. Dort sind zu einem großen Teil Bilder des polnischen Romantikers Piotr Michałowski zu sehen. Zu einem besonderen Bekanntheitsgrad gelangten hingegen drei in der Tuchhallen-Galerie ausgestellte historische Ölbilder von Jan Matejko, dem Historienmaler, dem ein Museum in der ul. Floriańska gewidmet ist.

Im 19. Jahrhundert sollte das damals sehr heruntergekommene Gebäude abgerissen werden. Nicht zuletzt dem damaligen Bürgermeister Józef Dietl ist es zu verdanken, daß es nicht dazu kam. Man entschloß sich zu einer umfangreichen Renovierung, in deren Zuge schließlich die Arkaden hinzugefügt wurden. Seitdem stehen die Tuchhallen architektonisch unverändert in der Mitte des Rynek.

Die Sukiennice gelten als beliebter Ort für Taschendiebe. Sicher gibt es in Krakau nicht mehr, aber auch nicht weniger gute und schlechte Menschen als anderswo. Krakau ist nicht unsicherer als München, Kopenhagen oder Wien. Im Sommer, wenn sich dicht gedrängt die Menschen durch die Souvenirmeile schieben, können Langfinger hier allerdings leicht einen unbemerkten Griff in die Tasche der vor den Buden stöbernden Touristen wagen. Obwohl den langjährig krakauerfahrenen Autoren weder an dieser noch an einer anderen Stelle der Stadt jemals etwas gestohlen wurde, ist doch in den Sukiennice erhöhte Vorsicht geboten.

Krakauer Trachten

Vielleicht ist es der bedeutenden Rolle Krakaus in der polnischen Geschichte zuzuschreiben, daß man sich in Kleinpolen heute besonders gern auf die Traditionen besinnt. Ein beliebtes Mittel zur Wahrung dieser Traditionen sind die in alten Krakauer Trachten auftretenden Folkloregruppen. Eine dieser Gruppen gehört inzwischen zum Inventar des Rynek. Ganz in der Nähe der Tuchhallen sorgt diese Gruppe mit ihren Liedern für Unterhaltung und gibt Touristen gegen einen Obolus die Möglichkeit zu einem gemeinsamen Erinnerungsfoto.

Im alten Kleinpolen unterschieden sich die Krakauer von den Bewohnern der umliegenden Dörfer unter anderem durch ihre Trachten.

Die charakteristische Krakauer Kleidung entstand Ende des 18. Jahrhunderts. Zur Herrentracht gehörte ein mit Besätzen und Fransen verzierter Tuchrock sowie ein breiter und mit Messingpinnen beschlagener Ledergürtel, manchmal auch Kaftane aus schwarzem Tuch.

Mädchen in traditioneller Krakauer Tracht

Einem Krakauer Junggesellen durfte die rote Mütze mit Feder, oft eine Pfauenfeder, nicht fehlen. Doch auch bei verheirateten Männern wurde diese Kopfbedeckung getragen.

Frauen hingegen trugen allgemein eine weiße, mit weißen Blumen und Blättern bestickte Bluse und ein vorne weit ausgeschnittenes und mit Stickereien verziertes, meistens schwarzes Korsett. Die Beine wurden stets mit einem Rock bedeckt, darüber trugen die Frauen eine kaum kürzer als der Rock gehaltene Schürze. Die weiblichen Kopfbedeckungen hingen vom Status der Frau ab. Unverheiratete Mädchen hatten im Sommer gar keine Kopfbedeckung und im Winter ein unter dem Kinn zusammengebundenes Tuch. Die Junggesellen trugen eine Pfauenfeder als Zeichen der Suche nach einem Mädchen, die jungen Frauen in die Haare gesteckte Blumen. Nach der Hochzeit trugen sie dann Frauenhauben auf dem Kopf. An der Art des Aufsetzens und des Bindens der Haube konnte man erkennen, aus welchem Dorf die Frau kam.

Längst gehören diese Trachten der Vergangenheit an. Und trotzdem genießt Folklore einen hohen Stellenwert in Kleinpolen. In vielen Städten und Gemeinden gibt es Krakauer Folkloregruppen, in denen gerade auch junge Menschen regelmäßig für öffentliche Auftritte proben.

Die Häuser am Rynek

Jedes der den Rynek begrenzenden Häuser hat seine eigene Geschichte. So stammt das Haus mit der Nummer 6, vom Marktplatz aus gesehen rechts von der Marienkirche an der ul. Sienna, aus dem 14. Jahrhundert und hat in den über 600 Jahren seines Daseins schon vieles ›erleben‹ dürfen. Das Haus Rynek Główny 6 heißt ›Kamienica Szara‹ (›Graues Haus‹), es beherbergt heute das Restaurant ›Szara‹. Im 16. Jahrhundert wohnte vor seiner Krönung der spätere König Henryk Walezy in dem Gebäude. Daneben, im Haus mit der Nummer 7 aus dem 16. Jahrhundert, befand sich die erste professionell betriebene polnische Post. Das Portal des im 14. Jahrhundert erbauten Hauses mit der Nummer 8 zeigt in einem Wappen zwei ineinander verflochtene Eidechsen. Daher stammt auch der Name des Hauses und des dort befindlichen Studentenklubs ›Pod Jaszczurami‹ (›Zu den Eidechsen‹).

Die Hausnummern 15, 16 und 17 wurden in den siebziger Jahren des 20. Jahrhunderts zusammengelegt. Dort wo sich heute das ›Wierzynek‹ befindet, eines der bekanntesten polnischen Restaurants, richtete im Jahr 1364 der Krakauer Kaufmann Wierzynek ein Festmahl für verschiedene europäische Könige aus. So speisten damals der polnische König Kazimierz Wielki, der römische Kaiser und der tschechische König, der dänische und der ungarische König und der Prinz von Brandenburg in diesen nun so traditionsreichen Gemäuern. Und auch heute noch kann man in diesem Lokal herrschaftlich einkehren.

Beeindruckend ist die Anzahl geschichtsträchtiger Bauten am Rynek

Wartende Fiaker an der Nordseite des Rynek

Nicht nur für deutsche Touristen ist das Haus mit der Nummer 20 interessant. In dem aus dem 16. Jahrhundert stammenden Gebäude ist seit 1991 das Goethe-Institut untergebracht. Beim letzten großen Umbau in der zweiten Hälfte des 18. Jahrhunderts erhielt das Haus seinen klassizistischen Stil unter Beibehaltung der Diele und des Innenhofs mit seinen Arkaden.

Der Gang ins erste Stockwerk lohnt sich nicht nur wegen der mit deutschsprachiger Literatur und deutschen Lehrbüchern, Nachschlagewerken, Zeitungen und Zeitschriften gut ausgestatteten Bibliothek. Auch der prunkvoll dekorierte Saal ist einen Abstecher ins Goethe-Institut wert. Aus den Fenstern der Bibliothek im ersten Stock hat man eine schöne Aussicht auf den Marktplatz. Diese soll auch König Stanisław August Poniatowski im Sommer 1787 anläßlich einer Schützenparade genutzt haben.

Zu besonderem Ruhm hat es das Haus mit der Nummer 27, der Pałac Pod Baranami (›Palast zu den Widdern‹), gebracht, das aus dem 17. Jahrhundert stammt und sein gegenwärtiges Aussehen im Jahr 1860 erhielt. Drei Widderköpfe mit gewundenen Hörnern über der Eingangstür deuten auf den früher im Innenhof betriebenen Schafhandel hin.

Im Keller der Piwnica Pod Baranami, befindet sich eines der bekanntesten Kabaretts Polens. In dem von Krzysztof Penderecki, dem weltweit bekannten polnischen Komponisten, im Jahr 1956 mitbegründeten Kellerkabarett begann schon so manche polnische Künstlerkarriere. Außerhalb der verschiedenen Kulturveranstaltungen, von Lesungen bis zu Liederabenden, sind die Räumlichkeiten für den Kneipenbetrieb geöffnet. Ebenfalls im Keller des Hauses Nummer 27, allerdings mit einer separaten Eingangstür versehen, befindet sich die Diskothek ›Pod Baranami‹.

Gegenüber der Piwnica Pod Baranami fällt auf der Westseite des Marktplatzes, am südlichen Ende der Tuchhallen, ein einsam und verlassen etwa 70 Meter in die Höhe ragender Turm auf. Es handelt sich dabei um die Reste des früheren Rathauses. Anfang des 14. Jahrhunderts wurde an dieser Stelle das Krakauer Rathaus errichtet. Schwerwiegende Zerstörungen nicht zuletzt aufgrund eines Brandes hatten jedoch den Abriß des Gebäudes im Jahr 1818 zur Folge. Lediglich der Turm blieb an seinem Ort stehen.

Besucher dieses einzigen Baus auf der ansonsten freien Fläche der Westseite des Marktplatzes werden am Eingang von zwei steinernen Löwen begrüßt. Im Inneren befindet sich eine Abteilung des Historischen Museums der Stadt Krakau. Wer nicht unter Platzangst leidet und die 91 Stufen der engen Treppe nach oben geht, wird mit einem schönen Panoramablick über Krakau belohnt. Im Keller des Rathausturms befinden sich eine kleine Bühne des Krakauer Volkstheaters, die Scena pod Ratuszem, sowie ein Pub.

Liebhaber der Zeit der k.u.k. Monarchie sollten bei ihrem weiteren Rundgang um den Rynek Główny einen Blick in das Restaurant Hawełka im Haus mit der Nummer 34, den Pałac Spiski, werfen. Der eindrucksvoll eingerichtete große Speisesaal des bekannten traditionellen Restaurants der besseren Klasse erinnert an die Zeit, als Krakau österreichisch besetzt war.

Gleich nebenan befindet sich eines der schönsten Häuser am Krakauer Marktplatz, das Haus mit der Nummer 35. In dem nach einem früher am Eingang hängenden Wappen des heiligen Christopherus benannten Pałac Pod Krzysztoforami hat sich heute das Historische Museum der Stadt Krakau eingerichtet. Die sehenswerte Ausstellung zeigt die Geschichte Krakaus. In dem geschichtsträchtigen Pałac Pod Krzysztoforami haben früher unter anderem General Józef Poniatowski und Zar Paul I. gewohnt.

Ein Haus weiter, auf der Ecke der nördlichen Marktplatzseite, erinnert eine Tafel am Haus mit der Nummer 36 an einen weiteren berühmten Gast der Stadt Krakau: In dem im 18. Jahrhundert als Herberge betriebenen Gebäude wohnte für einige Tage Johann Wolfgang von Goethe. Auf seiner Schlesienreise machte er im Jahr 1790 einen Abstecher nach Krakau. Mehr als den Krakauer Stadtkern soll den Dichter indessen das Salzbergwerk in Wieliczka interessiert haben.

Auch in dem schmalen Haus mit der Nummer 45, Pod Orłem (zum Adler) genannt, hielten sich einst berühmte Persönlichkeiten auf. Vor seiner Ausreise nach Amerika im Jahr 1775 wohnte der polnische Nationalheld Tadeusz Kościuszko in dem Anfang des 16. Jahrhunderts errichteten Gebäude.

Krzysztof Penderecki

Krzysztof Penderecki in den 80er Jahren

Einer der bekanntesten Krakauer ist der 1933 im etwa 130 Kilometer östlich von Krakau gelegenen Dębica geborene Komponist Krzysztof Penderecki. Der weltweit bekannte Musiker wuchs in einem musikalisch orientierten Elternhaus auf, seine preisgekrönte Karriere begann bereits im Kindesalter. Mit 18 Jahren wurde er in das Krakauer Konservatorium aufgenommen, mit 21 Jahren begann er das Studium der Musik an der Krakauer Staatsakademie. Schon 1958, unmittelbar nach Abschluß des Studiums, unterrichtete Krzysztof Penderecki an der Musikhochschule. Den ersten bedeutsamen Musikpreis erhielt der Krakauer Musiker 1959 beim 2. Warschauer Wettbewerb Junger Polnischer Komponisten für seine Werke ›Strophen‹, ›Emanzipationen‹ und ›Aus den Psalmen Davids‹. Penderecki ist auch mit Deutschland eng verbunden. Im Jahr 1960 wurde sein Stück ›Anaklasis‹ für 42 Streichinstrumente bei einer Uraufführung durch das Südwestfunkorchester von den Medien gefeiert. 1961 erhielt er für ›Dimensionen der Zeit‹ den UNESCO-Preis. Fünf Jahre später fand im Dom zu Münster die weltweit beachtete Uraufführung von Pendereckis Lukas-Passion statt. Von 1966 bis 1968 lehrte der Krakauer Künstler an der Essener Folkwang-Hochschule und begann mit der Arbeit an seiner ersten Oper mit dem Titel ›Die Teufel von Loudon‹. 1972 wurde Krzysztof Penderecki Rektor der Musikhochschule Krakau, von 1973 bis 1978 lehrte er an der Yale University in New Haven. Weitere Opern und Werke entstanden, zahlreiche Auszeichnungen wie das Große Bundesverdienstkreuz im Jahr 1990, der Preis des Internationalen Musikrates der UNESCO im Jahr 1995 und der Staatspreis des Landes Nordrhein-Westfalen 2003 folgten. Penderecki, dessen Musik die stilistischen Wandlungen von der Moderne zur Postmoderne vollzieht, hat in seinem Werk die Unabhängigkeit vom avantgardistischen Mainstream bewahrt und eigene Akzente gesetzt.
Den Kontakt zu seiner Krakauer Heimat hat Krzysztof Penderecki, der in allen Teilen der Welt beheimatet ist, nie verloren, auch wenn in den vergangenen Jahren eine Distanz zu den institutionellen Einrichtungen seiner Heimat nicht zu übersehen war.

Das Universitätsviertel

Nach einem Rundgang über den Rynek sollte in jedem Fall noch Zeit für einen Abstecher zu dem in der ul. Jagiellońska gelegenen Collegium Maius, dem historischen Hauptgebäude der Krakauer Universität, und in das umliegende Universitätsviertel vorhanden sein. Zur ul. Jagiellońska führt die auf die Südwestecke des Marktplatz stoßende ul. św. Anny.

Im Jahr 1364 gründete König Kazimierz III. Wielki in Krakau die Universität. Die Krakauer Denkfabrik ist damit nach Prag die zweitälteste Universität Mitteleuropas. Zunächst hatte es die Hochschule in der damaligen polnischen Hauptstadt schwer - nach nur wenigen Jahren wurde sie wieder geschlossen. Hintergrund der Schließung war der Tod des Universitätsgründers Kazimierz III. Wielki im Jahr 1370. Sein Nachfolger Ludwik Węgierski hatte keinerlei Interesse an dieser Bildungseinrichtung. Doch schon im Jahr 1400 wurde die Universität von König Władysław Jagiełło auf Initiative seiner Frau Jadwiga neu gegründet. Daher trägt sie auch heute noch den Namen ›Uniwersytet Jagielloński‹ (›Jagiellonen-Universität‹). Der König erwarb damals ein Eckhaus an den Straßen ul. św. Anny und ul. Jagiellońska, das Collegium Maius [6] ganz in der Nähe des Rynek, und stellte es der Universität zur Verfügung. Heute ist es das älteste Universitätsgebäude Krakaus und hat daher eine besondere Bedeutung für die traditionsreiche Studentenstadt.

Während vor Jahrhunderten Vorlesungen im Collegium Maius gehalten wurden, dient es heute als Sitzungs- und Versammlungsort und beherbergt ein Museum zur Geschichte der Universität. Von hohem Rang für die Geschichte der Lehranstalt ist Nikolaus Kopernikus, der wohl bekannteste frühere Student der Krakauer Universität. Seine Aufzeichnungen und astronomischen Instrumente sind Höhepunkte der Ausstellung. Imponierend auch ist das älteste Rektorenzepter der Welt sowie ein Globus aus dem Jahre 1510, der bereits das gerade erst entdeckte Amerika zeigt.

In der mit Portraits von Königen und Rektoren geschmückten Aula finden heute Begegnungen mit besonderen Wissenschaftlern und auch mit Staatsgästen statt, die Krakau einen Besuch abstatten. Zu beachten ist, daß das Collegium Maius nur in Gruppen mit Führungen zu besichtigen ist. Individualtouristen können jedoch warten, bis eine ausreichende Anzahl von Besuchswilligen eingetroffen ist.

Wer diese Zeit nicht aufbringen kann, sollte sich wenigstens eine Ruhepause im Innenhof des Gebäudes gönnen. Sehenswert ist nämlich nicht nur das Innere des Collegium Maius. Schon die Außenfassade an der ul. Jagiellońska strahlt Würde aus, zahlreiche Mauervorsprünge und Erker sowie ein spätgotisches Eingangsportal deuten auf die besondere Geschichte des Gebäudes hin. Der Gang durch das Tor führt in einen von Arkaden umgebenen, zauberhaften Innenhof. Er ist, wenn nicht gerade eine größere Touristengruppe den Eingang in das Museum begehrt, eine Oase der Ruhe im Stadtzentrum. Der Brunnen in der Mitte des Hofes stammt aus der ersten Hälfte des 16. Jahrhunderts und trägt in drei Sprachen die Aufschrift ›Bitte nicht hinsetzen‹ - nicht selten wird der Blick auf diesen Hinweis von sitzenden Besuchern versperrt.

In unmittelbarer Nähe des Collegium Maius befinden sich weitere bedeutende Krakauer Universitätsgebäude, so daß diese Gegend auch als Universitätsviertel bezeichnet wird, obwohl im gesamten Krakauer Stadtgebiet Hochschuleinrichtungen zu finden sind.

Es empfiehlt sich, vom Collegium Maius die ul. Jagiellońska nach Süden zu gehen und nach rechts in die ul. Gołębia einzubiegen. Zwischen dieser Straße und den Planty, dem Grüngürtel um die Krakauer Altstadt, befindet sich im Haus ul. Gołębia 24 mit dem Collegium Novum [7] ein belebtes und im Gegensatz zum Collegium Maius nicht musealen Zwecken dienendes Universitätsgebäude. Das Rektorat der Uniwersytet Jagielloński hat hier ebenso seinen Sitz wie die Dekanate der Fakultäten und verschiedene studentische Organisationen.

An der zu den Planty ausgerichteten Fassade sind die Wappen der traditionsreichen Universität sowie ihrer Begründer, der Könige Kazimierz III. Wielki, Jagiełło und Jadwiga, zu sehen. Im Inneren beeindrucken in der Aula im ersten Stockwerk die Bilder herausragender Professoren, die an der Universität gelehrt haben. Darunter befindet sich auch ein Gemälde mit einer Kopernikus-Darstellung des Krakauer Künstlers Jan Matejko.

Am 6. November 1939 wurde das Collegium Novum Schauplatz der sogenannten ›Sonderaktion Krakau‹. Die deutschen Besatzer nahmen an diesem Tag 183 Wissenschaftler fest und brachten sie in Konzentrationslager.

Im Innenhof des Collegium Maius

In den Planty

Über die ul. Jagiellońska geht es in Richtung Marktplatz zur Route des Königstrakts zurück. Dabei lohnt sich ein kurzer Abstecher zur in der Straße ul. św. Anny gelegenen Kirche św. Anny. Zwar entstand an ihrem Standort bereits im 14. Jahrhundert ein Gotteshaus, doch erhielt das Gebäude nach zwei vollständigen Zerstörungen sein heutiges Aussehen erst um die Wende vom 17. zum 18. Jahrhundert. Damals war es die Führung der Jagiellonen-Universität, die mit dem Bau der klassizistisch-barocken Kirche die damals von einem Bedeutungsverlust gezeichnete Hochschule stärken wollte und daher die Initiative zum Aufbau der Kirche św. Anny ergriff. Auch heute noch ist die Kirche eng mit dem Universitätsleben verbunden. Unter anderem wird das Studienjahr regelmäßig mit einem feierlichen Gottesdienst in der Kirche św. Anny eröffnet.

Im Inneren des Gebäudes beeindrucken insbesondere pastellfarbene Stuckarbeiten und verschiedene bildhauerische Arbeiten, jeweils Werke von Baltazar Fontana. Eine dieser Arbeiten ist eine dem Heiligen Jan Kanty gewidmete Kapelle mit Altar. Der im 15. Jahrhundert verstorbene Jan Kanty war Theologieprofessor an der Krakauer Universität und ist heute der Schutzpatron der Jagiellonen-Universität. In der Mitte des Jan-Kanty-Altars befindet sich ein Sarkophag mit Kantys Reliquien. Diese Reliquien werden von Allegorien der vier im Mittelalter bestehenden Universitätsfakultäten Theologie, Philosophie, Medizin und Recht getragen. Im Hauptaltar der Kirche, ebenfalls ein Werk Baltazar Fontanas, ist ein Bild des Malers Jerzy Eleuter Siemiginowski aus der Zeit des Baus der Kirche zu sehen. Es zeigt die Heilige Anna Samotrzecia.

Wisława Szymborska

Wisława Szymborska, Portrait von Krzysztof Gierałtowski

Als 1996 der Literaturnobelpreis an Wisława Szymborska vergeben wurde, freute sich ganz Polen. In Krakau aber war die Freude besonders groß, denn schließlich wohnt die 1923 geborene Dichterin bereits seit ihrem achten Lebensjahr hier und trägt seit vielen Jahren ihren Teil zum Ruf Krakaus als Kulturmetropole bei. Nachdem bereits mit Henryk Sienkiewicz, Władysław Stanisław Reymont und Czesław Miłosz drei Polen den Literaturnobelpreis entgegennehmen durften, erhielt Szymborska als erste polnische Frau diese Auszeichnung. Nach dem Krieg studierte sie drei Jahre lang polnische Literatur und Soziologie an der Jagiellonen-Universität. 1945 konnte die heute berühmte Krakauerin auch erstmals eines ihrer Gedichte in einer Krakauer Zeitung, dem Dziennik Polski, veröffentlichen. Der damalige Chefredakteur des Blattes und spätere Ehemann Szymborskas soll ihre Gedichte damals für schwach und viel zu lang gehalten haben und druckte dieses eine Werk erst nach einer deutlichen redaktionellen Kürzung ab. Als Wisława Szymborska Ende der vierziger Jahre ihren ersten Gedichtband herausgeben wollte, scheiterte sie an den Hürden des politischen Systems - die Texte entsprachen nicht den Anforderungen des Sozialistischen Realismus. Wohl nicht zuletzt vor diesem Hintergrund paßte sie sich in den frühen fünfziger Jahren zunächst dem Schema der stalinistischen Poesie an, um dieses aber schon 1956 mit der Sammlung ›Wołanie do Yeti‹ (Ruf zum Yeti) wieder und nun für immer zu verlassen.

Von Wisława Szymborska sind bisher 16 Bände erschienen. Ihre Gedichte überraschen durch die Thematisierung alltäglichster Geschehnisse, die jedem Menschen bekannt sind. In ihrer Rede anläßlich der Verleihung des Literaturnobelpreises 1996 in Oslo sagte Szymborska: »In der Sprache der Poesie, wo jedes Wort wiegt, ist nichts mehr gewöhnlich und normal. Kein Stein und keine Wolke über ihm. Kein Tag und keine Nacht nach ihm. Und über alles existiert niemand auf der Welt.«

Neben dem Literaturnobelpreis erhielt Wysława Szymborska unter anderem den Goethepreis 1991, den Herderpreis 1995, die Ehrendoktorwürde der Adam-Mickiewicz-Universität Posen (1995) sowie 1996 den Preis des polnischen PEN-Clubs.

Ulica Grodzka

Über die auf die südöstliche Seite des Rynek stoßende ul. Grodzka verläuft der letzte Abschnitt des Königstrakts auf dem Weg zum Wawel. Insbesondere die imposanten Kirchenbauten sind in der heutigen Geschäftsstraße eine Besichtigung wert. Die ul. Grodzka wird in ihrem oberen Teil von der ul. Franciszkańska und der ul. Dominikańska gekreuzt. Bereits die Namen deuten auf zwei in der Nähe des Königstrakts gelegene Klöster hin. An der Franciszkańska befindet sich - wie man wohl schon vermuten würde - ein Franziskanerkloster mit Kirche, an der Dominikańska ein Dominikanerkloster mit Kirche. Für Anhänger eindrucksvoller Sakralarchitektur lohnt sich ein Abstecher zu den nur wenige Schritte von der ul. Grodzka entfernten Kirchen in jedem Fall.

Die Franziskanerkirche liegt westlich der ul. Grodzka. Vor dem bereits im 13. Jahrhundert errichteten Gebäude steht ein Denkmal zu Ehren von Józef Dietl, der Ende des 19. Jahrhunderts als Krakauer Bürgermeister amtierte. Zum Kircheingang gelangt man von den Planty aus, dem die Altstadt umziehenden Grüngürtel.

Zwar haben mehrere Brände besonders im Inneren den ursprünglichen, mittelalterlichen Charakter der Franziskanerkirche vernichtet, doch muß sich auch dieser Sakralbau nicht vor anderen Gotteshäusern verstecken. Von den eindrucksvollen Fenstern, Werke des Krakauer Künstlers Stanisław Wyspiański, ist vor allem das bekannt, das sich über dem Haupteingang befindet und die Inschrift

St. Peter und Paul ist eine der vielen sehenswerten Kirchen an der ul. Grodzka

›Bóg Ojciec - Stań się‹ (›Gott Vater - geschehe‹) trägt. Weitere Fenster des Matejko-Schülers Wyspiański im Presbyterium zeigen den Heiligen Franziskus und die Selige Salomea sowie die vier Elemente Luft, Feuer, Wasser und Erde.

Gegenüber dem Franziskanerkloster befindet sich im Haus ul. Franciszkańska 3 der Palast der Krakauer Bischöfe [8]. Hier wohnte unter anderem der Krakauer Kardinal Karol Wojtyła bis zu seiner Wahl zum Papst im Oktober 1978. Auch bei seinen Besuchen als Papst wohnte Johannes Paul II. regelmäßig hier. Im Innenhof des Palastes der Krakauer Buschöfe wurde 1980 ein Denkmal des aus der Region stammenden Oberhauptes des Vatikans errichtet.

Zur Kirche und zum Kloster der Dominikaner gelangt man, wenn man die ul. Grodzka vom Marktplatz aus kommend nach links in die ul. Dominikańska verläßt. Der Weg dorthin lohnt sich nicht zuletzt wegen der gotischen Fassade aus dem 13. Jahrhundert und des stark gewölbten Eingangsportals aus dem 14. Jahrhundert. Der ursprünglich gotische Charakter des gesamten Gebäudes ist im Laufe der Jahrhunderte durch viele bauliche Veränderungen verlorengegangen. So findet man im Inneren der Kirche unter anderem zwei barocke Kapellen. Auch in der Dominikanerkirche gibt es mit der Platte des Grabes von Filip Buonaccorsi, der als Lehrer die Söhne von König Kazimierz Jagiellończyk unterrichtet hatte, ein Werk des Nürnberger Bildhauers Veit Stoß. Die Grabplatte befindet sich links vom Hauptaltar.

Denkmal für Papst Johannes Paul II. im Innenhof des Bischofspalastes

Zurück auf der ul. Grodzka verläuft der Königstrakt weiter südlich in Richtung Wawel. Im Haus mit der Nummer 39, auf der Ecke zur ul. Poselska, wohnte 14 Jahre lang Veit Stoß, der in Krakau insbesondere wegen des von ihm geschaffenen Altars in der Marienkirche bekannt ist. Etwas weiter weckt das Portal des Hauses mit der Nummer 53 die Aufmerksamkeit vieler Passanten. Hier befindet sich das Collegium Iuridicum, die juristische Fakultät der Krakauer Jagiellonen-Universität. Gleich gegenüber liegt das ebenfalls zur Universität gehörende Collegium Broscianum, dessen Bau im 17. Jahrhundert errichtet wurde.

Weitaus deutlicher als die beiden Universitätsgebäude tritt indessen die neben dem Collegium Broscianum liegende St.-Peter-und-Paul-Kirche (›kościoł św. Piotra i Pawła‹) in Erscheinung. Die zu den schönsten Krakauer Sakralbauten zählende Kirche geht auf Piotr Skarga zurück, einen Anführer der polnischen Gegenreformation. Im Jahr 1597 ließ er das barocke Gebäude mit Unterstützung von König Zygmunt III. Waza als Jesuitenkirche errichten. Neben der Kuppel gelten vor allem die aus der ersten Hälfte des 18. Jahrhunderts stammenden zwölf steinernen Apostelfiguren auf den Sockeln der Grundstücksbegrenzung als Visitenkarte der St. Peter-und-Paul-Kirche. Im unteren Bereich der Fassade sind von links nach rechts die Heiligen Stanisław Kostka, Ignatius von Loyola, Franciszek Ksawery und Alojzy Gonzage dargestellt. Über dem Eingangsportal befindet sich das Wappen der Jesuiten, und etwas höher ist das Wappen der Wasa-Dynastie zu sehen. In zwei oberen Nischen, gleich unter dem Adler der Wasa, schmücken bildhauerische Darstellungen des h eiligen Zygmunt und des Heiligen Władysław die Außenfassade.

So sehr das Äußere der St. Peter-und-Paul-Kirche auch mit eindrucksvollen Details versehen ist, ihr Inneres imponiert eher durch ihren weiten und freien Raum. Über der Stelle, an der sich Haupt- und Querschiff kreuzen, steigt die hohe Kuppel mit Darstellungen der vier Evangelisten im Inneren empor. Eine steile Treppe führt vom Presbyterium in die Krypta, in der in einem silbernen Sarg die sterblichen Überreste von Piotr Skarga aufbewahrt werden.

Weiter in Richtung Wawel, erhebt sich gleich neben der St. Peter-und-Paul-Kirche mit św. Andrzeja (St. Andreas) eine weitere Kirche. Das gewaltige romanische Äußere des Gotteshauses mit seinen 1,6 Meter dicken Mauern läßt kaum auf das kleine und etwas beengt wirkende barocke Innere schließen. Dort ist vor allem die von Baltazar Fontana erschaffene Rokokokanzel sehenswert. Sie stellt das Boot des Petrus dar und ist mit Szenen aus dem Leben der Heiligen Salomea versehen.

Gegenüber der beiden Kirchen St. Peter und Paul sowie St. Andreas wurde auf dem Maria-Magdalena-Platz ein Denkmal zu Ehren für Piotr Skarga aufgestellt. Der 1536 geborene und 1612 gestorbene Jesuit Skarga war Prediger Königs Zygmunt III. Waza und Anführer der polnischen Gegenreformation; auf seine Initiative wurde die St. Peter-und-Paul-Kirche errichtet. Piotr Skarga verglich die Protestanten mit einer Ehebrecherin, die den einmal geleisteten Eid gebrochen hatte.

Es klingt schon ein wenig nach Ironie der Geschichte, daß sich heute nur wenige Meter vom Denkmal für Piotr Skarga und von der St. Peter-und-Paul-Kirche entfernt an der ul. Grodzka in Richtung Wawel die einzige evangelische Kirche Krakaus befindet, die św. Marcina (St. Martin-Kirche). Die kleine, im Inneren elegante, frühbarocke Kirche gehört seit 1816 der nur etwas über 100 Mitglieder zählenden evangelisch-lutherischen Gemeinde Krakaus. Sehenswert ist vor allem im Altarraum das Bild ›Beruhigung des Meeressturms‹ des polnischen Künstlers

Das unscheinbare Holzkreuz zum Gedenken an die im Zweiten Weltkrieg in Katyń ermordeten Offiziere

Henryk Siemiradzki. Er gründete übrigens 1883 die Galerie in den Tuchhallen am Marktplatz.

An der Ecke zur ul. św. Idziego befindet sich mit der gleichnamigen Kirche ›św. Idziego‹ der letzte Sakralbau an der ul. Grodzka. Die kleine, in der ersten Hälfte des 14. Jahrhunderts erbaute und im 16. Jahrhundert umgebaute Kirche besitzt im Altarraum einige wertvolle Sitze aus dem 16. Jahrhundert. Außen vor der Kirche steht seit 1990 ein Kreuz zum Andenken an das Massaker von Katyń. In dem kleinen Ort bei Smolensk ermordeten Stalins Truppen im Zweiten Weltkrieg 4200 polnische Offiziere.

Neben den Sakralbauten prägen Boutiquen und mitunter recht spezielle kleine Geschäfte, Restaurants und Eiscafés die Straße, so daß sie heute tagsüber recht belebt ist und sich ein Bummel nicht nur für kulturhistorisch und theologisch Interessierte lohnt.

Ulica Kanonicza

Die ulica Kanonicza (Kanonikerstraße) ist zwar kein Teil des Königstraktes. Aber in dieser Straße, parallel zur ul. Grodzka und am Fuße des Wawel gelegen, haben für die polnische Geschichte und Kultur bedeutende Persönlichkeiten gelebt und gewirkt. Beim Spaziergang durch die ul. Kanonicza, die eine der ältesten Straßen Krakaus ist, empfiehlt sich ein Blick auf die Wappen der in schöner Bescheidenheit glänzenden gotischen und Renaissancehäuser – die ul. Kanonicza ist ein wahres Kleinod im Zentrum Krakaus.

Eines der ältesten Gebäude in der traditionsreichen Straße ist das Haus Nr. 5, das auf den polnischen Geschichtsschreiber und Gelehrten Jan Długosz zurückgeht. Es wurde im 15. Jahrhundert als Internat erbaut und beherbergt heute die ›Cricoteka‹ [9], ein Dokumentationszentrum über ein Theater, das Tadeusz Kantor früher hier betrieb.

Das Haus nebenan mit der Renaissancefassade heißt ›Haus zu den Drei Kronen‹ und stammt aus dem 15. Jahrhundert. Die Vereinigung der Polnischen Schriftsteller hat dort heute ihren Sitz. Im Ritterhaus aus dem 14. Jahrhundert gegenüber (Nr. 6) ist heute der Chor der Jagiellonen-Universität untergebracht [10]. Der Name des Hauses geht auf das an der Fassade zu sehende Wappen der Krakauer Kapitulare zurück.

In der ul. Kanonicza

In der ul. Kanonicza 15 befinden sich ein ukrainisches Restaurant und eine ukrainische Stiftung. An dem Haus nebenan (Nr. 17), das im 15. Jahrhundert errichtet wurde, ist ein seltenes Exemplar eines gotischen Schrägfensters zu sehen.

Es lohnt sich auch, einen Blick auf oder gar in das gegenüber liegende Gebäude mit der Nummer 16 zu werfen. Hinter der alten Fassade versteckt sich ein exklusives Hotel, das Hotel ›Copernicus‹. Den Betreibern ist es gelungen, in den historischen Gemäuern eine sehr moderne Einrichtung unterzubringen.

Hinter der klassizistischen Fassade des Gebäudes mit der Nummer 19 verbirgt sich heute das Museum der Erzdiözese Krakau [11]. Dort ist neben Sakralkunst vom 13. Jahrhundert bis zur Gegenwart auch ein Zimmer des Priesters Karol Wojtyła zu sehen.

Das Haus mit der Nummer 25 an der Ecke zur ul. Podzamcze ist das Jan-Długosz-Haus [12]. Jan Długosz (1415–1480) ist der bedeutendste Geschichtsschreiber des polnischen Mittelalters. Bis zu seinem Tod zeichnete er auf der Basis von Dokumenten und mündlichen Überlieferungen die Geschichte in seinen ›Jahrbüchern oder Chronik des Königreichs Polen‹, den wichtigsten seiner Werke, in lateinischer Sprache auf. Daneben unterrichtete Jan Długosz die Kinder des Königshofes. Im 15. Jahrhundert wohnte der Gelehrte und Geschichtsschreiber hier im Haus mit der Nummer 25. Im 19. Jahrhundert arbeitete hier der Vater von Stanisław Wyspiański, der Bildhauer Franciszek Wyspiański. Über dem Tor ist die lateinische Inschrift aus dem 16. Jahrhundert zu lesen, die übersetzt ›Es gibt nichts Besseres im Menschen als seinen Verstand‹ lautet.

Tadeusz Kantor

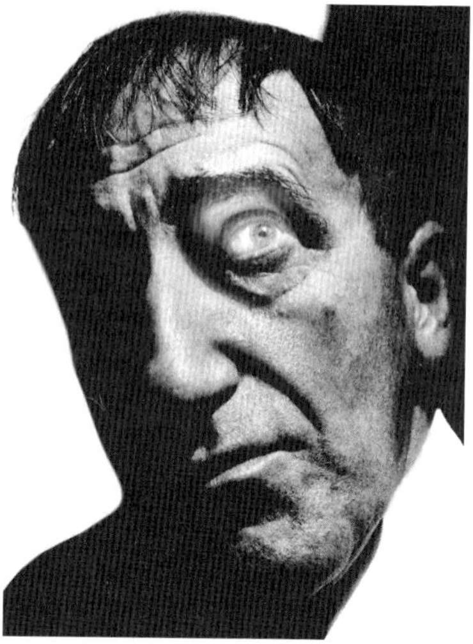

Kantor-Portrait aus der Sammlung des Warschauer Fotografen Krzysztof Gierałtowski

Ohne Zweifel war Tadeusz Kantor einer der bedeutendsten polnischen Künstler des 20. Jahrhunderts. Der am 16. April 1915 in Wielopole geborene und am 8. Dezember 1990 in Krakau gestorbene Tadeusz Kantor war Maler, Grafiker und Theaterregisseur zugleich. Zunächst als Student und schließlich als Professor an der Krakauer Kunstakademie hat er das europäische Theater des 20. Jahrhunderts nachhaltig geprägt.
Als Vertreter der Krakauer Avantgarde begann Kantors künstlerische Laufbahn in den dreißiger Jahren des 20. Jahrhunderts. Seine Leidenschaft für das Theater hatte, wie der Künstler einmal selbst bekannte, mit der Lemberger Aufführung des Theaterstücks ›Dziady‹ von Adam Mickiewicz durch dem Regisseur Leon Schiller aus dem Jahr 1932 begonnen.
Tadeusz Kantor arbeitete als Regisseur stets mit einfachsten technischen Mitteln und bezeichnete dieses als ›Realität niedrigsten Ranges‹ (realność najniższej rangi). Eine Theateraufführung war für ihn ein Akt der Herausforderung gegenüber der Vergangenheit. Aus dieser Vorstellung heraus entstand das sogenannte ›Theater des Todes‹ (teatr śmierci), zu dessen größten Erfolgen die Inszenierung des im Jahr 1975 entstandenen Werks ›Die tote Klasse‹ (umarła klasa) gehörte. Die Uraufführung seines letzten Theaterstücks mit dem Titel ›Dziś są moje urodziny‹ (Heute ist mein Geburtstag) erlebte Tadeusz Kantor nicht mehr. Die Premiere fand erst nach dem Tod des originellen Künstlers und Regisseurs statt.
Kantor wollte provozieren, und das gelang ihm immer wieder aufs Neue. Neben seinen Theatererfolgen wurde der Krakauer Künstler auch durch seine zahlreichen Happenings bekannt. Eines dieser Happenings war der Transport eines auf einen kolossalen Umfang vergrößerten Briefes im Jahr 1967. Das riesige Schriftstück wurde auf dem Postamt aufgegeben und ordnungsgemäß über einen Briefträger in Uniform an eine Galerie zugestellt. Weder den Inhalt des Briefes noch das Ziel dieser Aktion hat Kantor jemals preisgegeben. Ebenso

blieb die Identität des Adressaten geheim. Das Schriftstück wurde anschließend spontan vernichtet. Bekannt wurde Tadeusz Kantor vor allem durch sein Avantgardetheater ›Cricot 2‹, zu der auch ein umfangreiches Theaterarchiv gehörte. In ›Cricot 2‹ kam Kantors Theateridee, die sich an der Grenze zwischen Leben und Tod bewegte und mit Vergänglichkeit und Sterben als Teil des Lebens beschäftigte, einer Vollendung nahe. Hier führte das Theater auch zur Vereinigung mit seinem Gründer. Die Trennung einer Kantor-Aufführung von ihrem Meister war kaum vorstellbar. So machte sich Tadeusz Kantor, auf der Bühne sitzend und regelmäßig in die Darstellung seiner Schauspieler eingreifend, selbst zum unersetzlichen Bestandteil seiner Stücke.

Der überdimensionale Kantor-Stuhl im Dorf Hucisko bei Gdów

Die Einrichtungen, die an Kantor erinnern, verteilen sich heute auf drei Stellen im Zentrum Krakaus. In der ul. Kanonicza 5, der sogenannten Cricoteka, ist heute ein Museum zu den Theaterwerken Tadeusz Kantors eingerichtet. In der ul. Sienna 7, ganz in der Nähe des Rynek Główny, kann ein Teil einer Tadeusz-Kantor-Werkstatt besichtigt werden, die ›Galeria-Pracownia‹.In der ul. Szczepańska 2 schließlich ist das Verwaltungsbüro der Cricoteka ansässig.

In der kleinen Ortschaft Hucisko, etwa 30 Kilometer südlich von Krakau, befindet sich auf dem Rasen eines etwas versteckt liegenden Privathauses ein Kantor-Werk im öffentlichen Raum. Ein überdimensionierter weißer Stuhl schmückt den Garten des architektonisch interessanten Gebäudes. Zu dem originellen Werk des polnischen Künstlers gelangt man über die von Dobczyce nach Bochnia führende Landstraße. Ab der kleinen Ortschaft Kunice bei Gdów ist der Weg zu dem Tadeusz-Kantor-Stuhl in Hucisko ausgeschildert.

Wawel

Der letzte Abschnitt des Königstrakts führt über die ul. św. Idziego zum Wawelhügel, dem polnischen Nationalheiligtum. Seit ihren Anfängen ist die Geschichte Polens eng mit diesem bis zu 228 Meter hohen Kalkhügel verbunden, weltliche und kirchliche Macht haben sich hier im Königsschloß und in der Kathedrale über Jahrhunderte vereint. Vom 11. bis zum 17. Jahrhundert regierten die Könige vom Wawelhügel aus das Land. 37 Krönungen wurden hier über dem Ufer der Wisła seit der Regentschaft Władysław Łokieteks vorgenommen. In den Kellern des Doms fanden die polnischen Herrscher und viele andere bedeutende Persönlichkeiten des Landes ihre letzte Ruhe. Dieser Ort nahe des Krakauer Zentrums ist mit so

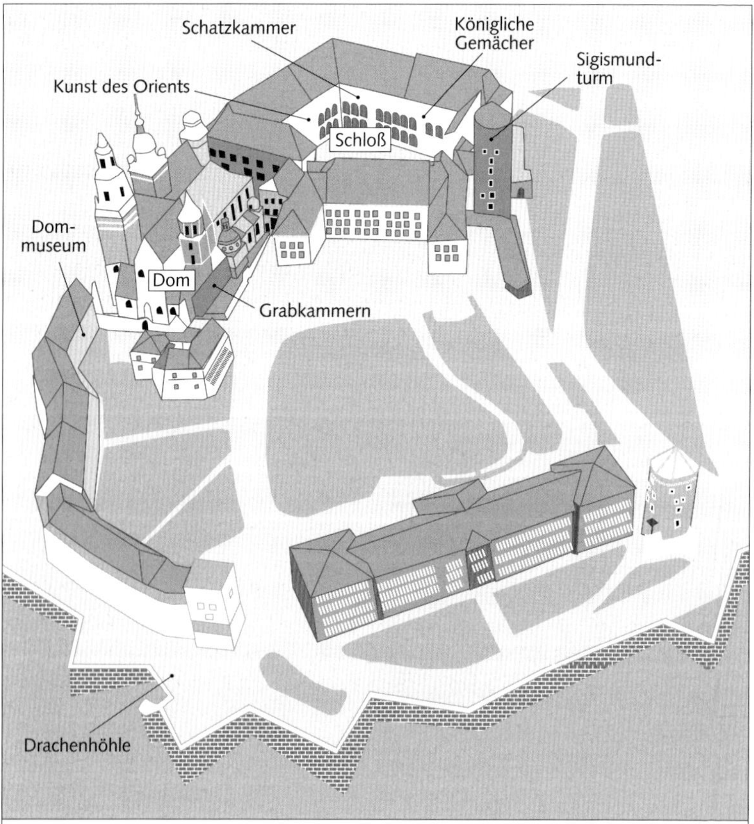

Wawel

Blick über die Weichsel auf den Wawel

viel nationalem Pathos beladen, daß nicht wenige der Meinung sind, es müsse auf dem Wawel gewesen sein, wer Polen verstehen möchte.

Von der bewegten Geschichte des Hügels berichten nicht zuletzt die Baudenkmäler, die aus den verschiedenen Bebauungsphasen stammen. Zwar entstand bereits kurz nach der Gründung des Bistums Krakau im Jahr 1000 erstmals eine Kirche auf dem Wawel. Doch konnte weder diese noch die Ende des 11. und Anfang des 12. Jahrhunderts erbaute Version einer Wawelkathedrale bis heute überdauern. Immerhin befindet sich der heutige Dom noch immer auf dem Grundriß der zweiten auf dem Hügel entstandenen Kirche. Wenn auch immer wieder Veränderungen vorgenommen wurden, so findet man doch auf dem Wawel überwiegend Elemente der Gotik und der Renaissance.

Die gotischen Spuren reichen bis 1320 zurück. Damals begann der Bischof von Krakau mit dem Bau der Kathedrale. Kleine Kapellen wurden mit der Zeit dem dreischiffigen Bau hinzugefügt und umgeben die Seitenschiffe. Die bekannteste der Kapellen und wohl eines der schönsten Renaissancegebäude Europas ist die Sigismundkapelle aus dem 16. Jahrhundert. Ein geschlossenes, rechteckiges Presbyterium mit einem umgebenen Rundgang steht im Mittelpunkt des dunklen Inneren. Das Presbyterium der Kathedrale mit dem im 17. Jahrhundert entstandenen Hauptaltar wurde im Laufe der Jahrhunderte Zeuge zahlreicher bedeutender Momente in der polnischen Geschichte. Hier erhielten die Könige ihre Krone und wurden nach ihrem Tod vom Hofstaat verabschiedet. In den Dom gelangt man durch den Haupteingang, dessen Portal aus dem Jahre 1640 stammt.

Die Kapellen und Grabkammern des Doms

Nicht weniger als 20 Kapellen bilden einen Ring um das Innere des Waweldoms und machen ihn damit zu einer Besonderheit. Zweifellos sind alle Kapellen eine Besichtigung wert, vier von ihnen ragen aber heraus und verdienen daher eine besondere Beachtung.

Eine der sehenswertesten ist die Kaplica Świętokrzyska im rechten Seitenschiff gleich neben dem Haupteingang. Russische Künstler haben die Wände dort in der zweiten Hälfte des 15. Jahrhunderts mit farbenprächtigen Malereien versehen. Das aus rotem Marmor gefertigte gotische Grab ist die Ruhestätte Königs Kazimierz Jagiellończyk. Gegenüber befindet sich das Grab seiner Ehefrau Elżbieta, die auch die Mutter der Könige genannt wird. Auffallend ist auch das Grabmal Bischofs Kajetan Sołtyk aus dem 18. Jahrhundert: Unter dem halboffen gestalteten Deckel reißt ein Adler aus.

Ebenfalls im rechten Seitenschiff befindet sich die Kaplica Zygmuntowska, die von 1519 bis 1533 erbaute Sigismundkapelle. Diese von Bartolomeo Berecci geschaffene und mit einer von außen vergoldeten Kuppel bedeckte Kapelle ist eines der ersten Renaissancewerke in Polen und zugleich auch eines der von außen meistfotografierten Motive Krakaus. In der Sigismundkapelle befinden sich hinter einem massiven Bronzegitter, ein Werk des Nürnbergers Hans Vischer aus der ersten Hälfte des 16. Jahrhunderts, die Grabmäler der Könige Zygmunt I. Stary und Zygmunt II. August sowie von Anna Jagiellonka. Aus der Hand des Nürnberger Meisters Vischer stammt auch der Renaissancealtar auf der linken Seite der Kapelle. In den Nischen der Kapelle stehen Heiligenfiguren aus Marmor. Über diesen Nischen sind Bilder der vier Evangelisten und Königs Zygmunt I. Stary zu sehen.

Vom Inneren des Doms aus gesehen befindet sich rechts von der Sigismundkapelle die Kaplica Wazów. Mitglieder der Wasa-Dynastie sind in dieser Kapelle begraben, die nach dem Vorbild der Sigismundkapelle entstanden ist. Gleichwohl herrscht in der Kaplica Wazów eine völlig andere Atmosphäre als in der links daneben gelegenen Sigismundkapelle. Während diese eine humanistisch geprägte Klarheit in der künstlerischen Gestaltung aufweist, ist die Kaplica Wazów von bedrückender Finsternis und von Todessymbolen geprägt.

Eine weitere bekannte Kapelle in der Wawelkathedrale ist die auf der Achse des Hauptschiffs und des Presbyteriums gelegene Kaplica Mariacka, die Marienkapelle aus dem 14. Jahrhundert. In dem großen Raum liegt hinter Metallgittern unter anderem König Stefan Batory begraben. Das Gewölbe und die Wände sind mit verschiedenen Wandmalereien zum Teil aus dem 16. Jahrhundert, zum Teil auch älteren Datums, versehen. Sehenswert ist auch der barocke Altar mit seinem Tabernakel.

Die Wawelkathedrale mit der Wazów- und der Sigismundkapelle

Was auf den ersten Blick etwas schaurig erscheint, ist tatsächlich eine einzigartige Begegnung mit der polnischen Geschichte: die Grabkammern in den Kellern der Wawelkathedrale, in die man über eine Treppe im linken Teil der Kirche hinabsteigt. Hier fanden zahlreiche Persönlichkeiten der vergangenen Jahrhunderte ihre letzte Ruhestätte. Ehrfürchtig schreiten Dombesucher in den engen Gemäuern der Krypta an den Särgen von König Jan III. Sobieski, dem Nationalhelden des 18. Jahrhunderts, Tadeusz Kościuszko, Józef Piłsudski und anderen vorbei, die die polnische Geschichte maßgeblich beeinflußt haben.

Im selben Seitenschiff befinden sich in einem von der Krypta getrennten Keller, zu dem man über eine einige Meter vor dem Abstieg in die Grabkammern gelegene Treppe gelangt, die Grabmale der bedeutendsten Dichter der polnischen Romantik: Adam Mickiewicz und Juliusz Słowacki.

Der Sigismundturm

Im linken Seitenschiff befindet sich der Aufgang zum Wieża Zygmuntowska, dem im 14. Jahrhundert erbauten Sigismundturm. Auch wenn die hölzernen Treppen vermutlich schon den ein oder anderen auf einer gewissen Höhe zum Umkehren bewegt haben, so ist doch ein Aufstieg auf diesen Turm eine uneingeschränkt empfehlenswerte Attraktion. Oben angekommen, hat man einen guten Ausblick über die Krakauer Altstadt bis nach Nowa Huta im Nordosten der Stadt.

Besucher auf dem Wawel

Im Turm befinden sich fünf Glocken, von denen die größte und bekannteste die Sigismundglocke mit einem Durchmesser von 2,42 Metern ist. Allein der Klöppel der insgesamt über zwölf Tonnen schweren und zwei Meter hohen Glocke wiegt 300 Kilogramm. Um die zu 80 Prozent aus Kupfer und zu 20 Prozent aus Zinn bestehende Glocke in Bewegung zu setzen, sind zehn Menschen erforderlich. Die Sigismundglocke erklingt nur zu ganz besonderen Anlässen. Dann ist sie bei entsprechendem Wetter auf eine Entfernung von über zehn Kilometern zu hören.

Ausgerechnet an Heiligabend im Jahr 2000 zersprang der Glockenklöppel. Die polnischen Medien griffen dieses Ereignis sofort auf, und abergläubische Menschen befürchteten, daß dieses Ereignis für das kommende Jahr nichts Gutes verheißen könne. Die Befürchtungen erfüllten sich jedoch nicht, 2001 war für Polen ein Jahr wie jedes andere. Trotzdem wird der Glocke auch weiterhin eine überirdische Fähigkeit zugeschrieben. Wer an ihren Klöppel faßt, die Augen schließt und sich dabei fest auf einen Wunsch konzentriert, dem soll, glaubt man den Handlungen der vielen hundert Besucher an jedem Tag, dieser Wunsch in Erfüllung gehen.

Das Wawelschloß

Geht man vom Haupteingang außen an der Sigismundkapelle mit ihrer vergoldeten Kuppel vorbei, gelangt man über einen überbauten Durchgang in den von Arkaden und Kreuzgängen geprägten, vierseitigen Innenhof des Wawelschlosses. Über dem Durchgang stehen in lateinischer Sprache die Worte ›Wenn Gott mit uns ist, wer ist dann gegen uns?‹

Das im Stil der Renaissance zwischen 1504 und 1536 vom Florentiner Architekten Franz erbaute Schloß wurde am Ort einer vom 10. bis zum 13. Jahrhundert auf dem Berg bestehenden Siedlung errichtet, nachdem die bisherige gotische Bebauung abgebrannt war. Die österreichischen Besatzer nutzten das Schloß im 19. Jahrhundert als Kaserne; Kaiser Franz Josef übergab es aber 1905, also noch vor der Wiedererlangung der Unabhängigkeit nach dem Ersten Weltkrieg, dem polnischen Volk. Während des Zweiten Weltkriegs war die Wawelresidenz der Sitz des von Hitler eingesetzten Generalgouverneurs Hans Frank, der im Nürnberger Kriegsverbrecherprozeß zum Tode verurteilt wurde. Nach Ende des Zweiten Weltkriegs erfolgten umfangreiche Restaurierungen des Schlosses. Bei Ausgrabungen auf dem Hügel wurden wichtige Funde gemacht, die Aufschlüsse über die Anfänge des polnischen Staates gaben.

Der charakteristische Innenhof mit seinen Arkaden wurde zu Zeiten der Jagiellonenkönige gerne als Bühne für Ritterspiele und Hoffeierlichkeiten genutzt. Und auch heute noch führt man Staatsgäste gelegentlich an diese Stelle. So hielt im Frühling 2003 US-Präsident George W. Bush im Innenhof des Wawelschlosses eine Rede an die polnische Nation, in der er um die Unterstützung für den Krieg gegen den von Saddam Hussein geführten Irak warb.

Vom Innenhof gelangt man zu vier Ausstellungen, die sich überwiegend in den für den gewöhnlichen Besucherverkehr zugänglichen Ost- und Nordflügeln des Schlosses befinden. Bei diesen Ausstellungen handelt es sich um die Königlichen Gemächer, die Privaten Königlichen Appartements, die Kronschatz- und Rüstkammer und die Kunst des Orients. Die kostbarsten und wohl auch bekanntesten Exponate sind flämische Wandteppiche aus dem 14. und 15. Jahrhundert. Die als ›Arras‹ bekannten Teppiche wurden zu einem großen Teil vom niederländischen Künstler Michiel von Coxcie geschaffen und von König Zygmunt II. August aus Brüssel nach Krakau geholt. Von den ursprünglich etwa 360 Arras-Teppichen sind bis heute noch 138 erhalten. Viele Touristen besuchen gerade wegen dieser weltweit zu den wertvollsten ihrer Art zählenden Teppiche den Wawel.

Die Ausstellungen

Den umfangreichsten Teil der Wawelausstellungen bilden die Königlichen Gemächer. Sie zeigen auf drei Ebenen, wie es im 16. und 17. Jahrhundert im Schloß ausgesehen haben könnte. Nicht alle der ausgestellten Möbel stammen aber tatsächlich aus dem Wawel.

Im Erdgeschoß ist die Rekonstruktion der aus Wohn-, Schlaf- und Arbeitszimmer bestehenden Wohnung des Statthalters der Residenz zu sehen. Auf einem flämischen Wandteppich in diesen Räumlichkeiten befindet sich ein den Mars darstellender Wandteppich aus der Zeit von König Zygmunt II. August.

Über eine Treppe gelangt man in den Turniersaal im ersten Stockwerk. Dieser Saal erhielt seinen Namen nach einem von Hans Dürer, dem Bruder von Albrecht Dürer, mit Szenen eines mittelalterlichen Turniers bemalten Fries. Der Nebensaal wird ›Pod Przeglądem Wojsk‹ (›Zur Militärschau‹) genannt, weil der von Anton aus Breslau bemalte Fries eine an König Zygmunt I. Stary vorbeimarschierende Militäreinheit zeigt. In dem Saal befinden sich fünf flämische Wandteppiche mit Darstellungen phantastischer Geschöpfe. Die wertvollen Teppiche sind mit den Initialen von König Zygmunt II. August versehen.

Im nächsten Saal, dem Gesandtensaal, ist ein besonderes Augenmerk auf die aus Lindenholz geschnitzten, sogenannten Wawelköpfe zu legen. Diese sind an der Decke angebracht und stellen verschiedene unbekannte Personen wie Frauen, Männer, Studenten und Stadtbewohner dar. Von den Wawelköpfen sind nur noch 30 erhalten, obwohl für noch 165 weitere geschnitzte Köpfe Platz an der Decke vorhanden ist. Ein bedeutendes Ausstellungsstück des Gesandtensaals ist der

In den Innenräumen

Sessel, auf dem der König die Gesandten empfing. Hinter diesem Thron befindet sich ein weiterer flämischer Wandteppich mit einem Adler im Wappen.

Auch der nächste Saal wurde nach seinen bemalten Friesen benannt. Da im obersten Abschnitt der Wände Tierkreiszeichen zu sehen sind, heißt dieser Saal ›Sala pod Zodiakiem‹ (›Saal zum Tierkreis‹). Auch die folgenden Räume - ›Sala pod Planetami‹ (›Saal zu den Planeten‹) und ›Sala pod Ptakami‹ (›Saal zu den Vögeln‹) - tragen ihren Namen nach den bemalten Friesen.

Vom sogenannten Holländischen Arbeitszimmer, in dem sich eine Ausstellung nordeuropäischer Malerei befindet, gelangt man in den Saal ›Zum Adler‹ (›Sala pod Orłem‹), in dem königliche Gerichtsverhandlungen durchgeführt wurden. Ein früher zu sehender, in die Decke geschnitzter Adler hat die Jahrhunderte leider nicht überdauert.

Der mit Abstand größte Saal der Königlichen Gemächer ist der neben dem Saal ›Zum Adler‹ gelegene Senatorensaal. Hier fanden Senatssitzungen, Feierlichkeiten und Bälle statt. Fünf kostbare Wandteppiche stellen Szenen aus der Genesis wie die Erschlagung Abels und das Verlassen des Paradieses dar. Während der Besatzung durch deutsche Truppen ließ Generalgouverneur Hans Frank im Senatorensaal ein Kino einrichten.

Die zweite Ausstellung in der Wawelresidenz, die Königlichen Privatappartements, zeigt die von den Königen, ihren Gästen und den Hofleuten privat genutzten Räumlichkeiten. Eine Führung ist in diesem Teil des Schlosses obligatorisch und

Detail einer Wandbespannung

beginnt am Eingang in die Privatwohnung. Auch in diesen Räumlichkeiten sind die flämischen Wandteppiche aus der Sammlung Zygmunt Augusts die kostbarsten Exponate. Darüber hinaus sind italienische Möbel und Gemälde sowie Holzdecken, Fresken und Portale aus der Zeit der Gotik und der Renaissance zu sehen. In zwei im Stile des 18. Jahrhunderts eingerichteten Räumen ist eine Porzellansammlung ausgestellt, die auch Stücke aus Meißener Porzellan aufweist. Polnische Teppiche, Möbel aus verschiedenen Regionen Europas sowie Uhren sind außerdem zu sehen. Besondere Aufmerksamkeit verdient in den Königlichen Privatappartements der Kolumnensaal mit seinen Portraits des Königs Stanisław August Poniatowski, des Krakauer Bischofs Kajetan Sołtyk, des sächsischen Kurfürsten und Warschauer Prinzen Friedrich August Wettin und anderen.

Gegenstände der polnischen Königsfamilien und Andenken an Nationalhelden werden in der im Wawelschloß untergebrachten Schatzkammer gezeigt. Als Höhepunkt dieser Ausstellung gilt das ›Szczerbiec‹, das Krönungsschwert der polnischen Könige. Das angesichts seiner Bedeutung eher bescheiden gestaltete Schwert stammt aus dem 13. Jahrhundert. Ferner sind Gegenstände wie die ausgetretenen Krönungspantoffeln von König Zygmunt August und Pferdesattel und Reitzeug aus vergangenen Jahrhunderten zu sehen. In den Sälen neben der Schatzkammer befindet sich die Rüstkammer mit einer Ausstellung von Kampf- und Paradewaffen vom 14. bis zum 18. Jahrhundert. Im Keller sind Kanonenrohre zu sehen, von denen das älteste aus der Zeit Anfang des 16. Jahrhunderts stammt. Flaggen und Banner aus verschiedenen Schlachten ergänzen die Sammlung.

In der Ausstellung ›Kunst des Orients‹ im westlichen Flügel des Schlosses sind in Erinnerung an die Schlacht gegen die Türken bei Wien im 17. Jahrhundert Sammlungen orientalischer Gegenstände zu sehen. Dem damaligen polnischen König Jan III. Sobieski, der mit seinem Einsatz der österreichischen Monarchie zur Hilfe kam, ist eine Büste im ersten Saal der Ausstellung gewidmet. Die kostbarsten Exponate der Sammlung sind zweifellos einige türkische Zelte aus der Zeit der Schlacht bei Wien. Sehenswert sind auch fünf große, unter der Decke hängende türkische Flaggen.

Ein weiteres Museum mit dem Namen ›Verschollener Wawel‹ zeigt eine Ausstellung zur Geschichte des Hügels an der Weichsel. Gegenüber der Sigismundkapelle neben dem kleinen Restaurantbetrieb, wo sich früher die königlichen Küchen befanden, sind während der Ausgrabungs- und Konservierungsarbeiten entdeckte Holz-, Keramik-, Stein- und Metallgegenstände zu sehen. Von besonderer Bedeutung sind dort Teile eines zur ersten Kapelle auf dem Wawelhügel gehörenden Rundbaus aus dem 11. Jahrhundert.

Die Rotunde trägt den Namen der Allerheiligsten Jungfrau Maria. Diese Ausstellung der ältesten Spuren des Hügels hat vor einigen Jahren eine virtuelle Ergänzung erhalten. Mit einem Computerprogramm hat man versucht, das Aussehen des Wawels vom 10. bis zum 12. Jahrhundert zu rekonstruieren. Diese faszinierende Begegnung mit der Geschichte ist noch immer ein Geheimtip für einen Krakaubesuch.

Wenige Tage vor seiner Wahl zum Papst eröffnete der damalige Kardinal Karol Wojtyła im Jahr 1978 das Dommuseum auf dem Wawelhügel. Der Eingang befindet sich rechts gegenüber dem Haupteingang der Kathedrale. Unter anderem sind dort Gewänder von Papst Johannes Paul II. sowie ein Meßgewand aus dem Jahre 1504 zu sehen. Eines der neuesten Ausstellungsstücke ist der am Heiligabend 2000 geplatzte Klöppel der Sigismundglocke.

Die Drachenhöhle

Bei einem Spaziergang auf der Weichselpromenade um den Wawel herum fällt eine in den Wawelhügel eintauchende Höhle auf, die Drachenhöhle. Besucher können diese Höhle vom Burghof des Wawels aus betreten und verlassen die Höhle anschließend einige Meter tiefer am Ufer der Weichsel. Gerade für die jüngsten Besucher des Hügels ist die Drachenhöhle ein Höhepunkt. Das hängt nicht unwesentlich mit einem Märchen und dem feuerspeienden Metalldrachen am Höhlenausgang zusammen. Dieses Werk des Bildhauers Bronisław Chromy, das in den 70er Jahren des 20. Jahrhunderts aufgestellt wurde, weist auf eben diese Legende hin.

Etwa 80 der 270 Meter langen Höhle sind heute für Touristen zugänglich, wenn man die schwindelerregenden Rundtreppen vom Hof der Wawelbebauung aus hinabsteigt. Die Höhle diente in der Geschichte verschiedenen Zwecken: mal den Armen als Wohnung, mal den Fischern als Lagerhalle. Selbst von einer Nutzung als Freudenhaus wird berichtet.

Aufgrund der Lage der Höhle – der Gang führt an das Weichselufer, weg vom Wawelhügel – empfiehlt es sich, die Drachenhöhle als Schlußpunkt einer Wawelbesichtigung zu besuchen.

Die Legende vom Waweldrachen

Einer in Polen jedem Kind bekannten Legende zufolge trieb in der Höhle des Wawel am Ufer der Weichsel zu Lebzeiten Königs Kraks ein fürchterlicher, mit grünen Schuppen bedeckter, riesiger Drache sein Unwesen. Alles, was sich seiner Höhle näherte, fraß der Drache unbarmherzig auf. Zur Bekämpfung des Ungeheuers gab der um das Wohl seiner Bürger besorgte König Krak bekannt, daß derjenige seine wunderschöne Tochter heiraten dürfe, der das Land von dem entsetzlichen Drachen befreie.
Viele starke Ritter reisten von weither an, um das Untier zu erledigen und die königliche Belohnung zu erhalten. Sie kämpften tapfer, aber vergeblich und starben in den Fängen des Drachen - bis ein kleiner, unscheinbarer Schuster ohne Ritterrüstung des Weges kam und einen listigen Plan umzusetzen begann. Der clevere Schuster schlachtete ein Schaf, füllte es mit Schwefel, nähte es zusammen und stellte es in einer dunklen Nacht vor den Eingang der Höhle. Als morgens der Drache aus seiner Höhle hervorkam, freute er sich beim Anblick des vermeintlich lebendigen Schafs über das leicht zu erlangende Frühstück und verschlang das ausgestopfte Tier mit einem Biß. Der nun in seinem Magen wütende Schwefel erzeugte bei dem Drachen einen riesigen, nicht mehr zu stillenden Durst, so daß er sich schmerzgeplagt zur Weichsel

Der Waweldrache als moderne Skulptur

begab. Dort trank und trank das Ungeheuer. Sein Bauch wuchs an, wurde dicker und dicker, bis der Drache platzte. Er war besiegt.
Die Erleichterung der Krakauer kannte keine Grenzen mehr, König Krak hatte sein Versprechen nicht vergessen. Und so kam es, daß der arme Schuster die Tochter des Königs heiraten durfte, die Hälfte des Reiches geschenkt bekam und glücklich bis an das Ende seiner Tage lebte.

Kazimierz

Nur zwei Straßenbahnhaltestellen vom Rynek entfernt taucht man plötzlich in eine andere Welt. Im Stadtteil Kazimierz, mitten in Krakau, bestimmen Synagogen und hebräische Aufschriften das Bild und zeugen von der großen jüdischen Vergangenheit dieser Stadt. Allein an der ul. Szeroka, die eher an einen langgezogenen Platz als an eine Straße erinnert, befinden sich vier Synagogengebäude. Kazimierz ist einer der bedeutendsten Orte jüdischer Kultur in Europa. Um dorthin zu gelangen, nimmt man eine Straßenbahn mit der Nummer 3, 13 oder 24, steigt an der Station ›Starowiślna‹ aus und biegt wenige Schritte nach rechts in die ul. Szeroka ein, die Breite Straße. Wer etwas spazieren will, kann Kazimierz vom Wawel aus aber auch in wenigen Minuten zu Fuß erreichen.

Geschichte

Der Ursprung des Stadtviertels war weniger religiös als persönlich motiviert. Im 14. Jahrhundert bestand Krakau nur aus einigen Häusern rund um den Marktplatz. Zwischen dem Rynek und der heutigen ul. Szeroka befand sich keine Bebauung. Vielmehr floß auf dem Gebiet der heutigen ul. Starowiślna (›Alte Weichselstraße‹) ein Nebenarm der Weichsel und trennte das Gebiet, in dem der heutige Stadtteil Kaizimierz liegt, von Krakau ab. Und dort hinter der Weichsel, wo bis dahin nur

Überall in Kazimierz ist die jüdische Vergangenheit präsent

wenige Menschen wohnten, gründete König Kazimierz III. Wielki im Jahr 1335 eine Stadt, die ihm zu Ehren seinen Namen tragen sollte: Kazimierz.

Die Fläche der eigenständigen Stadt betrug etwa 500 mal 900 Meter und war damit fast genau so groß wie das damalige Krakau. Im Zentrum der Stadt Kazimierz befand sich eine wichtige Handelsroute, die heutige ul. Krakowska. Da die Stadt hinter der Weichsel zu Ehren des Königs erbaut wurde, bildete sich eine bewußte Konkurrenz zu Krakau. So gab es im Herzen des damaligen Kazimierz um das frühere Rathaus und heutige Ethnologische Museum am Plac Wolnica einen fast ebenso großen Marktplatz wie in Krakau. Im Laufe der Jahrhunderte näherte sich die Wohnbebauung indessen immer mehr dem Rathaus an, so daß der Plac Wolnica längst die Größe des früheren Marktplatzes von Kazimierz verloren hat. Auch die Fronleichnamskirche in der Nähe des Rathauses wurde auf Initiative des polnischen Herrschers errichtet. König Kazimierz III. Wielki förderte seine neue

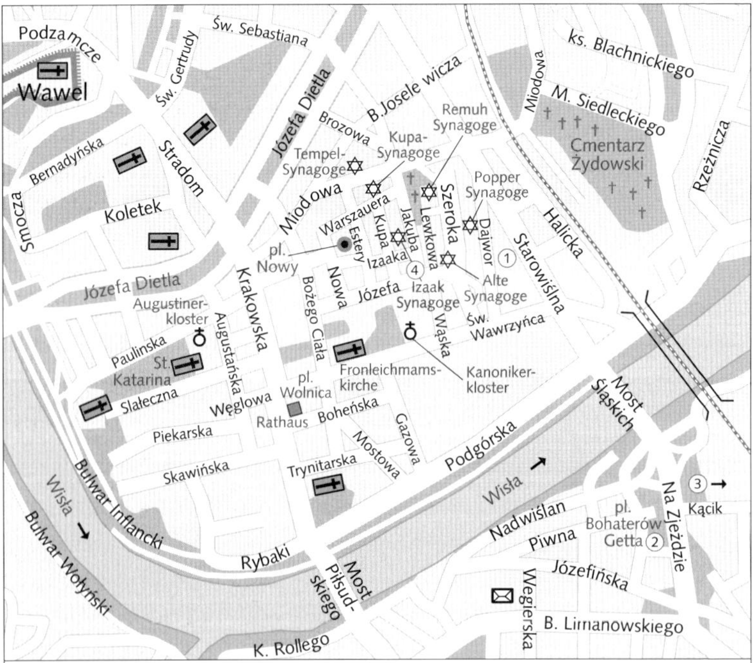

Krakau, Kazimierz

Legende

1 Muzeum Galicja
2 Museum Apteka Pod Orłem
3 Ehemalige Fabrik Oskar Schindlers
4 Ehemalige Hohe Synagoge

Stadt so intensiv, daß sie sich noch im 14. Jahrhundert zu einer der bedeutendsten in Polen entwickelte.

Die jüdische Geschichte dieses Stadtteils begann Anfang des 15. Jahrhunderts. Mindestens seit dem 13. Jahrhundert gab es in Krakau Juden. Sie wohnten damals in der Straße św. Anny direkt am Rynek und hatten dort ein Bet- und auch ein Badehaus. Im 14. Jahrhundert hieß diese Straße sogar Judenstraße. Als König Władysław Jagiełło im Jahr 1400 in unmittelbarer Nähe zu dieser Straße die Krakauer Universität wieder errichten ließ, kam es zu Streitigkeiten zwischen Studenten und Juden. Das war die Zeit europaweiter Judenverfolgungen, die auch in Krakau stattfanden. Aus dem Jahr 1407 wird von einem ersten Pogrom gegen die jüdische Bevölkerung Krakaus berichtet. Nach einem vorübergehenden Umzug der Gemeinde an den heutigen Plac Szczepański und weiteren, nun auch dort verübten Pogromen wurden die Juden gegen Ende des 15. Jahrhunderts nach Kazimierz umgesiedelt, wo Spuren einer jüdischen Bevölkerung bis ins Jahr 1485 zurückverfolgt werden können. So isolierend die dann einsetzende Ghettobildung gewesen sein mag: In Kazimierz war jüdisches Leben immerhin möglich. Im Vergleich zu anderen Regionen Europas, in denen die Judenverfolgungen im 16. Jahrhundert immer mehr zunahmen, war das Recht auf Ausübung der Religion an einem abgetrennten Ort schon viel. So kamen gerade in dieser Zeit Juden aus dem ganzen Kontinent in die Stadt bei Krakau. Dieser Zuzug aus ganz Europa verhalf Kazimierz schnell zu internationalem Flair und machte wegen der damit verbundenen Immigration von Vertretern verschiedener religiöser Ausrichtungen den Bau vieler Synagogen erforderlich. So erklärt sich auch, warum allein an der ul. Szeroka vier Synagogen betrieben wurden. Ein Zentrum jüdischer Kultur auf hohem Niveau entstand.

Nicht alle Juden wohnten in den folgenden Jahrhunderten in dem Ghetto. Einige wohnten in Krakau und betrieben dort Handel. Dieses Recht hatte man ihnen bis dahin noch nicht genommen. Erst nach der Ersten Polnischen Teilung im Jahr 1776 wurden sie zur Aufgabe ihrer Geschäfte in Krakau gezwungen.

Anfang des 19. Jahrhunderts wurde das jüdische Ghetto aufgelöst und schließlich dem inzwischen deutlich gewachsenen Krakau als Stadtteil angeschlossen. In der Verfassung von 1867 wurden die Juden sogar der übrigen Bevölkerung formal gleichgestellt. Sie durften nun überall wohnen. Anfang des 20. Jahrhunderts lebten etwa 70 000 Juden in ganz Krakau, lediglich die Orthodoxen und die Armen blieben in Kazimierz. In dieser Zeit, als sich Krakau längst zu einer Metropole entwickelt hatte, wirkte Kazimierz, der Ort der Ultrakonservativen, wie eine abgeschiedene Insel. Karol Estreicher, ein Krakauer Kunsthistoriker, schrieb in dieser Zeit: »An Feiertagen wird Kazimierz gegen Abend still und ruhig. Auf den Straßen gehen Juden in langen Kaftanen und mit vom Fuchspelz umsäumten Mützen umher. Aus den Fenstern strahlt das Licht brennender Kerzen. Mit betendem

Volk füllen sich die Synagogen: die Alte, die Remuh, die Hohe und andere. Die jüdische Stadt bietet einen seltsamen, keineswegs reizlosen Anblick.«

Mit dem Ausbruch des Zweiten Weltkriegs wurde all dies schlagartig vernichtet. Die deutschen Besatzer siedelten die Krakauer Juden in den Stadtteil Podgórze um. Dort errichteten sie 1941 ein Ghetto, dessen Endstation schließlich die Gaskammern von Auschwitz-Birkenau waren. Jüdische Einrichtungen in Krakau wurden zum Teil zerstört, zum Teil aber auch als Lagerhallen genutzt und blieben so erhalten.

Nach Kriegsende konnte der Stadtteil nicht mehr sein früheres Flair zurückerlangen. Keine 100 Juden leben heute noch in Krakau. Und das Durchschnittsalter der jüdischen Gemeinde bewegt sich bei etwa 60 Jahren. Und trotzdem entwickelte sich Kazimierz Ende der neunziger Jahre zu einem immer beliebteren Viertel. Gute Restaurants wie das Ariel und das Alef an der ul. Szeroka bieten jüdische Speisen an, Kneipen und Diskotheken ziehen inzwischen auch einheimische Jugendliche in den Stadtteil. Viele der alten Häuser wurden aufwendig renoviert, und die Touristen und auch Krakaus Marketingstrategen haben die besonderen Vorzüge Kazimierz längst entdeckt. Einen kulturellen Höhepunkt erleben diese Straßen alljährlich Ende Juni und Anfang Juli zum Festival der Jüdischen Kultur. Mit Musik, Kunst und Literatur wird dann das traditionelle jüdische Leben besonders anschaulich dargestellt. So erstrahlt das Viertel, das auch heute noch einer der bedeutendsten Orte jüdischer Kultur in Europa ist, wieder in neuem Glanz, auch wenn noch immer einige verfallene Stellen nicht zu übersehen sind.

Zeugnisse jüdischer Vergangenheit

Das Zentrum des jüdischen Lebens in Kazimierz befand sich in der ul. Szeroka. Allein an dieser Straße gab es vier Synagogen und ein Badehaus, das Mikweh. Der älteste noch erhaltene jüdische Sakralbau in Polen ist die Alte Synagoge in der ul. Szeroka 24 an der Ecke zur ul. Józefa. Hier könnte ein Spaziergang durch Kazimierz beginnen.

Die Alte Synagoge wurde wahrscheinlich Ende des 15. Jahrhunderts erbaut und nach einem Brand, von dem im Jahr 1557 berichtet wird, in den Folgejahren vom italienischen Baumeister Matteo Gucci im Renaissancestil wieder aufgebaut. Gucci errichtete auf den erhalten gebliebenen Mauern eine zweischiffige Halle mit zwei Säulen und einem spätgotisches Gewölbe. Von diesem Gebäude Guccis blieben bis heute lediglich der Betsaal, die Frauenempore und die Vorhalle erhalten. Im Zweiten Weltkrieg wurde die Alte Synagoge von den Nazis als Lagerhalle genutzt. Sie plünderten zwar die kostbare Inneneinrichtung, ließen das Gebäude aber stehen, so daß diese älteste polnische Synagoge auch heute noch zu besichtigen ist. Gleichwohl waren nach dem Krieg erhebliche Restaurationsmaßnahmen erforderlich. Diese wurden in den 1950er Jahren durchgeführt.

Der Platz vor der Alten Synagoge war ein besonders bedeutsamer Ort im alltäglichen Leben der Juden von Kazimierz. Hier fanden Trauungszeremonien statt, Verfügungen des Königs wurden hier bekannt gegeben, und gelegentlich wurde hier auch der Bann über unliebsame Bewohner des Ortes ausgesprochen.

Im Eingangsbereich der Synagoge befindet sich ein Steinbecken, errichtet zum Händewaschen im Lebenswasser. An der Wand erinnert eine Steintafel daran, daß Tadeusz Kościuszko gegen Ende des 18. Jahrhunderts die Krakauer Juden in der Alten Synagoge aufforderte, sich am Kampf gegen die Besatzer zu beteiligen und sie somit als vollwertige Polen anerkannte.

Durch ein Renaissanceportal schreitet man schließlich in den großen Betsaal, in dessen Zentrum die rekonstruierte Bima steht. Ihr mit zwei Eingängen versehenes Gitterwerk mündet oben in eine Prachtkrone. Hier in der Bima wurde die Tora verlesen, sprachen Gelehrte und wurden Beschlüsse des Gemeindevorstands verkündet. Auffallend ist in der Synagoge auch der Altarschrein an der Ostwand, der mit einem reich verzierten Vorhang verdeckt ist. Dahinter wurde die Tora aufbewahrt. Eine vergoldete Krone über dem Altarschrein symbolisiert die Weisheit Gottes. Neben dem Schrein befindet sich ein länglicher Steinschrank, in dem das ewige Licht aufbewahrt wurde. Während der Betsaal nur Männern zur Verfügung stand, saßen Frauen während eines Gottesdienstes in den eigens für sie errichteten

In der Alten Synagoge ist eine Ausstellung zur Geschichte der Krakauer Juden eingerichtet

In der Alten Synagoge

Sälen. Der erste Frauensaal war der als Galerie errichtete an der Westwand. Später kam der zweite an der Südwand hinzu.

Heute wird die Alte Synagoge nicht mehr für jüdische Gottesdienste, sondern als Museum genutzt. Eine Ausstellung im Inneren zeigt die Geschichte und Kultur der Krakauer Juden. Zusammen mit der Remuh-Synagoge ist sie die wohl am häufigsten besuchte Sehenswürdigkeit in Kazimierz.

Ganz in der Nähe der Alten Synagoge, an der ul. Szeroka 22, befindet sich heute die Filiale einer Bank. Dieses Gebäude wurde früher als Sakralgebäude genutzt, im 17. Jahrhundert beherbergte es die Synagoge ›Auf'm Bergel‹. Nathan Spira (1583-1633), eine Führungspersönlichkeit der Kabbalisten, einer religiösen Richtung, die die Kabbala mystisch auslegt, hielt dort Vorträge und forschte. Tag und Nacht soll Spira über der Kabbala gesessen haben, so daß der Schein seiner Dachstubenkerze ständig auf die ul. Szeroka leuchtete.

Nur wenige Schritte von der Synagoge ›Auf'm Bergel‹ entfernt existiert seit Sommer 2004 an der ul. Dajwor 18 mit dem Muzeum Galicja [1] ein weiterer sehenswerter Ausstellungsraum zur jüdischen Geschichte der Region. Zahlreiche großformatige Farbfotos sind neben wechselnden Exponaten in der ehemaligen Fabrikhalle ständig zu sehen. Die ul. Dajwor befindet sich an der Rückseite der Alten Synagoge. Ein Abstecher lohnt sich.

An der ul. Szeroka 16 befindet sich mit der Popper-Synagoge eine weitere jüdische Sakralstätte. Das 1620 vom damals weit über die Grenzen Kazimierz' hinaus bekannten Händler und Bankier Wolf Popper gestiftete Gebäude konnte sich einer reichen Ausstattung rühmen. In der Zeit der Nazibesatzung wurde die barocke Synagoge weitgehend zerstört. Eine Restaurierung wurde erst in den 60er Jahren vorgenommen. die Innenausstattung indes ging in den Jahren des Zweiten Weltkriegs unwiderruflich verloren. Heute beheimatet das Gebäude ein Jugendkulturzentrum.

Einige Meter weiter befindet sich auf derselben Seite im Haus ul. Szeroka 6 die Mikweh, das Haus zum jüdischen Ritualbad. Nach der Menstruation unterzogen sich Frauen in diesem Bad einer rituellen Reinigung. Männer hingegen benutzten die Mikweh vor dem Versöhnungstag oder, wenn sie zur jüdischen Bewegung der Chassidim gehörten, sogar täglich vor dem Gebet. Das Bad bestand an dieser Stelle bereits im 16. Jahrhundert. Sein Becken, in das man einige Stufen hinabsteigen muß, hat bis heute seine ursprüngliche Form behalten. Der übrige Teil des Gebäudes wurde im Laufe der Jahrhunderte mehrfach verändert.

Die freie Rasenfläche vor der Mikweh in der Mitte der ul. Szeroka war früher ein jüdischer Friedhof. Einer Sage nach entstand diese Ruhestätte in Folge einer in den Sabbat hineinreichenden, rauschenden Hochzeitsfeier. Vergeblich habe ein Rabbiner vor der Feier in den Sabbat hinein gewarnt - die gesamte Hochzeitsgesellschaft überlebte das Fest nicht und wurde hier begraben. Sage hin oder her: Ein jüdischer Friedhof befand sich tatsächlich an dieser Stelle.

Remuh-, Tempel- und Kupa-Synagoge

Gegenüber der Mikweh, an der ul. Szeroka 40, steht die Remuh-Synagoge. Im Jahr 1533 wurde dieses in ganz Europa bekannte jüdische Gotteshaus von Israel Isserles Auerbach als Holzbau gestiftet und nach der vollständigen Zerstörung durch einen Brand im Jahr 1557 aus Stein errichtet. Es ist ein einzigartiges Beispiel jüdischer Architektur und Sakralkultur und erfüllt auch heute noch die Aufgabe einer aktiv religiös genutzten Synagoge. Das Gebäude mit seinem anliegenden Friedhof besuchen nicht nur Krakautouristen, sondern jährlich allein wegen der Remuh-Synagoge und dem angrenzenden Friedhof nach Kazimierz reisende Juden aus aller Welt.

Bevor man in den Betsaal gelangt, ist ein Vorraum zu durchschreiten. Dort führt seit Jahren ein älteres Mitglied der Krakauer Jüdischen Gemeinde, das nicht ganz ohne Stolz auf sein Erscheinen auf der Liste von Oskar Schindler verweisen kann, die Aufsicht. Gerne zeigt der ältere Herr ein Buch, in dem sein Name auf der Schindler-Liste vermerkt ist. Den Betsaal betritt man durch ein Sandsteinportal. In der Mitte des Betsaals steht die Bima mit einem Pult für die Tora. Bemerkenswert ist die aus zwei Flügeln bestehende Tür der Bima aus dem 18. Jahrhundert. Ein brennender siebenarmiger Leuchter mit einer Krone ist unter anderem auf den Flachreliefs der Tür zu sehen.

Der Eingang zur Remuh-Synagoge

Über dem steinernen Renaissancealtarschrein an der Ostseite hängt eine Tafel mit den Zehn Geboten an der Wand. Rechts neben dem Altarschrein steht der Stuhl, auf dem der Rabbiner Rabbi Moses, was Remuh heißt, gesessen haben soll. Nach diesem 1572 gestorbenen Rabbiner wurde die Synagoge benannt. Neben dem Stuhl befinden sich eine Gedenktafel und das ewige Licht. Marmortafeln an der Südseite erinnern an verstorbene Gemeindemitglieder.

Der Alte Friedhof, den man durch das Tor auf der linken Seite des Innenhofs erreicht, ist unbedingt einen Besuch wert. Dieser jüdische Friedhof ist einer der ältesten in Europa und hat eine ganz besondere Atmosphäre. Von 1552 bis in das 19. Jahrhundert wurden hier Menschen begraben. Bedeutende Persönlichkeiten wie Moses Isserle, im 16. Jahrhundert der Krakauer Rabbiner, und der Kabbalist Nathan Spira sind dort begraben. Zwar wurde der Friedhof zur Zeit der Naziherrschaft weitgehend zerstört, doch konnten einige der zum Teil sehr schmuckvollen Grabsteine erhalten werden, auch wenn die Steine heute nicht mehr genau an ihrem ursprünglichen Ort der Ruhestätte stehen. Es empfiehlt sich, beim Gang über den Friedhof auf die Symbole dieser Grabsteine zu achten. So deuten der Davidstern oder ein Löwe auf einem Grabstein auf einen Verstorbenen aus dem Geschlecht Juda hin. Gelehrte erhielten zum Zeichen der Weisheit eine Krone auf ihrem Grabstein, eine Schlange symbolisiert einen Arzt, segnende Hände einen Priester.

Von alten Bäumen umgeben, befindet sich gleich an der Westseite der Synagoge das Grab von Moses Isserle, dem Rabbiner Remuh. Ihm wurden wundersame Heilkräfte nachgesagt, und sein Grab ist heute eine Pilgerstätte für Juden aus aller Welt. Neben dem auffälligen Stein des Remuh sind die Gedenksteine für dessen Familienangehörige zu sehen. Die gesamte Gedenkstätte der Familie des Moses Isserle ist mit einem Gitter versehen.

Auf viele der Grabsteine haben Friedhofsbesucher kleine Steine gelegt. Dieser Brauch erinnert an die Wanderung der Juden durch die Wüste. Sie bestatteten damals ihre Toten durch Zudecken des Grabes mit kleinen Steinen. Interessant ist auch die Klagemauer am östlichen Ende des Friedhofs an der Alten Synagoge. Sie ist mit Bruchstücken von Grabsteinen versehen. Nachdem die Nazis den Friedhof weitgehend verwüstet hatten, wurden diese zerstörten Grabsteine in die Klagemauer eingebaut.

Längst werden auf dem Remuh-Friedhof keine Bestattungen mehr vorgenommen. Bereits um 1800 entstand in der ul. Miodowa 55 ein neuer, weitaus größerer jüdischer Friedhof. Für einen Abstecher auf den Friedhof ist die ul. Starowiślna in der Nähe des Badeshauses Mikweh zu überqueren. Nach einer Eisenbahnunterführung sind dann nur noch wenige Schritte zurückzulegen, bis man das Eingangstor der letzten Ruhestätte der Mitglieder der Krakauer jüdischen Gemeinde erreicht.

Ein weiterer empfehlenswerter Abstecher vom Zentrum des jüdischen Kazimierz führt die ul. Starowiślna entlang über die Weichselbrücke in das ehemalige Ghetto. Im Gebäude Nr. 18 [2] am Plac Bohaterów Getta (›Platz der Ghettohelden‹) befindet sich das Museum Apteka Pod Orłem (›Apotheke Zum Adler‹). Die dortige Ausstellung zeigt die Geschichte des von den Deutschen eingerichteten Krakauer Ghettos, das sich in der Umgebung des Hauses befand. Der einzige nichtjüdische Bewohner des Ghettos war der Apotheker Tadeusz Pankiewicz. Mit seiner direkt im Ghetto gelegenen Apotheke half er den Inhaftierten im Rahmen seiner Möglichkeiten beim Überleben. Nach dem Krieg verfaßte Pankiewicz in polnischer Sprache das Buch ›Die Apotheke im Krakauer Ghetto‹. Auf dem pl. Bohaterów Getta sind seit Ende 2005 etwa 50 leere Stühle zu sehen. Sie erinnern an die Opfer des Ghettos.

Grabsteine auf dem Neuen Jüdischen Friedhof an der ul. Miodowa

Kazimierz als Kulisse für ›Schindlers Liste‹

Die Nationalsozialisten ermordeten in der kurzen Zeit ihrer Besatzungsherrschaft fast die gesamte jüdische Bevölkerung Krakaus. Die wenigen Überlebenden haben ihr Entkommen oft Helfern zu verdanken. Einer dieser Helfer war der deutsche Unternehmer Oskar Schindler. Das in Zittau geborene NSDAP-Mitglied Schindler kam bereits im September 1939 nach Krakau, wenige Tage nach dem Überfall Deutschlands auf Polen. Schindler sollte zunächst ein Emaillewarengeschäft verwalten, schließlich bekam er auch die Leitung der Emaillegeschirrfabrik im Krakauer Stadtteil Zabłocie ganz in der Nähe von Kazimierz übertragen. Aus dem inzwischen gebildeten jüdischen Ghetto erhielt Schindler Arbeitskräfte für die Fabrik.

Im Jahr 1943 wurde das Ghetto aufgelöst und das Konzentrationslager Krakau-Płaszów eingerichtet. In das Lager verbrachte man nicht nur Krakauer Juden, sondern auch Bewohner der anschließend liquidierten Ghettos und Lager von Städten von Tarnów, Rzeszów und dem heute in der Ukraine liegenden Drohobycz. Auch im Krakauer Konzentrationslager, in dem bis zu 25000 Menschen gefangen gehalten wurden, herrschten grausame Zustände. Unter dem berüchtigten Lagerleiter Amon Leopold Goeth starben viele Häftlinge an Hunger, Krankheiten, Erschöpfung oder durch Hinrichtung. Goeth, der 1946 in Polen zum Tode verurteilt und gehängt wurde, hattte zu Demonstrationszwecken für seine Mitarbeiter persönlich zahlreiche Hinrichtungen vorgenommen. Ein Denkmal erinnert heute auf dem Gelände des ehemaligen Lagers an die Opfer dieses Lagers. Oskar Schindler erreichte bei den Behörden, daß in der Nähe seiner Fabrik ein Nebenlager errichtet wurde. Die Lebensbedingungen waren dort deutlich besser als in den von der SS betriebenen Lagern. Schon bald aber wurden alle Nebenlager von der Besatzungsverwaltung geschlossen, und so mußten auch die in Schindlers Fabrik arbeitenden Juden zurück nach Płaszów.

Als sich Mitte 1944 die Rote Armee Krakau näherte, erwarb Schindler eine ehemalige Spinnerei in Böhmen, in der nun Munition hergestellt werden sollte. Die für die Produktion benötigten Arbeitskräfte – etwa 1000 Juden – sollten nach Schindlers Wunsch aus der Krakauer Emaillefabrik kommen. So entstand die berühmte Schindlerliste. 700 Männer und 300 Frauen wurden auf diesem Weg von Krakau in das böhmische Brünnlitz gebracht. In der Fabrik wurde allerdings niemals Munition hergestellt. Diesen Menschen rettete Oskar Schindler somit das Leben.

Der Regisseur Steven Spielberg machte aus dem Stoff um die jüdischen Arbeiter des Unternehmers Oscars Schindler den berühmten Spielfilm ›Schindlers Liste‹. Die ul. Szeroka und die umliegenden Gassen dienten

Der Eingang zur früheren Emaillewarenfabrik Oskar Schindlers

ihm dabei als Kulisse für den Film, der die Grausamkeit des Holocaustes ebenso darstellt wie die Rettung derer, die auf der Schindlerliste standen.
Der überwiegende Teil des Films wurde in Krakau gedreht. Wer genau hinsieht, wird viele Häuser aus Kazimierz wieder erkennen. »Krakau hat uns seine Geschichte geschenkt, und es ließ uns auf den Seiten geöffneter Geschichtsbücher tanzen«, soll Steven Spielberg nach der Fertigstellung seines Films gesagt haben.
Das ergreifende, 1993 fertiggestellte Werk ging als eine der anspruchsvollsten Darstellungen über die Zeit des Nationalsozialismus in die Spielfilmgeschichte ein. Mit mehreren Oscars wurde die künstlerische Leistung honoriert.
Das Gebäude an der ul. Lipowa 4, in dem Oskar Schindler die Emaillewarenfabrik betrieb, ist noch heute zu sehen. Es soll in den kommenden Jahren in ein Museum zeitgenössischer Kunst umgebaut werden. Ein Teil der ehemaligen Fabrik ist indessen bereits jetzt Oskar Schindler gewidmet. So kann seit Herbst 2005 das ehemalige Büro des Firmenchefs besichtigt werden. Außerdem läuft in einem Nebenraum ein etwa zehnminütiger Film über das Krakauer Ghetto und über das Wirken Schindlers. Eintritt muß derzeit noch nicht bezahlt werden, da sich das Museum im Aufbau befindet. Ein Wachmann freut sich jedoch über eine Anerkennung.

Die Tempelsynagoge wird heute als Veranstaltungszentrum genutzt

Vom pl. Bohaterów Getta ist es wiederum nicht weit zur ul. Lipowa. Im dortigen Gebäude mit der Nummer 4 befindet sich die ehemalige Fabrik Oskar Schindlers [3], dessen Name mit dem Oscar-gekrönten-Film ›Schindlers Liste‹ große Bekanntheit erlangte. Um in die ul. Lipowa zu gelangen, folgt man am Plac Bohaterów Getta am einfachsten der ul. Kącik, die jenseits der Bahnunterführung ihren Namen in ul. Lipowa ändert.

Nach dem Abstecher auf die andere Seite der Weichsel führt der Spaziergang durch Kazimierz wieder zurück ins historische jüdische Viertel und zwar auf den links der ul. Starowiślna gelegenen Teil der ul. Miodowa. Im dortigen Gebäude mit der Nummer 24 befindet sich die von 1860 bis 1862 errichtete und erst vor wenigen Jahren aufwendig restaurierte Tempel-Synagoge. Orientalische Fresken und Stuckarbeiten im Inneren der Synagoge wirken eindrucksvoll auf Besucher ein. Die Tempel-Synagoge, die die religiöse Heimat einer liberalen jüdischen Glaubensrichtung ist, war im jüdischen Kazimierz lange umstritten. Daß man hier auf Polnisch und auf Deutsch predigte und auch andere liturgische Neuerungen einführte, konnten viele orthodoxe Juden nicht mittragen. Der große und imposante Betsaal der Tempel-Synagoge wird nach seiner Restauration auch wieder als solcher verwendet.

Von hier empfiehlt es sich, die ul. Estery einige Meter bis zum Plac Nowy zu gehen und einen Blick auf den dort in der Mitte des Platzes stehenden Rundbau zu werfen. Im 19. Jahrhundert wurde dieses auffällige Gebäude als Handelszentrum errichtet, und diese Funktion erfüllt es auch heute noch. Zwischen den beiden Weltkriegen des 20. Jahrhundert diente ein Teil des Rundbaus im jüdischen Kazimierz vorübergehend als Stelle für rituelle Tierschlachtungen.

Der Plac Nowy wird auf seiner nördlichen Seite von der ul. Warszauera begrenzt. An der Nr. 8 dieser Straße findet sich die Kupa-Synagoge. Dieser Sakralbau wurde im 17. Jahrhundert durch Geldspenden der Gemeinde errichtet. Das Gebäude ist heute nicht mehr zu besichtigen, und auch jüdische Gottesdienste finden dort nicht mehr statt.

Direkt gegenüber der Kupa-Synagoge beginnt die ul. Kupa. Folgt man ihr bis zur Kreuzung mit der ul. Izaaka, steht man vor einem weiteren jüdischen Sakralbau, der Izaak-Synagoge. Sie wurde in der ersten Häfte des 17. Jahrhunderts erbaut und Ende des 20. Jahrhunderts restauriert. Heute werden dort Filme und Ausstellungen über das verlorengegangene jüdische Leben in Krakau gezeigt.

In Richtung Weichsel führt die ul. Kupa auf die Kreuzung zur ul. Józefa. Hält man sich dort links, gelangt man mit einigen Schritten zum Haus mit der Nummer 38. In diesem nicht weit von der Alten Synagoge entfernten Gebäude befindet sich das ehemalige jüdische Gotteshaus mit dem Namen ›Hohe Synagoge‹ [4]. Den Namen erhielt es, weil sich der Betsaal im ersten Stockwerk befand. Außer einer hebräischen Tafel erinnert heute nichts mehr an die frühere religiöse Nutzung des Gebäudes.

Schreitet man die ul. Józefa bis zur ul. Bożego Ciała hinab, hat man das jüdische Kazimierz bereits verlassen und ist im christlichen Teil des Stadtteils angelangt. Auch dieser hat einige Sehenswürdigkeiten zu bieten.

Das christliche Kazimierz

Folgt man der ul. Bożego Ciała in Richtung Plac Wolnica, fällt auf der linken Seite ein eindrucksvoller christlicher Kirchbau auf, die Fronleichnamskirche (›Kościoł Bożego Ciała‹). Diese Kirche geht auf die Anfänge Kazimierz' zurück. Im Jahr 1340 begann man mit dem Bau der Kirche, und erst Anfang des 15. Jahrhunderts wurde dieser Bau beendet. Sein heutiges Aussehen erhielt das christliche Gotteshaus im 17. Jahrhundert, als man dem Kirchturm den manieristischen Helm aufsetzte. Das dreischiffige gotische Gebäude ist von einem Kloster umgeben. Im Inneren ist die Fronleichnamskirche vom Barock geprägt. Besonderes Augenmerk verdient der mit viel Gold verzierte Hauptaltar mit dem Bild ›Christi Geburt‹ des Malers Tomasz Dolabelli. Ebenso interessant ist die in Form eines Boo-

Der Turm des früheren Rathauses

Fronleichnamskirche, Detail

tes mit aufgespannten Segeln gestaltete spätbarocke Kanzel. Sie stammt aus dem 18. Jahrhundert. Im Nordschiff der Kirche befindet sich die Grabstätte des zu Lebzeiten im 15. Jahrhundert in Kazimierz sehr geachteten seligen Mönchs Stanisław Kazimierczyk.

Unweit der Bożego-Ciała-Kirche befindet sich direkt am Plac Wolnica das frühere Rathaus, das ursprünglich im Zentrum eines großen Marktplatzes der damals eigenständigen Stadt Kazimierz stand. Auch das Rathaus stammt aus der Gründungszeit des heutigen Krakauer Stadtteils. Seine gegenwärtige Form erhielt es erst in der ersten Hälfte des 16. Jahrhunderts. Heute beherbergt das Gebäude das Ethnographische Museum Krakau und damit auch die ständige Ausstellung ›Polnische Volkskultur‹. In der ul. Krakowska 46 befindet sich ein weiterer Teil des Ethnographischen Museums. Dort wird die ständige Ausstellung ›In der Dorfküche...‹ gezeigt.

Über die ul. Krakowska, die frühere Handelsstraße nach Ungarn, führt der Spaziergang durch Kazimierz schließlich in die ul. Węglowa und dann nach rechts in die ul. Augustańska. Dort befindet sich mit der Kirche św. Katarzyny ein Beispiel für die Krakauer Gotik, deren Charakteristikum der fehlende Kirchturm ist. Dadurch tritt das Hauptgebäude nach außen viel deutlicher in Erscheinung. Im 14. Jahrhundert wurde der Kirche ein Augustinerkloster angebaut. Von der ul. Augustańska führt das Eingangstor durch einen Kreuzgang in das helle Innere der Kirche św. Katarzyny. Der reichhaltig verzierte, frühbarocke Hauptaltar zieht die Blicke auf sich. Im Mittelpunkt befindet sich ein Bild aus dem 17. Jahrhundert mit dem Titel ›Die geheimnisvolle Vermählung der Heiligen Katharina‹. Die Gemälde im Presbyterium stellen Szenen aus dem Leben des Heiligen Augustin dar.

An der ul. Krakowska, nur wenige Meter südlich des plac. Wolnica, befindet sich mit der Bonifratów-Trinitatis-Kirche ein weiterer sehenswerter Sakralbau. Die in der Mitte des 18. Jahrhunderts errichtete Kirche fällt durch ihre dreistöckige Fassade auf und kann die Endstation eines Spaziergangs durch den christlichen Teil des Stadtteils Kazimierz bilden.

Nowa Huta

Etwa zehn Kilometer nordöstlich vom Krakauer Marktplatz entstand nach dem Zweiten Weltkrieg ein städtebauliches Ensemble, das als Vorzeigestadt für die ganze sozialistische Welt geplant war: Nowa Huta (›Neue Hütte‹). Heute ist diese Trabantenstadt für viele nicht mehr als ein lebendiges Museum des sozialistischen Realismus, dessen Erscheinungsbild trotz einiger Verschönerungsarbeiten an Wohnblocks in den letzten Jahren nicht zum Verweilen einlädt. Für Touristen, die Interesse an den jüngeren Architekturgeschichte haben, ist ein Besuch hingegen reizvoll.

Darüber hinaus befinden sich in Nowa Huta mit dem Museum ›Dzieje Nowej Huty‹, das wechselnde Ausstellungen zur Geschichte dieses Krakauer Stadtteils präsentiert, dem Jan-Matejko-Hof sowie dem Museum der polnischen Luftfahrt einige interessante Museen.

Die Geschichte Nowa Hutas beginnt Ende der 1940er Jahre, als die polnische Staatsführung, unterstützt von Moskau, plante, im Land eine riesige Stahlhütte zu errichten. Nach reiflicher Suche entschied man sich 1949 als Standort für dieses Stahlwerk für eine Fläche zwischen den Dörfern Pleszów und Mogiła bei Krakau. In den Köpfen der politischen Führung war die Stadt Nowa Huta geboren. 1946 hatte sich die bürgerlich geprägte Krakauer Bevölkerung in einem Referendum gegen den Kommunismus entschieden, so daß neben den zur Verfügung stehen-

Nowa Huta

den und erweiterungsfähigen Flächen auch politische Gründe für die Ansiedlung dieses Stahlwerks vor den Toren Krakaus eine Rolle spielten. Denn die marxistisch gesinnten Politiker hofften, die proletarische Industriearbeiterschaft würde ein Gegengewicht zur Krakauer Bourgeoisie setzen und damit die alte Königsstadt Krakau mit all ihren intellektuellen Zügen auf den von der Führung gewünschten politischen Kurs bringen.

Im Jahr 1954 wurde der erste Hochofen in Betrieb genommen, und anläßlich des 30. Todestags Lenins benannte man die Hütte nach dem russischen Revolutionsführer. Mit den Jahren entwickelte sich ein riesiges Stahlwerk. Etwa 35 000 Arbeiter produzierten in den 1970er Jahren jährlich etwa sieben Millionen Tonnen Stahl.

Mit dem Auf- und Ausbau des Stahlwerks entstand auch die Notwendigkeit, Wohnungen für die Beschäftigten zu errichten. Bereits 1948, also vor dem Beschluß über den Hüttenstandort, vergab das Bauministerium einen Auftrag zum Bau von Wohnungen für 70 000 Einwohner. Als man sich dann für die freie Fläche bei Krakau entschieden hatte, enteignete man kurzerhand die Grundstückseigentümer, Bauern des Dorfes Mogiła, und baute 1949 erste zweigeschossige Gebäude in der heutigen os. Wandy. 1950 entwickelte man dann einen eher auf die örtlichen Gegebenheiten zugeschnittenen Plan und baute Wohnungen für etwa 5000 Menschen.

Während die Wohnblockansiedlung in den ersten Jahren durch die halbkreisförmig angelegten Siedlungen um den geräumigen plac Centralny städtebaulich noch recht geordnet vonstatten ging, verlief die Bebauung in den Folgejahren in weniger harmonischen Bahnen. Die Wohnblocks wurden immer höher, große Blocks mit 200 und mehr Wohneinheiten wie in der os. Przy Arce am Rondo Kocmyrzowskie oder auch an vielen anderen Stellen Nowa Hutas überragten längst die zwei- und dreigeschossige Bauweise aus den Anfangsjahren. Seit den siebziger Jahren wohnen in Nowa Huta etwa 220 000 Menschen.

Daß man architektonische Sehenswürdigkeiten aus früheren Jahrhunderten in Nowa Huta fast vergebens sucht, muß angesichts der Entstehungsgeschichte der Krakauer Vorstadt nicht länger erläutert werden. Und doch lohnt sich ein Spaziergang durch die als Musterstadt der sozialistischen Welt geplanten Hochhaussiedlungen, nicht nur wenn man als aus dem Westen Deutschlands stammender Mensch diese Architektur weniger gewohnt ist. Es gibt in Nowa Huta einige historisch bedeutsame Orte, auch hier haben Menschen in den 1980er Jahren am Rad der polnischen Geschichte gedreht.

Zuerst ist das Stahlwerk zu nennen, die frühere Lenin-Hütte, die seit der Wende nach Tadeusz Sędzimir benannt ist, dem polnischen Industriellen und Erfinder von Methoden zur Verzinkung und Walzung von Blechen. Dorthin gelangt man vom plac Centralny mit den Straßenbahnen 4, 16, 17, 21 oder 22. An dem schon

Bebauung am plac Centralny

von weitem unübersehbaren Eingangstor [1], dessen Straßenbahnhaltestelle allgemein mit ›Centrum Adm. HTS‹ abgekürzt wird, empfiehlt es sich auszusteigen und ein paar Minuten vor dem imposanten Werkstor zu verweilen. ›Centrum Adm. HTS‹ heißt in der vollständigen deutschen Übersetzung ›Verwaltungszentrum der Tadeusz-Sędzimir-Hütte‹. Diese Stahlhütte hat eine ähnlich bewegte Geschichte wie die berühmte Danziger Lenin-Werft, an der Lech Wałęsa seine Karriere vom Elektriker über den Anführer der Solidarność bis hin zum polnischen Präsidenten begann. Auch das Stahlwerk in Nowa Huta war in den achtziger Jahren stummer Zeuge zahlreicher Streiks und Auseinandersetzungen. Die Solidarność von Nowa Huta war eine der stärksten im Lande.

Die Systemwende hat auch in Nowa Huta ihre wirtschaftlichen Opfer gefordert. Nach der politischen Wende kam es in der Hütte zu Massenentlassungen, die Arbeitslosigkeit ist entsprechend hoch. Der Krakauer Vorort ist auch die Heimat vieler Enttäuschter, die sich fragen, ob ihr gegenwärtiger Lebensstandard wirklich das ist, wofür sie 1989 auf der Aleja Róż in der Nähe des plac Centralny die bis dahin dort stehende Lenin-Figur gestürzt hatten.

Seit der Wende wird häufig die Frage nach der Zukunft Nowa Hutas gestellt. Der von Teilen des Krakauer Stadtrats vor Jahren einmal gemachte Vorschlag, Nowa Huta wegen der besonderen Geschichte des Stadtteils und wegen der Gegensätze zum alten Krakau auf die UNESCO-Liste des Weltkulturerbes zu setzen, ist bislang nicht von Erfolg gekrönt worden.

Die Kirche Arka Pana

Neben dem plac Centralny mit seiner halbkreisförmig angelegten Bebauung und der Tadeusz-Sędzimir-Hütte ist die Kirche ›Arka Pana‹ (›Arche des Herrn‹) im Bezirk Bieńczyce sehenswert. Sie befindet sich an der nach der Kirche benannten Siedlung os. Przy Arce (›Siedlung an der Arche‹). Erst in den 1970er Jahren wurde dieses Gebäude errichtet. Und doch hat der moderne Sakralbau einen sicheren Platz in den Geschichtsbüchern Krakaus. Die Arka Pana war die erste in der

Der Bau der Kirche ›Arche des Herrn‹ wurde den kommunistischen Machthabern abgetrotzt

sozialistischen Vorzeigestadt Nowa Huta erbaute Kirche, und der Grundsteinlegung gingen harte Auseinandersetzungen mit der Stadtführung voraus. In der zu Stalins Zeiten angelegten Musterstadt konnte eine Kirche, die doch nach der kommunistischen Ideologie nichts mehr als ›Opium für das Volk‹ war, keinen Platz haben. Doch die Arbeiterschaft Nowa Hutas entsprach nicht den Erwartungen der Staatsführung, ein Gegengewicht zur ›Krakauer Bourgeoisie‹ zu bilden. Die Bevölkerung setzte den Bau dieser Kirche durch, und so wurde die Arka Pana zu

Lokal in der Altstadt
Veteranen beim Pfingstumzug; Frauen in traditioneller Tracht

lacheckie Jadło
Szlacheckie
Jadło
Restauracja

ZWIĄZEK
1945

einem Symbol für den Widerstand gegen das frühere System - nicht nur für die Einwohner Nowa Hutas, sondern auch für Krakau.

Die Arka Pana überrascht mit einer für Westeuropäer völlig unbekannten Kirchenarchitektur in Form eines Schiffes, die sich an die Plattenbauweise der Hochhaussiedlungen der Umgebung anpaßt. Zu der aufwendigen Verzierung der Außenfassade sollen etwa zwei Millionen Gebirgsflußkiesel verwendet worden sein. Das moderne Innere des Gotteshauses hebt sich deutlich von den alten Krakauer Kirchen ab. Neben der Kirche erinnert ein großes Kreuz an einen jungen Hüttenarbeiter, der 1983 vom staatlichen Sicherheitsdienst in Folge von Demonstrationen, die an dieser Stelle stattfanden, erschossen wurde.

Kloster in Mogiła

So sehr Nowa Huta auch durch die Plattenbauweise geprägt ist: Es gibt mit dem Kloster in Mogiła auch ein Zeugnis der vergangenen Jahrhunderte. Geht man vom plac Centralny nach Osten die aleja Jana Pawła II. entlang, gelangt man zu dieser Zisterzienserabtei, wenn man hinter der os. Młodości (Siedlung der Jugend) nach rechts in die ul. Klasztorna, die Klosterstraße, abbiegt.

Im Zentrum dieses Gebäudekomplexes steht die Zisterzienserkirche. Ihre Ursprünge gehen zwar bis in das 13. Jahrhundert zurück, doch haben zahlreiche Veränderungen auch deutliche barocke Spuren hinterlassen. Ebenso sind spätgotische Elemente an der Außenseite des Presbyteriums sowie am östlichen Seitenschiff zu sehen.

Im Inneren der geräumigen dreischiffigen Kirche, die mit dem großen Presbyterium als Kreuzbau angelegt wurde, fallen Besuchern sofort die bunten Fenster, der spätgotische Hauptaltar und die mit Fresken bemalten Wände auf. Zisterziensermönche haben die zum Teil aus dem 16. Jahrhundert stammenden Fresken geschaffen. Besonderes Augenmerk verdient auch das rechts des Eingangs befindliche Kruzifix aus dem 15. Jahrhundert, dem wundersame Eigenschaften zugeschrieben wurden. Dem Christus sollen Haare gewachsen und seinem Mund Worte entsprungen sein.

Gegenüber dem Ausgang des Klosterkomplexes ist eine nach dem Heiligen Bartholomäus benannte, kleine dreischiffige Holzkirche beachtenswert. Am Eingang der im 15. Jahrhundert errichteten Kirche św. Bartłomieja befinden sich ein gotisches Eichenportal und Rokokomalereien aus dem 18. Jahrhundert.

Osterfeierlichkeiten am Rynek Główny; Musiker vor den Tuchhallen
Die Tuchhallen am Rynek; Im Arkadenhof des Collegium Maius

Weitere Touren im Stadtgebiet

Krakau hat auch außerhalb des Zentrums einige Sehenswürdigkeiten zu bieten. Dazu zählen vor allem die Parks, der Zoo und der Botanische Garten, die künstlichen Hügel und einige Klosteranlagen. Diese Ausflugsziele sind mit öffentlichen Verkehrsmitteln gut zu erreichen, zu einigen führen Strecken, die sich besonders für eine Fahrradtour anbieten.

Krakauer Parks

Neben den architektonischen Sehenswürdigkeiten verfügt Krakau auch über einige Parks. Hier bieten sich Möglichkeiten zum Ausruhen oder zur sportlichen Betätigung, viele der Anlagen sind darüber hinaus allein wegen ihrer schönen Gestaltung einen Besuch wert und daher im Rang von Sehenswürdigkeiten.

Die wohl bekannteste Parkanlage sind die sogenannten Planty. Dieser den gesamten Altstadtkern umziehende Grüngürtel bietet sowohl Krakautouristen als auch Einheimischen zu allen Jahreszeiten, insbesondere aber im Frühling und im Sommer, Raum für einige ruhige Minuten. Als in der ersten Hälfte des 19. Jahrhunderts die Stadtmauern um die Altstadt nahezu komplett abgetragen wurden, legte man auf dem Grund der früheren Verteidigungsmauern den überwiegend mit Laubbäumen und zum Teil auch mit Blumenbeeten bepflanzten Park an. Zahlreiche Zugänge zur Altstadt erlauben jederzeit eine Rückkehr von den Planty zum historischen Kern. Ein Spaziergang durch die gesamte Parkanlage und damit einmal um die gesamte Altstadt herum dauert etwa eine Dreiviertelstunde.

Ein weiterer Krakauer Park ist der Park im. Henryka Jordana. Professor Jordan hatte im 19. Jahrhundert die Absicht, einen Raum zur Freizeitgestaltung für Kinder und Jugendliche zu schaffen. So können auch heute noch Jugendliche in dem neben dem Stadion des Krakauer Fußballvereins und mehrfachen polnischen Meisters Wisła Krakau gelegenen Park Henryka Jordana dem runden Leder hinterherjagen oder Skateboard fahren. Auch Spaziergänger kommen auf dem Gelände auf ihre Kosten. Ein Denkmal erinnert im Park an den Urheber der Anlage. Der Jordan-Park befindet sich an der ul. 3. Maja und ist vom Zentrum mit den Straßenbahnen 15 und 18 zu erreichen.

Gegenüber des Parks im. Henryka Jordana befinden sich die Błonia-Wiesen, eine weitgehend nur mit Gras bewachsene freie Fläche von über 40 Hektar. Die Wiesen werden regelmäßig für große Festlichkeiten genutzt. Die unbestritten größte Besucherzahl registrierte das Gelände an der ul. 3. Maja bei den Besuchen Papst Johannes Pauls II. in Krakau. Bei seinem letzten Aufenthalt in Polen im

Sommer 2002 zog der Papst etwa zwei Millionen Gläubige zu einem Gottesdienst auf die Błonia-Wiesen.

Südlich des jüdischen Stadtviertels Kazimierz, auf der anderen Seite der Weichsel und nicht weit vom Krak-Hügel entfernt, befindet sich mit dem Park Bednarskiego eine weitere, wenn auch kleinere Grünanlage. Dorthin gelangt man mit den Straßenbahnen 6, 8, 10 und 23. Der Park Krakowski an der Ecke der al. Mickiewicza zur ul. Czarnowiejska ist einer der traditionsreichsten Krakauer Parks, 1885 wurde er in Anlehnung an Grünanlagen in der Wiener Innenstadt mit Café und Sommertheater angelegt. Von dieser alten Atmosphäre ist nach Veränderungen im vergangenen Jahrhundert nicht mehr viel übrig. Gelegenheit zum Spazierengehen bietet der Park Krakowski hingegen noch heute. Mit den Bussen 103, 114, 173 und 179 ist die Anlage zu erreichen (ab Haltestelle Hotel Cracovia an der al. Marsz. F. Focha).

Während die meisten Krakauer Parks mit heimischen Gewächsen bepflanzt sind, gibt der recht überschaubare, aber sehr schön gestaltete Botanische Garten (›Ogród Botaniczny‹) auch die Gelegenheit zum Spaziergang durch Anlagen mit exotischen Anpflanzungen. Der Botanische Garten befindet sich in der Nähe des mit den Straßenbahnen 4, 5, 9, 10, 14 und 15 zu erreichenden Rondo Mogilskie.

Exotische Spezies sind auch an anderer Stelle zu bewundern, nämlich im Krakauer Zoo. Der Zoologische Garten wurde im Las Wolski (›Wolskiwald‹) in der Nähe des Piłsudski-Hügels angelegt, einem der vier künstlich aufgeschütteten Krakauer Hügel. Auch das Kloster der Kamaldulenser ist nicht weit vom Zoo entfernt. Der Tierpark ist mit dem Linienbus 134 zu erreichen (ab Haltestelle Hotel Cracovia an der al. Marsz. F. Focha).

Im Jordan-Park

Die vier Krakauer Hügel

Um Krakau herum befinden sich vier von Menschenhand aufgeschüttete Hügel: der nach der legendenumwobenen Königin Wanda benannte Kopiec Wandy in Nowa Huta, der nach dem ebenfalls nur aus Legenden bekannten König Krak benannte Kopiec Krakusa im Ortsteil Podgórze, der Kopiec Kościuszki im Stadtteil Zwierzyniec sowie der Kopiec Piłsudskiego im Wolskiwald. Die ältesten unter ihnen sind der Wanda- und der Krakhügel. Bis heute ist nicht geklärt, wer diese beiden Hügel geschaffen hat und warum sie errichtet wurden. Untersuchungen haben ergeben, daß der Krakhügel spätestens im 7. Jahrhundert unserer Zeitrechnung aufgeschüttet wurde. Eine heidnische Eiche, die vermutlich auf der Spitze des Hügels gestanden hat, wurde bei der Christianisierung des Gebietes um Krakau im 10. Jahrhundert vernichtet.

In der Umgebung des Wandahügels hat man bei archäologischen Ausgrabungen verschiedene interessante Gegenstände gefunden. Heute vermutet man, daß der Hügel von keltischen Stämmen errichtet wurde. Die Verbindungslinie vom Wandahügel zum Krakhügel soll zugleich die Linie des Sonnenaufgangs am 1. Mai bestimmen. Der 1. Mai, der Beltain, war bei den Kelten der Feiertag zum Beginn der hellen Jahreszeit.

Der Kościuszkohügel, der in den Jahren 1820 bis 1823 aufgeschüttet wurde, ist sicher der bekannteste der vier mythischen Krakauer Hügel. Er wurde zu Ehren des polnischen Nationalhelden Tadeusz Kościuszko errichtet, der Ende des 18. Jahrhunderts den Kampf gegen die Besatzer Polens angeführt hatte. Heute

Blick über die Błonia-Wiese auf den Kościuszkihügel

ist der Kopiec Kościuszko ein beliebtes Ausflugsziel. Von hier aus hat man einen schönen Überblick über Krakau. Man erreicht diesen Ort mit dem Bus Nr. 100. Er hält beispielsweise an der Most Grunwaldzki.

Der 1937 aufgeschüttete Piłsudskihügel im Wolskiwald ist der jüngste und auch der größte der vier Hügel. Er geht auf Marschall Józef Piłsudski zurück, der im Ersten Weltkrieg für die Unabhängigkeit Polens kämpfte. Den Wolskiwald und damit auch den Piłsudskihügel erreicht man, indem man mit dem Bus 134 vom Hotel Cracovia an der al. Marsz. F. Focha bis zur Endstation am Zoo fährt und dann noch einige hundert Meter durch den Wald zu dem Berg aufsteigt, auf dem sich der Hügel befindet.

Der Wandahügel in der Nähe des Stahlwerks in Nowa Huta ist mit den Straßenbahnen 15, 20 und 21 zu erreichen. Der Krakushügel befindet sich nicht weit von der nach Wieliczka führenden ul. Wielicka. Die Straßenbahnen 3, 6, 9, 13, 23 und 24 führen dorthin (Haltestelle Cmentarz Podgórski).

Das Kamaldulenserkloster im Wolski-Wald

Von der Endstation des Linienbusses 134 am Zoologischen Garten ist es nicht weit bis zum Kamaldulenserkloster im Wolski Wald (Las Wolski). Das mächtige Gebäude aus dem 17. Jahrhundert steht auf einem Berg und verschafft den von Westen kommenden Autofahrern auf der Autobahn A4 einen ersten Eindruck von den Schönheiten Kleinpolens.

Mönche im Kamaldulenserkloster

Die Kamaldulenser sind eine Anfang des 11. Jahrhunderts vom Heiligen Romuald gegründete Ordensgemeinschaft, die die Benediktinerregel und das Einsiedlerleben verbindet. Die im Wolskiwald bei Krakau lebenden Mönche bieten der Gegenwart auf geheimnisvolle Weise die Stirn. Einsamkeit, Schweigen und Gastfreundschaft sind ihre Maximen. Nicht zum Orden gehörende Männer dürfen die Kirche und das Kloster immer besuchen, Frauen hingegen sind nur an den zwölf höchsten kirchlichen Feiertagen im Jahr willkommen und dürfen dann auch nur die Kirche betreten. Das Kloster bleibt für sie unzugänglich. Neben der Linie 134 gelangt man auch mit den Bussen 109, 209, 239, 249 und 269 an den Fuß des Berges, auf dem sich das geheimnisvolle Kloster befindet. Doch steigt man dann nicht am Zoo aus, sondern auf der anderen Seite des Waldes.

Die Benediktinerabtei in Tyniec

Etwa 15 Kilometer von der Krakauer Altstadt in Richtung Südwesten ist die Benediktinerabtei in Tyniec entfernt. Benediktinermönche aus dem Rheinland kamen im 11. Jahrhundert auf Bitten Königs Kazimierz Odnowiciel (des Erneuerers) nach Krakau und errichteten die Anlage; der Krakauer Bischof Aaron wurde zu ihrem Abt. In dieser Zeit erfüllte die Benediktinerabtei einerseits eine kulturelle Aufgabe, andererseits diente sie aber auch als Festung. Die letztgenannte Funktion hatte das mächtig-imposante Gebäude noch bis ins 18. Jahrhundert inne, doch dann wurde der Festungsteil der Anlage von der russischen Armee zerstört. 1817 löste sich der Orden auf, und die Benediktiner verließen Tyniec. Erst 1939 kehrten wieder Benediktinermönche nach Tyniec zurück, und seit 1969 fungiert das Gebäude wieder als Abtei.

Die Peter-und-Paul-Kirche

Das ursprünglich im romanischen Stil erbaute Kloster erhielt nach zahlreichen baulichen Veränderungen sein gegenwärtiges Äußeres im Barock. Heute ist die Anlage die prunkvollste Benediktinerabtei Polens. Zu dem Klosterkomplex gehört auch eine nach den Heiligen Peter und Paul benannte

Kirche. Unter dem Altarraum dieser Peter-und-Paul-Kirche befinden sich noch Reste des ursprünglichen Sakralbaus aus dem 11. Jahrhundert. Während die Kirche Besuchern offen steht, können die romanischen Fundamente leider nicht besichtigt werden.

Ebenfalls unter dem Altarraum der zum Kloster Tyniec gehörenden Peter-und-Paul-Kirche fand man in den 1960er Jahren die Gräber von sieben Äbten, die zwischen dem 11. und dem 13. Jahrhundert in ihrem Kloster begraben wurden. In einem der sieben Gräber befand sich ein aus purem Gold gefertigten Reisekelch aus der Gründungszeit der Abtei. Der Kelch aus dem 11. Jahrhundert ist das zweite aus dieser Epoche stammende rituelle Behältnis seiner Art, das auf der Welt gefunden wurde.

Ein interessantes Ritual sind die täglich um 15 Uhr im Kloster mit lateinischen Texten gesungenen Vespern, zu denen Besucher immer willkommen sind. Beeindruckend ist an sonnigen Sommertagen auch das Phänomen des leuchtenden Kirchenfensters hinter dem Hauptaltar in der Klosterkirche. Während des allmorgendlichen 6-Uhr-Gebets scheint die Sonne dann genau an der Stelle in das Gotteshaus hinein, an der das Kirchenfenster mit ihrem Abbild versehen wurde. Das so von der Sonne erleuchtete Kirchenfenster läßt Christus als Sonne des Universums erscheinen.

Die Abtei erreicht man mit dem Bus 112, der an der Most Grunwaldzki startet.

Mit dem Fahrrad vom Wawel zum Kościuszko- und zum Piłsudskihügel

Neben Stadtspaziergängen bietet Krakau auch die Gelegenheit zu Ausflügen mit dem Fahrrad. Auch wenn das Radwegenetz in und um Krakau noch ausbaufähig ist, so sind doch herrliche Radtouren in die Gebiete abseits der Innenstadt möglich. Eine empfehlenswerte Route beginnt am Wawelschloß und führt über den Kościuszko- und den Piłsudskihügel durch den Las Wolski (Wolskiwald) am Kamaldulenserkloster vorbei. Diese mit etwa 20 Kilometern nicht zu lange Strecke sollte, weil sie über Waldpfade führt, mit dem Mountainbike zurückgelegt werden.

Ausgangspunkt für den Ausflug über den Kościuszkohügel in den Las Wolski ist der Aufgang zum Wawel an der ul. Podzamcze. Von dort aus geht es stadtauswärts nach Westen über die ul. Powiśle zur ul. Zwierzyniecka bis zur Ampelkreuzung, an der sich rechts das wegen der Betonbauweise unübersehbare, aus der Zeit der Volksrepublik Polen stammende Kaufhaus Jubilat befindet. Über die Kreuzung geradeaus hinweg führt die Tour auf die parallel zur Weichsel verlaufende ul. Kościuszki. Zwar herrscht auf dieser Straße wochentags reger Verkehr, doch verläßt man die Innenstadt allmählich, indem man die ul. Kościuszki weiterradelt. Alternativ kann die Strecke vom Wawel auch auf der parallel zur Straße verlaufenden Weichselpromenade zurückgelegt werden.

An der Straßenbahnendstation Salwator, wo die Schienen rechts der Straße eine Schleife machen und auf der linken Seite der ul. Kościuszki ein Norbertinenkloster (›Klasztor Norbertanek‹) liegt, führt die Tour rechts ab in die kurze ul. św. Bronisławy und dann auf die autofreie al. Waszyngtona. Nun befindet man sich bereits auf der zunächst am Friedhof des Krakauer Ortsteils Salwator vorbei und dann zum Kościuszko-Hügel führenden Straße. Am Hügel angekommen, ist ein Aufstieg auf den 34 Meter hohen, im 19. Jahrhundert zu Ehren des polnischen Widerstandskämpfers Tadeusz Kościuszko künstlich aufgeschütteten Berg empfehlenswert. Die um den Hügel herum errichteten Festungsmauern gehen auf eine österreichische Initiative aus dem Jahr 1856 zurück, nachdem der Hügel bereits aufgeschüttet war. Am Fuße des von Menschenhand errichteten Bergs befindet sich heute das Hotel ›Pod Kopcem‹ (›Zum Hügel‹).

Von dieser Erhebung aus führt die Route wieder auf die al. Waszyngtona. Doch geht es nicht zurück in Richtung Innenstadt, sondern weiter stadtauswärts in Richtung Las Wolski. Nach einiger Zeit wird die al. Waszyngtona von der für Autos befahrbaren ul. Starowolska gekreuzt. Jenseits dieser Kreuzung ist man in den Las Wolski angelangt.

Ein Hinweisschild mit einer Karte bietet Wanderern am Eingang des Waldes Orientierung. Die Fahrradtour ist auf diesem Abschnitt durch den Wald mit

Unterhalb des Piłsudskihügels

Auch mit der Straßenbahn läßt sich Krakau gut erkunden

Zeichen mit blauen Radfahrern auf einem weißen Quadrat gekennzeichnet. Nun führt der Pfad zum Krakauer Zoologischen Garten. Nach einer eventuellen Zoobesichtigung geht es über die al. Do Kopca (›Allee zum Hügel‹) zum Kopiec Piłsudskiego. Dieser jüngste der vier künstlich aufgeschütteten Krakauer Hügel wurde 1937 zu Ehren des Marschalls Józef Piłsudski errichtet und ist 38 Meter hoch. Auf den Gipfel führt ein auch mit Mountainbikes - bei entsprechender Rücksichtnahme auf Fußgänger - befahrbarer, gepflasterter Weg.

Vom Piłsudskihügel gelangt man über die al. Do Kopca wieder auf die al. Wędrowników. Von diesem Weg geht es nach einigen hundert Metern über die kurze ul. Konarowa zum Kamaldulenserkloster im Las Wolski. Das Gelände ist für Besucher zugänglich, der Gebäudekomplex aus dem 17. Jahrhundert einen Blick wert. Die Mönche führen ein vielen Besuchern seltsam anmutendes Einsiedlerleben. Zu beachten ist, daß Frauen zwar die angeschlossene Kirche, nicht aber das Kloster betreten dürfen - und das auch nur an zwölf bestimmten Feiertagen.

Nach einem Abstecher zum Kloster führt die Route wieder zurück auf die al. Wędrowników. An der Stelle, an der dieser Weg auf die ul. Księcia Józefa stößt, biegt man links ab, um zum Stadtzentrum zurückzugelangen. Nach einigen Kilometern auf dieser streckenweise stark von Kraftfahrzeugen frequentierten Straße kommt man schließlich wieder zur Straßenbahnschleife in Salwator und zu dem gegenüber stehenden Norbertinenkloster und von dort über die ul. Kościuszki wieder zum Ausgangspunkt am Wawel zurück.

»Nirgends lebt man
so sehr von der
Einbildungskraft und
so wenig in der
Realität wie in Krakau«

Tadeusz Boy-Żeleński
(1874–1941)

Unterkunft, Gastronomie und Kultur in Krakau

Informationen

Landes-Vorwahl: 0048/(0)12.
Die Postleitzahlen variieren von Bezirk zu Bezirk.

Touristeninformationszentrum Małopolska (Kleinpolen)
Rynek Główny 1/3 (Tuchhallen), 31-042 Kraków, Tel. 421 77 06, www.mcit.pl; Mo–Fr 9–18, Sa/So 9–14 Uhr.

Städtische Touristeninformation Krakau
Ul. Szpitalna 25, 31-005 Kraków, Tel. 432 01 10, www.krakow.pl; Mai–Okt. Mo–Fr 10–18, Sa 10–16 Uhr, Nov.–März Mo–Fr 8–16 Uhr, Sa/So geschlossen.

Der Pavillon der Tourismusinformation in der Nähe des Florianstores

Weitere Büros befinden sich in der ul. Józefa (Tel. 422 04 71) und im Flughafengebäude.

Kultur- und Informationszentrum
Ul. św. Jana 2, 31-018 Kraków, Tel. 421 77 87, www.karnet.krakow.pl; Mo–Fr 10–18, Sa 10–16 Uhr.

Goethe-Institut Krakau
Rynek Główny 20, Tel. 422 58 29, Öffnungszeiten der Bibliothek: Mo u. Mi 12–16, Di u. Fr 14–18 Uhr. Gelegentlich finden im Goethe-Institut Sonderveranstaltungen wie Lesungen und Diskussionsabende statt.

Post, Banken, Wechselstuben

Die Hauptpost in Krakau befindet sich an der Ecke ul. Starowiślna/ul. Westerplatte. Die ul. Sienna führt vom Marktplatz direkt zum Hauptpostgebäude. Die Briefkästen sind rot.
Im Flughafen und in der Krakauer Innenstadt gibt es zahlreiche Wechselstuben. Fast alle arbeiten seriös. Uneingeschränkt gute Erfahrungen haben die Autoren bisher in den Wechselstuben in der ul. Floriańska in den Häusern Nr. 27, Nr. 34 und Nr. 37 gemacht.
Ebenso sind in der Innenstadt zahlreiche Geldautomaten zu finden, die Kredit- und ec-Karten akzeptieren. Ein vollständiges Verzeichnis der Bankautomaten findet sich unter www.krakow.pl.

Internetcafés

Im Zentrum finden sich zahlreiche Internetcafés, die an der entsprechenden Beschriftung einfach auszumachen sind. Sie bieten durchweg sehr ähnliche Konditionen. Das Internetcafé am Rynek 9 und das ›New York‹ in der ul. Sienna haben rund um die Uhr geöffnet.

Unterwegs in Krakau

Mit dem Auto

In der Krakauer Altstadt sind verschiedene Parkplatzzonen – A, B und C – ausgewiesen. Die Parkplatzzonen A und B dürfen nur von Einwohnern der Stadt und Besitzern von speziellen Genehmigungen in Anspruch genommen werden. Parkscheine für die Zone C bekommt man an jedem Kiosk.

Alle großen und international bekannten Autoverleiher sind auch in Krakau vertreten, hinzu kommen lokale Anbieter.

Bereits in Deutschland kann man häufig die gewünschten Leih-wagen mieten und dann am Flughafen abholen. Dort haben Hertz, AVIS, Budget, Europcar und National Car Rental Büros eingerichtet. Weitere Adressen im Zentrum:

AVIS, ul. Lubicz 23, Tel. 6296108.

National Car Rental, ul. Głowackiego 22, Tel. 6367179.

Hertz, al. Focha 1, Tel. 4296262.

Global Poland, ul. Wadowicka 3/230, Tel. 2591590.

Mit der Bahn

Der Krakauer Hauptbahnhof befindet sich nur wenige Meter nordöstlich der Altstadt und liegt damit sehr zentral. Das Umfeld des Hauptbahnhofs wird derzeit grundlegend umgestaltet.

Wo früher Holzbuden und heruntergekommene Geschäftsgebäude standen, entsteht derzeit ein attraktives Einkaufszentrum, die ›Galeria Krakowska‹. Fertigstellung soll im Herbst 2006 sein. Es gibt zahlreiche Verbindungen in alle Landesteile. Infomationen auf der Internetseite der polnischen Staatsbahn: www.pkp.pl (auch in englischer Sprache). Unter www.bahn.de sind die aktuellen Verbindungen ebenso zu ermitteln. Info-Telefon der PKP: 9436.

Mit Bus und Straßenbahn

Krakau verfügt über ein dichtes und durch Linienbusse ergänztes Straßenbahnnetz. Im Abstand von nur wenigen Minuten gelangt man tagsüber vom Zentrum in die Außenbezirke. Abends fahren die Straßenbahnen nicht mehr ganz so häufig, und nachts werden sie durch Nachtbuslinien zum doppelten Fahrpreis ersetzt.

Einzelfahrscheine erhält man in Zeitungskiosken, überwiegend mit der Aufschrift ›Ruch‹. Wochentickets erhält man in den Fahrkartenhäuschen an den Straßenbahnhaltestellen ›Dworzec Główny‹ (Hauptbahnhof). Auch die Straßenbahnführer und Busfahrer verkaufen Einzelfahrscheine in ihren Fahrzeugen, allerdings gegen

Krakau verfügt über ein gut ausgebautes Straßenbahnnetz

einen geringen Aufpreis.
Aufgrund der Dichte des Netzes der öffentlichen Verkehrmittel kann Krakautouristen nur empfohlen werden, zumindest in der Stadt das Auto stehen zu lassen.
Verschiedene Fahrkartenarten werden in Krakau angeboten. Neben dem Einmal-Fahrschein (Preis 2,50 zł, für Gepäck ab einer bestimmten Größe muß zusätzlich ein Fahrschein gelöst werden, Umsteigen ist nicht erlaubt), sind unter anderem 60-Minuten Karten zum Preis von 3,10 zł (Umsteigen ist erlaubt, für Gepäck muß nicht nachgelöst werden, der Fahrschein gilt nicht nachts), 24-Stunden-Fahrscheine zum Preis von 10,40 zł (Umsteigen ist erlaubt, für Gepäck muß nicht nachgelöst werden, Fahren auch mit Nachtbussen erlaubt) und 72-Stunden-Fahrscheine zum Preis von 25 zł (kein Aufpreis für Gepäck, Fahrschein gilt Tag und Nacht) zu erwerben.
Die Informationsstelle des Krakauer Städtischen Nahverkehrsunternehmens MPK S.A. ist telefonisch unter der Nummer 254 10 00 zu erreichen.

■ Mit dem Fahrrad

Für Erkundungen mit dem Fahrrad bieten sich eher die Sehenswürdigkeiten am Stadtrand und in der Umgebung als das Zentrum an.

Fahrradverleih:
Anna Ciążyńska
Ul. Dietla 77, Tel. 422 04 25.

Dwa koła
Ul. Józefa 5, Tel. 421 57 85.

Reisebüro ›Jordan‹
Ul. Długa 9, Tel. 421 21 25.

Rent a bike
Ul. św. Anny 4, Tel. 501 74 59 86.

■ Stadtführungen

Seit 1997 dürfen nur noch geprüfte Stadtführer Rundgänge anbieten. Angebote und Vermittlung über:

Verband der zugelassenen Stadtführer in Krakau
Ul. Floriańska 19/6a, Tel. 422 28 51.

Biuro Przewodnickie
Wawel 5, Tel. 422 09 04, 429 33 36.

Klub der Reise- und Bergführer PTTK
Ul. Westerplatte 5, Tel. 422 26 76, Fax 422 37 23.

Verband der Stadtführer ›Renesans‹
Ul. Zacisze 12/4b, Tel. 430 04 37.

Verband der Stadtführer ›Krąg‹
Ul. Rabina Meiselsa 18, Tel. 430 65 60.

Rundfahrten:
Der Warteplatz für die Fiaker befindet sich an der Nordwestseite des Rynek, an der Ecke zur ul. Sławkowska.
Die Warteplätze der kleinen Elektrofahrzeuge, deren Fahrer ebenfalls Stadtfahrten anbieten, sind: ul. Pijarska, ul. Szewska, ul. Mikołajska, ul. Szeroka und pl. Wolnica (Kazimierz).
Die Anlegestelle für die Ausflugsschiffe befindet sich am bul. Czerwiński, unterhalb der most Grunwaldzki. Von dort werden regelmäßig Fahrten zum Kloster Norbertanek und nach Tyniec angeboten; Tel. 422 08 55.

Auch mit dem Fiaker läßt sich Krakau erkunden

Übernachtungsmöglichkeiten

Übernachtungen in Krakau sind deutlich teurer als in den vielen kleinen Städten Kleinpolens, das Preisniveau entspricht dem deutscher Städte vergleichbarer Größe. Nicht immer geht mit dem höheren Preis auch ein besserer Standard einher. Gleichwohl geht an einer Unterkunft in Krakau kein Weg vorbei, wenn man das Flair der Stadt nicht nur in Ansätzen genießen möchte. Wer preisgünstige Alternativen sucht, findet unter www.hostels.pl aktuelle Angaben zu Hostels in Krakau.
Zur Einteilung in Preisklassen s. S. 10.
Informationen zu vielen Hotels und Möglichkeit zur Buchung auch unter www.krakow.pl.

■ Einige Hotelempfehlungen:

Hotel ›Sheraton‹
Ul. Powiśle 7, 31-101 Kraków, Tel. 662 10 00, www.sheraton.com.pl/krakow/pl/hotel.php, Preisklasse 3, DZ ab 155 Euro. Luxushotel in bester Lage und unmittelbarer Nähe zum Wawelschloß; in diesem Fünf-Sterne-Hotel bleibt kein Wunsch offen [1].

›Novotel Kraków Centrum‹
Ul. Tadeusza Kościuszki 5, 30-105 Kraków, Tel. 299 29 00, www.novotel.com, Preisklasse 3. Vier-Sterne-Haus, zentral zwischen Weichsel und Kościuszko-Hügel gelegen, sympatisch eingerichtete Zimmer mit gutem Service und gutem Restaurant [2].

Hotel ›Copernicus‹
Ul. Kanonicza 16, 31-002 Kraków, Tel. 424 34 00, www.hotel.com.pl, Preisklasse 3, DZ etwa 200 Euro. Exklusives Vier-Sterne-Hotel im Zentrum Krakaus. Den Betreibern ist der Spagat zwischen einer modernen Ausstattung und den historischen Gemäuern sehr gelungen. Behindertengerecht eingerichtet, Freizeiteinrichtungen wie Sauna, Schwimmbad und Kraftraum, bewachter Parkplatz [3].

Hotel ›Campanile‹
Ul. św. Tomasza 34, 31-023 Kraków, Tel. 424 26 00, www.campanile.com, Preisklasse 3. Sehr zentral an den Planty gelegenes Drei-Sterne-Haus [4].

Hotel ›Pod Różą‹
Ul. Floriańska 14, 31-021 Kraków, Tel. 422 12 44, www.hotel.com.pl, Preisklasse 3. Ältestes Hotel der Stadt, im Herzen der historischen Altstadt gelegen. Seit über 200 Jahren werden in dem vor einigen Jahren umfassend renovierten Drei-Sterne-Haus Unterkünfte angeboten. Unter anderem hat der Komponist Franz Liszt bei einem Aufenthalt in Krakau hier übernachtet [5].

Hotel ›Francuski‹
Ul. Pijarska 13, 30-015 Kraków, Tel. 422 51 22, www.orbis.pl, Preisklasse 3. Traditionsreiches Haus, gehobener Standard, in der Altstadt. Das 1912 eröffnete Drei-Sterne-Hotel

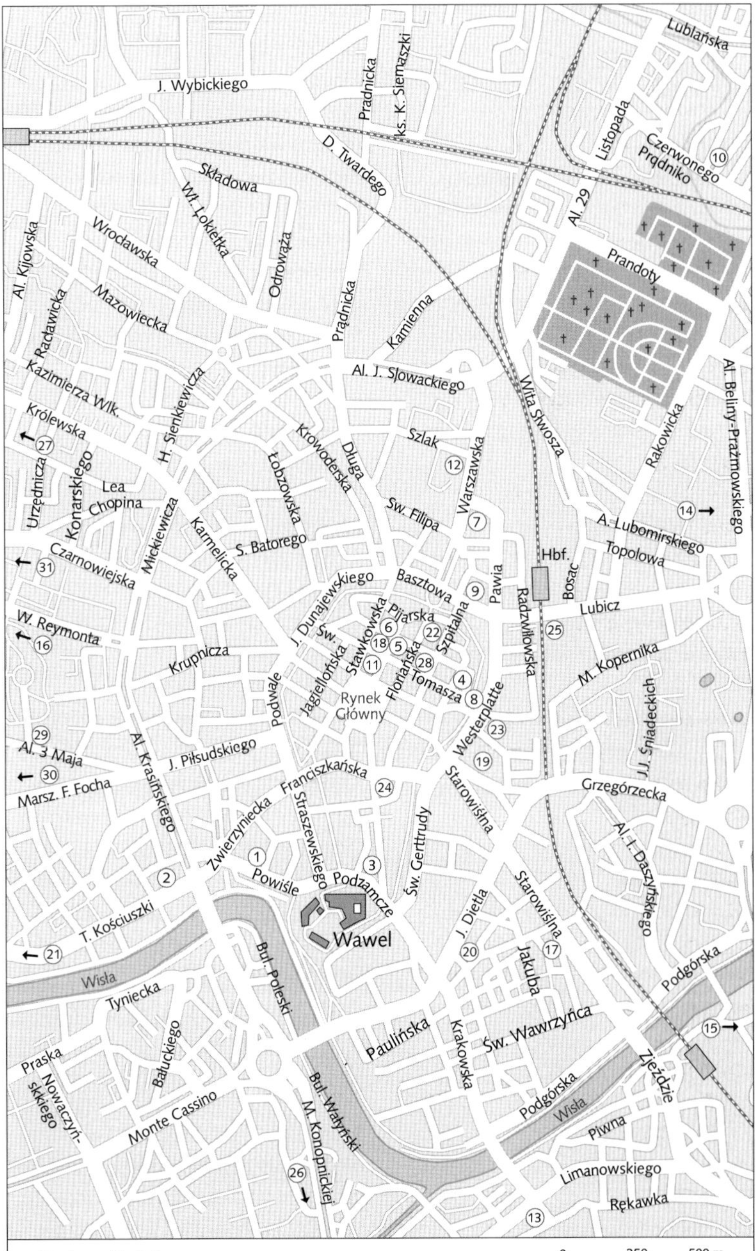

Krakau Hotels

ist elegant eingerichtet und verfügt über ein für seine polnisch-französische Küche bekanntes Restaurant [6].

Hotel ›Matejko‹
Pl. Matejki 8, 31-157 Kraków, Tel. 422 27 37, www.matejkohotel.pl, Preisklasse 3, DZ 100 Euro. Das nach dem Krakauer Maler Jan Matejko benannte Drei-Sterne-Hotel ist nur etwa 200 Meter von der Altstadt entfernt und verfügt über 110 Betten in Zimmern mit Bad/WC, Sat-TV, Telefon und Internetzugang; Restaurant [7].

Hotel ›Wit Stwosz‹
Ul. Mikołajska 28, 31-027 Kraków, Tel. 429 60 26, www.wit-stwosz.com.pl, Preisklasse 3. Nicht weit vom Rynek entfernt befindet sich in einem Altbau das etwas neuere Drei-Sterne-Hotel Wit Stwosz. Insbesondere der im Keller gelegene Speisesaal des Gebäudes aus dem 16. Jahrhundert ist sehr gemütlich [8].

Hotel ›Polonia‹
Ul. Basztowa 25, 31-156 Kraków, Tel. 422 12 33, www.hotel-polonia.com.pl, Preisklasse 2. Direkt am Bahnhof und nur wenige Schritte vom Florianstor, gut eingerichtetes und etwas preiswerteres Drei-Sterne-Hotel. Alle Doppelzimmer mit Du/WC und TV, Restaurant [9].

Hotel ›Florian‹
Ul. Czerwonego Prądnika 19, 31-436 Kraków, Tel. 413 37 37, www.hotel-florian.pl, Preisklasse 2. Gepflegtes kleines Drei-Sterne-Hotel etwas außerhalb des Stadtzentrums nordöstlich des Hauptbahnhofs, mit den Buslinien 129 (fährt unter anderem zum Hauptbahnhof), 159 und 602 gut an das öffentliche Verkehrsnetz gut angeschlossen. Alle Zimmer mit Du/WC und Sat-TV. Die Lage außerhalb der Altstadt führt zu einem guten Preis-Leistungs-Verhältnis [10].

Hotel ›Saski‹
Ul. Sławkowska 3, 31-014 Kraków, Tel. 421 42 22, www.hotelsaski.com.pl, Preisklasse 2. Zwei-Sterne-Hotel in der Altstadt, preiswert. Alle DZ mit Du/WC und TV [11].

Hotel ›Mistia‹
Ul. Szlak 73a, 31-153 Kraków, Tel. 633 29 26, www.mistia.org.pl, Preisklasse 1. Ein Stern, im Stadtteil Kleparz, nicht weit vom Hauptbahnhof. Für den kleineren Geldbeutel, DZ mit Bad/WC, Restaurant, ausreichend Parkplätze. Beim Service kann dieses Haus mit den vorgenannten Hotels nicht mithalten, dafür sind die Preise aber deutlich niedriger [12].

Hotel ›Korona‹
Ul. Kalwaryjska 9–15, 30-504 Kraków, Tel. 656 17 80, www.korona.krakow.pl, Preisklasse 1. Das Hotel ist Eigentum des Krakauer Sportvereins KS Korona und befindet sich, nicht weit vom Stadtteil Kazimierz entfernt, auf der gegenüber liegenden Seite der Weich-

sel. Einfach eingerichtete Zimmer mit Bad [13].

Hotel ›Luna‹
Os. Na Skarpie, 31-910 Kraków, Tel. 644 63 09 u. 644 63 08, Preisklasse 1. Im Vorort Nowa Huta in der Nähe des Klosters Mogiła, einfach ausgestattet [14].

›Dom Wycieczkowy Alf‹
(Ausflugshaus Alf), ul. Klimeckiego 2, Tel. 656 19 42, Preisklasse 1. Einfach eingerichtete Zimmer zu günstigen Preisen; das Haus liegt in Podgórze nicht weit von der früheren Schindlerfabrik entfernt und damit in Nähe des Stadtteils Kazimierz [15].

Hotel ›Wisła‹
Ul. Reymonta 22, 30-059 Kraków, Tel. 615 15 35, Preisklasse 1. Einfach eingerichtetes Haus des traditionsreichen Fußballvereins TS Wisła Kraków, etwa 1500 Meter östlich der Altstadt direkt neben dem Stadion des mehrmaligen polnischen Fußballmeisters. Alle 23 Dreibettzimmer sowie die beiden Einzelzimmer mit Du/WC [16].

■ **Zusätzlich zu den gegebenen Empfehlungen finden sich zahlreiche weitere Übernachtungsmöglichkeiten:**

Hotel ›Alef‹
Ul. Szeroka 17, 31-053 Kraków, Tel. 421 38 70, Preisklasse 3 [17].

Hotel ›Grand‹
Ul. Sławkowska 5/7, 31-016 Kraków, Tel. 421 72 55, www.grand.pl, Preisklasse 3 [18].

Hotel ›Holiday Inn‹
Ul. Wielopole 4, 31-072 Kraków, Tel. 619 00 00, Preisklasse 3 [19].

Hotel ›Kazimierz‹
Ul. Miodowa 16, 31-055 Kraków, Tel. 421 66 29, www.hk.com.pl, Preisklasse 3 [20].

Hotel ›Pod Kopcem‹
Al. Waszyngtona 1, 30-204 Kraków, Tel. 427 03 55, www.hotel.fm.pl, Preisklasse 3 [21].

Hotel ›Pollera‹
Ul. Szpitalna 30, 31-024 Kraków, Tel. 422 10 44, www.pollera.com.pl, Preisklasse 3 [22].

Hotel ›Wyspiański‹
Ul. Westerplatte 15, 31-033 Kraków, Tel. 422 95 66, www.hotelwyspianski.pl, Preisklasse 3 [23].

Hotel ›WawelTourist‹
Ul. Poselska 22, 31-002 Kraków, Tel. 422 13 01, www.waweltourist.com.pl, Preisklasse 2 [24].

Hotel ›Europejski‹
Ul. Lubicz 5, 31-034 Kraków, Tel. 423 11 88, www.he.pl, Preisklasse 2 [25].

Hotel ›Rokk‹
Ul. Rzemieślnicza 5, Tel. 269 15 66, www.rokk.pl, Preisklasse 1 [26].

Pension ›Leopolis‹
Ul. Lea 253, 30-133 Kraków, Tel. 636 51 95, Preisklasse 2 [27].

Pension ›Sarp‹
Ul. Floriańska 39, 31-019 Kraków, Tel. 429 17 78, Preisklasse 2 [28].

■ Jugendherbergen

Jugendherberge PTSM
Ul. Oleandry 4, 30-060 Kraków, Tel. 633 88 22, www.hostelling.com.pl [29].

Schronisko Młodzieżowe
Ul. Kasztanowa 49, 30-227 Kraków, Tel. 425 23 12 [30].

Schronisko Młodzieżowe
Ul. Szablowskiego 1c, 30127 Kraków, Tel. 637 24 41 [31].

■ Campingplätze

Campingplatz ›Krakowianka‹
Ul. Żywiecka Boczna, 30-427 Kraków, Tel. 266 41 91.

Campingplatz ›Smok‹
Ul. Kamedulska 18, 30-252 Kraków, Tel. 429 72 66.

Campingplatz ›Wieczysta‹
Ul. Chałupnika 16, 31-464 Kraków, Tel. 411 57 11.

Lokalitäten

Krakau verfügt über zahlreiche und dabei viele gute Restaurants, sowohl um den Marktplatz herum als auch etwas weiter von der Altstadt entfernt. Einige Empfehlungen:

›Chłopskie Jadło‹
Die Restaurantkette Chłopskie Jadło ist mit altpolnischen Speisen in bäuerlichem Ambiente längst vergangener Zeiten überaus erfolgreich, auch wenn die Preise für polnische Verhältnisse nicht gerade niedrig sind. Ein Besuch eines der Restaurants in der ul. św. Jana 3 in der Altstadt oder in der ul. św. Agnieszki 1 im Ortsteil Stradom ist sehr zu empfehlen. Seit einiger Zeit befindet sich auch in der ul. Grodzka 9, in unmittelbarer Nähe zum Marktplatz, ein Restaurant dieser Kette. Im Ortsteil Głogoczów, an der Straße nach Zakopane zwischen Krakau und Myślenice, gibt es ein weiteres Chłopskie-Jadło-Gasthaus.

›Bohema‹
Ul. Gołębia 2. Unter anderem polnische Küche, abends finden in den gemütlichen Kellerräumen häufig Konzerte verschiedener Musikrichtungen statt.

›Cherubino‹
Ul. św. Tomasza 15. Hier kommen Freunde der italienischen Küche auf ihre Kosten, auch wenn die Inneneinrichtung des Restaurants zunächst auf altpolnische Speisen schließen läßt.

Besonders romantisch ist es, wenn man sich zum gemütlichen Essen zu zweit in eine der beiden kleinen Kutschen begibt.

›Wierzynek‹
Rynek 15–17. Wer Wert darauf legt, in einem Restaurant zu essen, in dem bereits viele berühmte Persönlichkeiten gespeist haben, sollte das ›Wierzynek‹ aufsuchen. Stolz wird dort in der Speisekarte auf das Festmahl im Jahr 1364 hingewiesen, bei dem verschiedene europäische Herrscher in diesem Haus zusammenkamen. Dafür sind die Preise auch etwas fürstlicher.

›Hawełka‹
Rynek 34. Historisches Ambiente, die Inneneinrichtung erinnert an Kaiser Franz Josefs Zeiten.

›El Paso‹
Ul. św. Krzyża 13. Mexikanische Speisen, Tequila und südamerikanische Weine in gemütlicher Atmosphäre.

›Ariel‹ und ›Alef‹
Ul. Szeroka 17 und 18 (Kazimierz). Jüdische Speisen und ein besonderes, zum Stadtteil Kazimierz hervorragend passendes Ambiente, schöner Innenhof. Abwechslungsreiche Karte, Service steigerungsfähig. Hauptsächlich von Touristen besucht.

›Chimera‹
Ul. św. Anny 3. Nicht nur für Studenten ist die Salatbar Chimera etwas Besonderes. In dem romantischen Kellergewölbe werden verschiedenste Salate an einer Theke angeboten. Wer einen großen Salat bestellt, darf sechs verschiedene Sorten wählen, ein klei-

Café am Rynek

Das Künstlercafé Jama Michalka

ner Salat umfaßt vier Sorten. Neben Salaten gibt es in dem Selbstbedienungsrestaurant der besseren Klasse auch einige warme Speisen. Im Sommer wird im schönen Innenhof des Gebäudes eine zusätzliche Salatbar mit Außensitzgelegenheiten aufgebaut. Stets frisches Essen zu sehr günstigen Preisen; mitunter trubelig.

›Pizzeria Regina‹
Ul. Sławkowska 3. Wenn es schnell gehen soll und Italienisches auf den Teller soll, bietet sich das Pizzeria-Schnellrestaurant ›Regina‹ an. Pizza und Pasta zu günstigen Preisen.

›U Pani Stasi‹
Ul. Mikołajska 16. Ist das Restaurant, das manch einer auch einfach nur als ›Piroggenschmiede‹ bezeichnet, ein übriggebliebenes Relikt aus der sozialistischen Zeit? Bei Frau Stasia werden in einem Innenhof zu äußerst günstigen Preisen hausgemachte Piroggen in verschiedenen Variationen angeboten. Man muß allerdings Abstriche beim Service machen und darf nicht böse sein, wenn wildfremde Menschen beim Essen Gesellschaft leisten und sich an den gleichen Tisch setzen, an dem man gerade Platz genommen hat.

Restaurant ›Cyklop‹
Ul. Mikołajska, direkt neben dem Restaurant ›U Pani Stasi‹ (gleicher Hofeingang). Pizza mit gehobener Qualität in gemütlicher Atmosphäre und zu angemessenen Preisen.

■ Kneipen

Krakau weist ein sehr lebendiges Kneipenleben auf, das sich in der Altstadt konzentriert. Abends, besonders an Wochenenden, füllen sich die Tische, Stühle und Theken in den jahrhundertealten Kellergewölben mit Jugendlichen und Junggebliebenen. Gelegentlich aber haben die Götter vor den Preis den Fleiß gesetzt, denn in manchen Kneipenkellern haben Durstige zunächst einige enge und steile Treppen hinabzusteigen und ein Labyrinth von kleinen, gemauerten Sälen zu überwinden, bevor sie das erste polnische Bier bestellen dürfen oder gar eine Toilette gefunden haben.

Viele Kellerkneipen bieten insbesondere im Sommer regelmäßig Livemusik an. Oft steht dann Jazz auf der Tagesordnung, aber auch Rock und Blues sind in Krakaus Bierkellern angesagt. Für den romantischen Abend zu zweit sind die Krakauer Gewölbe hingegen weniger geeignet. Die Tour durch die Kellerkneipen am und um den Marktplatz ist eher etwas für die Gruppe von Freunden und Bekannten. Wer es romantischer wünscht und sich nach einem Abend zu zweit sehnt, sollte eher die überirdisch gelegenen Kneipen, Restaurants und Cafés aufsuchen. Auffällig ist die große Fluktuation. Eine Reihe der Restaurants und auch der zum Teil sehr alten Kneipenkeller haben in den vergangenen Jahren Namen und Inhaber gewechselt. Aus der sehr großen Anzahl der Lokale einige Tips:

›U Louisa‹
Rynek Główny 13. Seit Jahren ein führender Kneipenkeller am Marktplatz mit regelmäßigen Auftritten von Livebands; es wird Rockmusik gespielt.

›Harris Piano Jazz Bar‹
Rynek Główny 28. Mehrmals wöchentlich treten in der beliebten Jazzkneipe am Marktplatz Jazzbands auf.

›U Muniaka‹
Ul. Floriańska 3. Eine weitere führende Jazzkneipe im Herzen der Stadt mit regelmäßigen Auftritten von Livebands.

›Paparazzi‹
Ul. Mikołajska 9. Insbesondere bei Ausländern beliebte Bar; in den mit Zeitungen und Magazinseiten an Wänden und Decken dekorierten Räumen trinkt man auch Longdrinks.

›Wir laden zu leckerem Eis ein‹ – Werbung für eine Eisdiele

›Pod Baranami‹
Rynek Główny 27. Traditionsreicher Gewölbekeller mit regelmäßigem Kabarett- und Musikprogramm.

›Singer‹
Ul. Estery 20. Gemütliche Szenekneipe im jüdischen Viertel Kazimierz.

›Pod Złotą Pipą‹
Ul. Floriańska 30. Altes Kneipengewölbe.

›Szuflada‹
Ul. Wiślna 5. Originelle Kneipe in gemütlichem Keller.

›Loch Camelot‹
Ul. św. Tomasza 17. Kleine Kneipe mit gelegentlichem Kulturprogramm.

›Free Pub‹
Ul. Sławkowska 4. Einer der ersten Krakauer Pubs, unterirdisch gelegen und urig.

›Pożegnanie z Afryką‹
Ul. św. Tomasza 21. Gemütlich und mit zahlreichen verschiedenen Kaffeesorten im Angebot.

›Gołębnik‹
Ul. Gołębia 5. Kleine und sehr urige Teestube, zahlreiche Teespezialitäten.

›Kama‹
Ul. Szewska. Eisdiele mit Niveau.

›Art Café‹
Rynek Główny 23. Originelles Café in einem Gewölbekeller am Marktplatz, verschiedene Kaffee-, Tee- und Trinkschokoladensorten stehen auf der kleinen Speisekarte; an den Wänden der engen Räumlichkeiten hängen zum Verkauf angebotene Bilder.

■ Diskotheken

Selbstverständlich verfügt Krakau auch über zahlreiche Diskotheken. Auch hierzu nur eine kleine Auswahl:

›Alchemia‹
Ul. Estery 5.

›Blue FM‹
Ecke ul. Królewska, ul. Pomorska.

›Pod Baranami‹
Rynek Główny 27; im Gebäude des gleichnamigen Kabaretts gelegene Diskothek.

›Fusion‹
Ul. Floriańska 15.

›Krzysztofory‹
Ul. Szczepańska 2.

›Libido‹
Ul. Warszauera 10.

Museen, Galerien und Ausstellungen

Muzeum Narodowe
(Nationalmuseum)
Al. 3 Maja, Tel. 2955500, www.muzeum.krakow.pl; Di und Do 9–15.30, Mi und Fr 11–18, Sa/So 10–15 Uhr, 6/4 zł. Überwiegend polnische Kunst aus dem 20. Jahrhundert.

Muzeum Czartoryskich
(Czartoryski-Museum), ul. św. Jana 19, Tel. 4225566; Di und Do 9–15, Mi und Fr 11–17.30, Sa/So 10–15 Uhr, jeden dritten Sonntag geschlossen, 8/5 zł, Sonntag freier Eintritt. Die ständige Ausstellung verfügt über zwei echte Kunstschätze mit Weltruhm, Leonardo da Vincis ›Dame mit Hermelinchen‹ und Rembrandts ›Landschaft mit dem barmherzigen Samariter‹.

Barbakan
Mai–Oktober täglich 10.30–18 Uhr, November–April geschlossen; 5/3,50 zł.

Museum im Rathausturm
Rynek Główny 1, Tel. 4229922; Mai–Oktober Mi–So 10–18 Uhr, November–April geschlossen; Eintritt 5/3,50 zł, Sa Eintritt frei.

Pałac Pod Krzysztoforami
Rynek Główny 35, Tel. 6192300; Mai–Oktober Mi–So 10–17.30 Uhr, Mo u. Di sowie jeden 3. Sa im Monat geschlossen; November–Ende April Mi, Fr, Sa u. So 9–16 Uhr, Do 11–18 Uhr, Mo u. Di sowie jeden 3. Sa eines Monats geschlossen; 4/3 zł, Sa Eintritt frei.

Collegium Maius
Ul. Jagiellońska 15, Tel. 4220549; Öffnungszeiten des Museums der Jagiellonen-Universität: Mo–Fr 11–14.20, Sa 11–13.20 Uhr; 12/6 zł incl. Führung. Museum der Jagiellonen-Universität mit Globus von 1510, auf dem Amerika verzeichnet ist.

Archiwum-Galeria Cricoteki – Tadeusz-Kantor-Dokumentationszentrum
Ul. Kanonicza 5, Tel. 4228332; Mo, Mi u. Fr 10–16 Uhr, Di, Do sowie jeweils am 2. Sa und So eines Monats 10–18 Uhr; freier Eintritt. Die Verwal-

Das Muzeum Czartoryskich in der ul. św. Jana

tung der Cricoteka befindet sich in der ul. Szczepańska 2.

Galeria-Pracownia
Ul. Sienna 7, Mo, Mi u. Fr 10–16 Uhr, Mi, Do und jeweils am 2. Sa und So eines Monats 10–18 Uhr. Teil einer früheren Tadeusz-Kantor-Werkstatt.

Museum der Erzdiözese
Ul. Kanonicza 19–21, Tel. 421 89 63; Di–Fr 10–16, Sa/So 10–15 Uhr; 5/3 zł.

Archäologisches Museum
Ul. Poselska 3, Tel. 422 75 60; Sept.–Juni Mo–Mi 9–14, Do 14–18, Fr und So 10–14 Uhr, Juli u. August Mo, Mi und Fr 9–14, Di u. Do 14–18, So 10–14 Uhr; 7/5 zł, Do freier Eintritt.

Museum der Erzdiözese
Ul. Kanonicza 19–21, Tel. 421 89 63, Di–Fr 10–16, Sa/So 10–15 Uhr, 5/3 zł. Zu sehen sind Sakralkunst aus 800 Jahren und ein Zimmer Karol Wojtyłas aus seiner Studienzeit.

Unabhängigkeitsmuseum
(›Muzeum Czynu Niepodległościowego‹), al. 3. Maja 7, Tel. 632 20 35. In dem vom polnischen Legionärsverband geführten patriotischen Museum wird an den Kampf um die polnische Unabhängigkeit erinnert, von der Zeit Józef Piłsudskis zwischen den Weltkriegen bis hin zur Zeit von Kriegsrecht und Solidarność in den 1980er Jahren. Zutritt nur nach vorheriger telefonischer Vereinbarung; 6/4 zł.

Museum Galicja
Ul. Dajwor 18; täglich 9–20 Uhr; 7/5 zł. Farbfotografien dokumentieren die jüdische Vergangenheit der Region.

Pharmazie-Museum
Ul. Floriańska 25, Tel. 421 92 79; Di 15–19, Mi–So 11–14 Uhr, jeden ersten und fünften Sa im Monat geschlossen, 6/3 zł.

Museum der Fotografie-Geschichte
Ul. Józefitów 16, Tel. 634 59 32; Di–Fr 11–17.30, Sa/So 10–15 Uhr; 7/4 zł.

■ Theater- und Künstlermuseen

Museum der Geschichte des Krakauer Theaters
Ul. Szpitalna 21 (Haus ›Pod Krzyżem‹), Tel. 422 68 64; Mi 11–17.30, Do bis So 9–15, am zweiten Sa u. So im Monat geschlossen, dafür dann Mo und Di geöffnet; 4/3 zł.

Cricoteka
Ul. Szczepańska 2, Tel. 421 69 75 (Verwaltung); Theaterarchiv und Dokumentation, ul. Kanonicza 5, Tel. 422 83 32; Mo bis Fr 10–16 Uhr. Theatermuseum zu den Werken Tadeusz Kantors, eine kleine Nebenabteilung des Tadeusz-Kantor-Museums befindet sich in der ul. Sienna 7; freier Eintritt.

Jan-Matejko-Haus
Ul. Floriańska 41, Tel. 422 59 26; Di, Mi und Sa 10–19, Do, Fr 10–16, So 10–15 Uhr, Mo geschlossen; 6/4 zł.

Im Theatermuseum an der Szpitalna

Denjenigen, die sich besonders für Leben und Werk Jan Matejkos interessieren, kann ein Besuch des ›Dworek Jana Matejki‹ in Nowa Huta in der ul. Wańkowicza 25 empfohlen werden.

Jan-Matejko-Hof
(›Dworek Jana Matejki‹), ul. Wańkowicza 25, Tel. 644 56 74; Mo–Fr 10–14 Uhr, außerhalb dieser Zeiten ist eine Besichtigung nach vorheriger telefonischer Absprache möglich; 5/2 zł.

Józef-Mehoffer-Haus
Ul. Krupnicza 26, Tel. 421 11 43; Di u. Do 9–15, Mi u. Fr 11–17.30, Sa/So 10–15 Uhr; 5/3 zł. Dem polnischen Maler Józef Mehoffer (1869–1946) gewidmetes biografisches Museum und zugleich Geburtshaus Stanisław Wyspiańskis. Mehoffer war ebenso wie Wyspiański ein Schüler des Krakauer Historienmalers Jan Matejko.

Stanisław-Wyspiański-Museum
Ul. Szczepańska 11, Tel. 292 81 83, Di, Mi u. Sa 10–19, Do u. Fr 10–16, So 10–15 Uhr, Mo geschlossen; 7/5 zł. Das Museum zeigt Werke des Krakauer Künstlers Stanisław Wyspiański (1889–1907), der u.a. durch seine Kirchenfenstergestaltung bekannt wurde.

■ Wawel

Der Wawelhügel ist von April bis September täglich 6–20, von Oktober bis März 6–17 Uhr für Besucher zugänglich. 30 Minuten vor dem Schließen der Waweltore wird der Arkadenhof der Residenz geschlossen.

Kontakt: Königsschloß auf dem Wawelhügel (Zamek Królewski na Wawelu), Wawel 5, 31-001 Kraków, Tel. 422 51 55, Buchungsbüro Tel. 422 16 97, Führerdienste Tel. 422 09 04.
Alle Ausstellungen sind an folgenden Feiertagen geschlossen: Neujahr, Ostern, 1. und 11. November, 24. und 25. Dezember sowie Sylvester.

Wawelkathedrale
(mit Sigismundglocke und Grabkammern), Mai–September Mo–Sa 9–17, So 12.15–17 Uhr; Oktober Mo–Sa 9–16 Uhr; November–März Mo–Sa 9–14.45 Uhr; April Mo–Sa 9–16, So 12.15–16 Uhr; 10/5 zł.

Königliche Gemächer
April–Oktober Mo 9.30–12, So 10–15 Uhr; November–März Di 9.30–16, Mi u. Do 9.30–15, Fr. 9.30–16, Sa 9.30–15, So 10–15 Uhr, Mo geschlossen; 12/7 zł; So 10–15 Uhr freier Eintritt.

Königliche Privatappartements
April–Oktober Mo 9.30–12, So 10–15 Uhr; November–März Di 9.30–16, Mi u. Do 9.30–15, Fr. 9.30–16, Sa 9.30–15, So 10–15 Uhr, Mo geschlossen; Eintritt (einschließlich Führung) 15/12 zł, täglich um 12 Uhr gibt es Führungen in englischer Sprache.

Schatz- und Rüstkammer
April–Oktober Mo 9.30–12, So 10–15 Uhr; November–März Di 9.30–16, Mi u. Do 9.30–15, Fr 9.30–16, Sa 9.30–15, So 10–15 Uhr, Mo geschlossen; 12/7 zł.

Kunst des Orients
April–Oktober Mo 9.30–12, So 10–15 Uhr; November–März Di 9.30–16, Mi u. Do 9.30–15, Fr 9.30–16, Sa 9.30–15, So 10–15 Uhr, Mo geschlossen; 6/4 zł.

Verschollener Wawel
April–Oktober Mo 9.30–12, So 10–15 Uhr; November–März Di 9.30–16, Mi und Do 9.30–15, Fr 9.30–16, Sa 9.30–15, So 10–15 Uhr, Mo geschlossen; 5/3 zł.

Dommuseum
Tel. 422 51 55, Di–So 10–15 Uhr; 5/3 zł.

Drachenhöhle
April–Oktober täglich 10–17 Uhr (im Winter geschlossen); 3 zł.

■ Museen in Kazimierz

Muzeum Galicja
Ul. Dajwor 18, Tel. 421 68 42; täglich 9–20 Uhr; 7/5 zł. Kaum mehr als 100 Meter von der Alten Synagoge entfernt befindet sich in einer alten Fabrik das Muzeum Galicja. Dort ist die Hauptausstellung ›Spuren der Erinnerung‹ zu sehen. Auf 150 großformatigen Fotografien wird die einst reiche jüdische Kultur Galiziens gezeigt. Wechselnde Ausstellungen, ein Café und ein Seminarraum für bis zu 60 Personen runden das Angebot ab.

Ghetto-Museum Apteka Pod Orłem
Plac Bohaterów Getta 18,
Tel. 6565625; Mai-Oktober Mo 10-14, Di-Sa 9.30-17 Uhr, So geschlossen; November-April Mo 10-14, Di 9-16, Mi u, Do 9-16, Fr 10-17, Sa 9-16 Uhr, So und jeden ersten Di im Monat geschlossen; 4/3 zł.
Der Apotheker Tadeusz Pankiewicz war während der deutschen Besetzung der einzige nichtjüdische Bewohner des Krakauer Ghettos, seine Apotheke so etwas wie eine Oase in dieser abgeschotteten Welt. Nach dem Krieg schrieb Pankiewicz seine Erfahrungen auf und veröffentlichte sie in einem Buch. Das Museum erinnert an das Ghetto und die Apotheke.

Oskar Schindlers Emaillewarenfabrik
Ul. Lipowa 4. Das Museum befindet sich erst im Aufbau, so daß noch kein Eintritt zu zahlen ist. Täglich 8-16 Uhr ermöglicht ein Wachmann Interessierten den Zutritt zu zwei Oskar Schindler gewidmeten Räumen.

Ethnographisches Museum
Plac Wolnica 1 (Ausstelllung ›Polnische Volkskultur‹), Tel. 4305563; ul. Krakowska 46 (Ausstelllung ›In der Dorfküche‹), Tel. 4306023; Mo 10-18, Mi-Fr 10-15, So 10-14 Uhr, Di u. Sa geschlossen; 6,50/4 zł.

Museum des Städtischen Ingenieurwesens
(›Muzeum Inżenierii Miejskiej‹), ul. św. Wawrzyńca 15, Tel. 4211242; Di-So 10-16 Uhr, 5/3 zł. Die ständige und zum Teil interaktive Ausstellung zeigt die Geschichte der Motorisierung in Polen. Ebenso zu sehen sind alte Krakauer Straßenbahnen. Das Museum befindet sich in unmittelbarer Nähe des Museums Galicja.

■ Synagogen

Alte Synagoge
Ul. Szeroka 24, Tel. 4220962; Mai-Oktober Mo 10-14, Di-So 10-17 Uhr; November-April Mo 10-14 Uhr, Mi, Do u. Sa 9-16, Fr 10-17 Uhr, Di geschlossen; 7/5 zł.

Remuh-Synagoge
Ul. Szeroka 40, Mo-Fr 9-16 Uhr für Besichtigungen zugänglich; Eintritt frei, im Vorraum der Synagoge wird um eine Spende gebeten.

Izaak-Synagoge
Ul. Kupa 16, Tel. 4217722, So-Fr 9-19 Uhr, Sa geschlossen; 6 zł.

■ Museen in Nowa Huta

Museum ›Dzieje Nowej Huty‹
Os. Słoneczne 16; Di, Do, Fr, Sa sowie am 2. So im Monat 9-16 Uhr, Mi 10-17 Uhr geöffnet, Mo geschlossen, 4/3 zł, Sa Eintritt frei. Das Museum, nicht weit vom pl. Centralny und nur wenige Schritte von der al. Róż entfernt, zeigt in wechselnden Ausstellungen Teile der Geschichte dieses Krakauer Stadtteils. Eine ständige Ausstellung ist nicht vorhanden. Das

in einem Plattenbau beheimatete Museum ist eine Filiale des Historischen Museums der Stadt Krakau.

›Dworek Jana Matejki‹
(Jan-Matejko-Hof), ul. Wańkowicza 25 (ganz in der Nähe der Stahlhütte), Tel. 6445674, Mo–Fr 10–16 Uhr; außerhalb dieser Zeiten ist eine vorherige Absprache möglich; 5/2 zł. Der Krakauer Historienmaler Jan Matejko, dessen biografisches Museum sich in der ul. Floriaśka befindet, hatte dieses Haus einst für seine Kinder gekauft.
Im Jan-Matejko-Hof in Nowa Huta sind Möbel und Bilder aus dem 19. Jahrhundert, zum Teil Gegenstände und Werke des Krakauer Künstlers, zu sehen.
In unmittelbarer Nachbarschaft zum Jan-Matejko-Hof befindet sich eine kleine nach Johannes dem Täufer benannte Holzkirche, die im 17. Jahrhundert errichtet wurde und urprünglich in der Nähe von Myślenice stand. Anfang des 20. Jahrhunderts wurde sie abgebaut und auf dem Gebiet des heutigen Nowa Huta neu aufgebaut.

›Muzeum Lotnictwa‹
(Museum der polnischen Luftfahrt), al. Jana Pawła II. 39, Tel. 4127855; Di–Fr 9–16, Sa 10–15, So 10–16 Uhr; 7/4 zł. Sammlung historischer Flugzeuge und anderer Flugkörper; zwischen Nowa Huta und der Krakauer Kernstadt gelegen.

■ Galerien

Galeria w Sukiennicach
(Galerie in den Tuchhallen)
Rynek Główny 1/3, Tel. 2955500, www.muzeum.krakow.pl; Di und Do 11–17.30, Mi und Fr 9–15, Sa/So 10–15.30 Uhr, 6/4 zł. Überwiegend Malereien und Bildhauereien polnischer Künstler aus dem 18. und 19. Jahrhundert.

Pałac Sztuki (Kunstpalast)
Pl. Szczepański 4, Tel. 4226616, www.palac-sztuki.krakow.pl; täglich 8–18 Uhr. Schwerpunkt ist moderne und zeitgenössische Kunst; die hochkarätigen Wanderausstellungen mit internationalem Ruf ziehen Kunstkenner von weit her in den Kunstpalast.

Bunkier Sztuki (Kunstbunker)
Pl. Szczepański 3a, 31011 Kraków, Tel. 4224021, www.bunkier.com.pl; Di bis So 11–18 Uhr. Wanderausstellungen von Installationen, Grafiken, Malereien und Bildhauereien; Schwerpunkt ist die Moderne.

Galerie Starmach
Ul. Węgierska 5 (im Stadtteil Podgórze), Tel. 6564915, www.starmach.com.pl; Mo–Fr 11–18 Uhr. Hochkarätige zeitgenössische Kunst, in der Vergangenheit u.a. Ausstellungen mit Werken von Andy Warhol und Joseph Beuys.

Theater

Musikalische Höhepunkte eines Krakaubesuchs bietet die Staatliche Philharmonie an der ul. Zwierzyniecka 1. Wer Glück hat, kann während seines Krakauaufenthaltes ein vom Lokalmatadoren mit Weltruf Krzysztof Penderecki dirigiertes Konzert erleben. Der Krakauer Musiker ist mit seiner Heimatstadt verbunden und trat früher häufiger in der Philharmonie auf. In jüngster Zeit ist auch der britische Geiger Nigel Kennedy häufiger hier zu erleben. Hintergrund ist die Ehe mit seiner Frau Agnieszka, einer Krakauerin.
Die Operette der Stadt befindet sich in der ul. Lubicz, nicht weit vom Rondo Mogilskie, zwischen dem Hauptbahnhof und Nowa Huta.
Wer entweder Theaterprofi ist oder aber die Schwierigkeiten mit der polnischen Sprache überwunden hat, für den werden die zahlreichen Krakauer Theater ein Genuß sein. Das wohl schönste Bühnenhaus ist das Juliusz-Słowacki-Theater. Es wurde Ende des 19. Jahrhunderts errichtet und verfügt über einen prunkvollen Theatersaal. Neben den Bühnenstücken lohnt es sich besonders, einen Blick auf den von Henryk Siemiradzki bemalten Vorhang zu richten.
Das führende Schauspielhaus in Krakau ist jedoch das Alte Theater (Stary Teatr), das seinen Eingang zur großen Bühne in der ul. Jagiellońska 1 hat und noch über eine Kammerbühne in der ul. Starowiślna 21 und eine kleine Bühne in der ul. Sławkowska 14 verfügt. Das Alte Theater Krakau genießt im ganzen Land einen besonders guten Ruf.

Das Juliusz-Słowacki-Theater am Plac świętego Ducha gehört zu den schönsten Theatern in Krakau

Filharmonia Narodowa im. Karola Szymanowskiego
(Staatliche Philharmonie Karol Szymanowski), ul. Zwierzyniecka 1, Tel. 429 13 45.

Operetka (Operette)
Ul. Lubicz 48, Kontakt über ul. Dietla 50, Tel. 422 78 07.

Teatr im. Juliusza Słowackiego
(Juliusz-Slowacki-Theater), pl. św. Ducha 1, Tel. 422 40 22.

Teatr Stary (Altes Theater)
Zentrale: pl. Szczepański 1, Zuschauerdienst Tel. 422 40 40; Duża Scena (Große Bühne), ul. Jagiellońska 1, Tel. 422 40 40; Scena Kameralna (Kammerbühne), ul. Starowiślna 21, Tel. 421 19 95; Mała scena (Kleine Bühne), ul. Sławkowska 14, Tel. 421 59 76.

Teatr Bagatela
Ul. Karmelicka 6, Tel. 422 45 44.

Teatr Ludowy
(Volkstheater), Große Bühne, os. Teatralny 34 (Nowa Huta), Tel. 643 71 01.

Teatr Ludowy Pod Ratuszem
(Volkstheater unter dem Rathausturm), Rynek Główny 1, Tel. 421 55 25.

Teatr Stu
Al. Krasińskiego 16, Tel. 422 27 44.

Kino

In der Krakauer Innenstadt befinden sich einige kleinere Filmtheater wie das Kino Apollo in der ul. św. Tomasza oder das Kino Ars in der ul. św. Jana 6. Größere Kinokomplexe befinden sich etwas außerhalb der Innenstadt, so z.B. die Cinema City Plaza im Plaza-Einkaufszentrum an der al. Pokoju 44, Tel. 012/290 90 90, oder das Multikino an der ul. Dobrego Pasterza 128, Tel. 012/617 63 99.

Einkaufen

Krakauer Fotos aus der Zeit Ende der 1980er Jahre zeigen eine ganz andere Stadt als heute: An den Gebäuden ist keine Reklame zu sehen. Heute findet man etwa an der ul. Floriańska kein Gebäude ohne Reklametafel, Restaurantschild oder Tafeln mit Wechselkursen. Aus ganz Kleinpolen kommen die Menschen nach Krakau, um die deutlich größere Warenauswahl als in den umliegenden Kreisstädten in Anspruch zu nehmen.
Für Erstbesucher dürften die exklusiveren Geschäfte am Rynek, in der ul. Floriańska und in den umliegenden Straßen die erste Anlaufstelle sein. Von Kleidung über Schuhe bis hin zu Schmuck und Porzellan ist hier vieles zu finden, was das Shopping-Herz begehrt. Häufig sind die Produkte am und um den Marktplatz herum jedoch teurer als anderswo. Daher schlendern Einheimische auch gerne durch die

ul. Karmelicka, die vor einigen Jahren ihr ursprüngliches Straßenpflaster zurück erhielt und nun sehr einladend aussieht. Auch die ul. Długa oder die ul. Zwierzyniecka gelten als ›geschäftige‹ Wege.

Wer Marktatmosphäre liebt, sollte sich zuallererst den Kleparz ansehen, nicht weit von Hauptbahnhof und Marktplatz entfern. Auf diesen traditionellen Marktplatz kamen früher die Bauern aus dem Umland, um ihr Gemüse zu verkaufen. Heute ist es ›in‹, mit einem Einkaufskorb frische Lebensmittel an den Kleparz-Buden zu ergattern oder ein günstiges Kleidungsstück zu erwerben. Märkte mit allerlei Ramsch gibt es auch an anderen Orten Krakaus, so zum Beispiel in Nowa Huta auf dem Tomex-Markt am Rondo Kocmyrzowskie.

Inzwischen haben sich aber auch große Einkaufszentren auf der grünen Wiese in Krakau angesiedelt. Nicht selten sind diese Shopping-Komplexe, wie das Plaza in der al. Pokoju oder der Carrefour-Komplex an der ul. Zakopiańska 62, mit Kinos, Restaurants und Bars verbunden. Das neueste und wohl auch größte Einkaufszentrum ist die ›Galeria Kazimierz‹. Keine 1000 Meter von den Hauptattraktionen an der ul. Szeroka im jüdischen Viertel Kazimierz ist diese zwei Etagen hohe klimatisierte Shopping-Meile mit vielen Geschäften, Restaurants und Kinos entfernt. Ein weiteres Einkaufszentrum dieser Art, die ›Galeria Krakowska‹, soll im Herbst 2006 am Hauptbahnhof eröffnet werden.

Das Plaza ist ein modernes Einkaufszentrum am Rand der Stadt

Ein ›Muß‹ für Souvenirjäger sind die Tuchhallen auf dem Marktplatz in der Altstadt. Von Bernstein und Porzellan über Kleidung und Fahnen bis hin zu Holzfiguren und Schachspielen ist dort einiges für Touristen in den Auslagen der Buden zu finden. Auch Antiquitätenfreunde müssen nicht vergebens anreisen: in der ul. Sławkowska 9, in der ul. św. Jana 2 und in der ul. Gołębia 3 finden sie alte Karten, Bücher und andere Gegenstände, um nur einige wenige der Krakauer Antiquariate zu nennen.

■ Märkte

Plac Nowy
An Werktagen Obst und Gemüse, sonntags neue und gebrauchte Kleidung.

Stary Kleparz
Ul. Długa, Ecke. ul. Basztowa.

Nowy Kleparz
Ul. Długa, Ecke al. Słowackiego.

Hala Targowa
Ul. Grzegórzecka.

Tomex
Am Rondo Kocmyrzowskie in Nowa Huta

■ Shopping-malls

Galeria Kazimierz, ul. Podgórska 34.
Plaza, al. Pokoju 44.
Carrefour, ul. Zakopiańska 62.

■ 24-Stunden-Läden im Zentrum

A&C, ul. Starowiślna 1.
Oczko, ul. Stradomka 21,
ul. Podwale 6, ul. Karmelicka 44,
ul. Kalwaryjska 25.
Cristin, ul. Krakowska 22.
Hean, ul. Królewska 49.
Hipermarket Tesco, ul. Kapelanka 54.

Feste und Veranstaltungen

Zahlreiche Krakauer Feste und Veranstaltungen bereichern die Stadt seit Jahren regelmäßig und locken immer wieder Besucher von weit her. Gerade im Bereich des Marktplatzes, des Rynek Główny, finden das ganze Jahr über verschiedene Feste statt. Zu den wichtigsten dieser alljährlich wiederkehrenden Veranstaltungen gehören:

Januar
Wielka Orkiestra Świątecznej Pomocy (›Großes Orchester der Feiertagshilfe‹): An diesem vor Jahren von Jerzy Owsiak ins Leben gerufenen Tag sammeln landesweit Künstler mit Straßenkonzerten Geld für einen guten Zweck. Krakau ist dabei regelmäßig eines der polnischen Zentren der Mischung aus Fest und Spendenaktion. Die Veranstaltungen finden landesweit jeweils am ersten Sonntag nach Neujahr statt.

Februar
Shanties-Festival: Internationales Festival der Shanty-Lieder; Informationen unter www.shanties.pl.
Film-Classic: Festival des klassischen Films; das im Kulturzentrum ›Rotunda‹ in der ul. Oleandry 1 stattfindet; Informationen unter www.rotunda.pl.

März
Festival der Alternativen Theater (›Festiwal Teatrów Alternatywnych – Krakowskie Reminiscencje Teatralne‹).

Im Konzertsaal des Słowacki-Theaters

Ostermontag
Emaus: Rauschendes Kirchweihfest. An dem Norbertinenkloster im Stadtteil Salwator/Zwierzyniec findet eine Kirmes statt. Tradition ist es auch, an diesem Tag Frauen mit Wasser zu bespritzen oder gar in den in der Nähe des Festplatzes gelegenen Bach Emaus zu werfen.

Mai
Juwenalia: Studentenfestival. Drei Tage lang übernehmen die Studenten die Macht in der Stadt. Symbolisch wird ihnen vom Krakauer Stadtpräsidenten der Rathausschlüssel übergeben. In originellen Verkleidungen ziehen die Studenten durch die Altstadt, Musikaufführungen finden auf dem Marktplatz und an anderen Orten der Stadt statt.
Krakauer Internationales Filmfestival und Gesamtpolnisches Festival der Dokumentar- und Kurzfilme: Die alljährlichen Preisträger werden unter anderem mit dem Goldenen Waweldrachen ausgezeichnet. Veranstaltungsort sind die Kinos ›Kijów‹ an der ul. Krasińskiego 34 und ›Mikra‹ an der ul. Lea 5. Informationen unter www.cracowfilmfestival.pl.

Juni
Schützenfest (›Wybory Króla Kurkowego‹): Der sehr traditionsreiche Krakauer Schützenverein feiert die Amtseinführung seines neuen Königs.
Lajkonik: Nach Fronleichnam spaziert ein Lajkonik, ein auf einem Pferd reitender Tartare, durch die Stadt. Der Umzug beginnt im Stadtteil Zwierzyniec und führt zum Marktplatz. Dort erhält der Reiter vom Präsidenten der Stadt Krakau Wein eingeschenkt

und hält einen Toast auf die Stadt und ihre Einwohner. Das traditionsreiche Kostüm des Lajkonik wurde vom Krakauer Künstler Stanisław Wyspiański kreiert.
Wianki (›Kranzfest‹): In der Johannisnacht werfen junge Frauen Blumenkränze in die Weichsel. Die Tradition stammt noch aus heidnischer Zeit. Das Fest wird von Feuerwerk und Lasershow an der Weichsel begleitet.
Krakauer Stadtfest in der Innenstadt, vor allem am Rynek.
Internationales Festival der Militärorchester: Am Marktplatz, im Stadion des Fußballvereins WKS Wawel an der ul. Bronowicka 5 und an anderen Orten der Stadt spielen Militärkapellen.

Juni/Juli

Festival der jüdischen Kultur: Im jüdischen Stadtteil Kazimierz werden verschiedene Konzerte, Theater- und Filmvorführungen organisiert; Informationen unter www.jewishfestival.pl.

Juli

Sommerjazzfestival: Jazz aus aller Welt in der ›Piwnica Pod Baranami‹, der berühmten Kneipe am Rynek 27.
Internationales Festival des Straßentheaters: In die fröhlichen und bunten Straßentheatervorstellungen am Marktplatz werden nicht selten zufällig vorbeikommende Passanten mit einbezogen.

August

Festival ›Muzyka w Starym Krakowie‹ (Musik im Alten Krakau): In allen Stadtteilen spielen internationale Künstler in Kirchen, Klostern und alten Höfen Musik vom Mittelalter bis zur Gegenwart.

September

Bajit Chadasz: Monat der jüdischen Kultur im jüdischen Kulturzentrum in der ul. Meisela 17 im Stadtteil Kazimierz.

Oktober

Festival der Studentenlieder, ausgerichtet von einem Krakauer Akademikerverein. Veranstaltungsort ist die Sporthalle der Krakauer Wirtschaftsakademie an der ul. Rakowicka 27.
Orgelmusiktage: In der Krakauer Philharmonie sowie in verschiedenen Kirchen der Stadt finden Orgelkonzerte statt; Informationen unter www.filharmonia.krakow.pl.

Oktober/November

›Krakowskie Zaduszki Jazzowe‹: Am ältesten Jazzfestival Osteuropas nehmen neben vielen polnischen Jazzgrößen auch regelmäßig internationale Stars teil. Veranstaltungsorte sind die Krakauer Jazzkneipen.

Dezember

Wettbewerb um die schönste Krakauer Krippe. In Krakau und ganz Kleinpolen besteht eine lange und besondere Krippentradition. Die sehenswerten, sehr bunten und zum Teil recht großen Krippen werden bewertet und im Historischen Museum der Stadt Krakau am Marktplatz ausgestellt.

Weihnachtsmarkt am Rynek; Original Krakauer Wurst, Galizischer Glühwein (Grzaniec Galicyjski) und allerhand Weihnachtsartikel auf dem Hauptmarkt.

Dezember/Sylvester
Eine der größten Sylvesterfeiern Polens findet alljährlich auf dem Krakauer Marktplatz statt. Mehrere zigtausend Menschen feiern ausgelassen das Ende des alten und den Beginn des neuen Jahres. In der Regel überträgt das polnische Fernsehen live vom Krakauer Marktplatz, wenn landesweit bekannte Rockbands bei kühlen Temperaturen einheizen und ein großes Feuerwerk die Köpfe der staunenden Massen gen Himmel richten läßt.

Baden im Park Wodny

An der ul. Dobrego Pasterza 126 befindet sich mit dem Park Wodny (Wasserpark) eines der größten Freizeitbäder in Polen. Die Badleitung wirbt gar mit dem Titel, die Nummer 1 im Land zu sein. An der großzügigen Badelandschaft mit verschiedenen Spaßeinrichtungen wie unter anderem einer riesigen Rutsche, Kletterwänden und einem Kleinkindbecken finden Kinder mit ihren Eltern Gefallen. Ein Fitnessbereich, ein Restaurant und Konferenzräume sind ebenso im Angebot. Auch ein kleiner Saunabereich gehört zum Gebäudekomplex. Allerdings ist die Saunakultur in Polen nicht so weit verbreitet wie in anderen Ländern Europas. So ist es im Krakauer Park Wodny üblich, die Saunakabinen in Schwimmbekleidung und ohne Handtuchunterlagen zu besuchen. Auch kann der erhoffte Gesundheits- und Wohlfühleffekt wohl kaum eintreten, wenn die Mehrzahl der Besucher gerade einmal bis zu drei Minuten für einen Saunagang aufbringt. So ist der Park Wodny besonders wegen des Spaßbadbereichs zu empfehlen. Geöffnet ist das Erlebnisbad täglich von 8 Uhr bis 22 Uhr. Der Eintrittspreis für eine Tageskarte beträgt wochentags 34/30 zł, am Wochenende 40/34 zł. Eintrittskarten mit einer Gültigkeitsdauer von einer oder zwei Stunden sind günstiger zu bekommen. Mit öffentlichen Verkehrsmitteln ist der Park Wodny über die Buslinien 125, 128, 129, 132, 138, 142, 152, 425, 139, 439, 611 und 612 zu erreichen. Weitere Informationen unter www.parkwodny.pl.

Zoo und Park

Verwaltung des Botanischen Garten, ul. Kopernika 27, Tel. 421 02 77. Verwaltung des Zoologischen Gartens, ul. Kasy Oszczędności Mista Krakowa 14, 30-232 Kraków; Tel. 425 35 51, www.zoo-krakow.pl; Eintritt in den Zoo 7/4 zł.

Ausflüge in die Umgebung Krakaus führen zu malerischen Kleinstädten, zu Oasen der Ruhe und zu geschichtlich sensiblen Orten.

Die Umgebung von Krakau

Der Ojców-Nationalpark

Nur etwa 30 Kilometer nördlich der Krakauer Innenstadt ermöglicht der Ojcowski Park Narodowy (Ojców-Nationalpark) Fluchten aus dem Großstadtalltag in eine ruhespendende, geschützte Naturlandschaft. Für einen ausgiebigen Ausflug in den Ojców-Nationalpark empfiehlt es sich, einen ganzen Tag einzukalkulieren. Auch wenn das öffentliche Verkehrsnetz in Kleinpolen insgesamt sehr gut ausgebaut ist und nahezu alle Orte ausgezeichnet mit Bussen zu erreichen sind, so ist doch insbesondere außerhalb der Hauptsaison das Auto als Transportmittel für die Fahrt in den Ojcowski Park Narodowy anzuraten. Dies gilt jedenfalls dann, wenn die Baudenkmäler des Parks direkt als Ziel ins Auge gefaßt werden. Schloß Pieskowa Skała, Ausgangspunkt vieler Wanderungen durch den Nationalpark, erreicht man über die Fernstraße E40 von Krakau nach Bytom. Kurz hinter der Ortschaft Jerzmanowice zeigt ein Schild an, daß es rechts ab in den Ojców-Nationalpark geht. An einer Jugendherberge vorbei gelangt man auf eine nahe der Ortschaft Ojców gelegene Kreuzung. Von dort aus ist das noch etwa sieben Kilometer entfernte Schloß ausgeschildert.

›Rechtlich geschütztes Gebiet‹

Charakteristisch für den mit nur etwa 1590 Hektar kleinsten der polnischen Nationalparks sind unter anderem die aus Jurakalk bestehenden Felsen. Die im Verlauf der Jahrtausende aufgrund der Witterung entstandenen Klippen verleihen dem Landschaftsbild seine besondere Note. Dazu haben sich mit der Zeit zahlreiche Höhlen in den weichen Kalkstein eingegraben. Doch nicht nur der Felsen wegen erhielt das im Tal des kleinen Flusses Prądnik gelegene Gebiet in den 1950er Jahren den Rang eines Nationalparks. Vielmehr führte die Erkenntnis, daß die Vielfalt der in dem heute als Ojców-Nationalpark bekannten Gebiet vorzufindenen Pflanzen- und Tierwelt eines besonderen Schutzes bedarf, zu der Einrichtung des Naturparks.

Beinahe 1000 verschiedene Gefäßpflanzengattungen, rund 160 verschiedene Moose und etwa 1200 Pilzarten wachsen im Ojcowski Park Narodowy. Zu den seltenen Pflanzenarten gehören unter anderem der Frauenschuh, die Bergaster und die Steppenkirsche. Daneben kann sich der Nationalpark damit rühmen, zwölf Fledermausarten sowie zahlreiche Froscharten zu beheimaten.

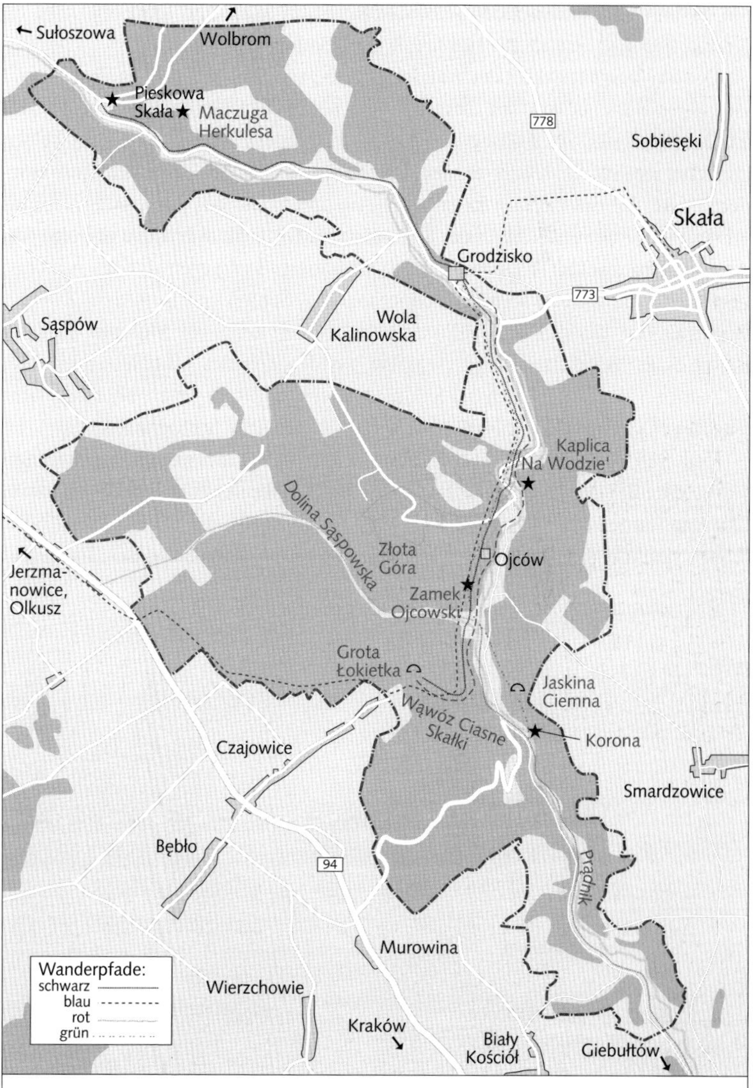

Ojców-Nationalpark

Wanderung vom Schloß Pieskowa Skała bis zur Grota Łokietka

Fünf farbig gekennzeichnete Pfade erleichtern Wanderern die Orientierung im Ojców-Nationalpark. Die vielleicht beliebteste Route ist die schwarz markierte. Sie beginnt am Parkplatz des Schlosses Pieskowa Skała und führt über eine elf Kilometer lange Strecke zur Höhle mit dem Namen Grota Łokietka.

Das am Ausgangspunkt der Wanderung gelegene Schloß Pieskowa Skała wurde laut eines Berichts von Jan Długosz, dem polnischen Geschichtsschreiber des 15. Jahrhunderts, im Auftrag des Königs Kazimierz Wielki auf einem Felsen zunächst im Stil der Gotik erbaut. Es erlebte zahlreiche Umbauten, insbesondere im 16. Jahrhundert im Renaissancestil, und zahlreiche Zerstörungen, unter anderem im Zuge des Einfalls der Schweden im 17. Jahrhundert und in Folge von Angriffen russischer Truppen im 19. Jahrhundert. Sein gegenwärtiges Äußeres, nun wieder im Stil der Renaissance, erhielt das Schloß erst nach dem Zweiten Weltkrieg. Im Inneren des Schlosses befindet sich heute ein Museum. Es zeigt neben einer Möbelausstellung Gemälde aus der Zeit des Mittelalters bis zum 19. Jahrhundert. Ein Besuch des Schlosses Pieskowa Skała gehört bei einem Ausflug in den Ojcowski Park Narodowy geradezu zum Pflichtprogramm.

Vom Schloß führt der schwarz gekennzeichnete Wanderweg zur sogenannten Herkuleskeule (›Maczuga Herkulesa‹). Die Herkuleskeule ist der wohl bekannteste und imposanteste der unzähligen Felsen des Nationalparks. Die 20 Meter hohe Klippe befindet sich ganz in der Nähe des Pieskowa-Skała-Schlosses. Ihr Gipfel

Schloß Pieskowa Skała haftet etwas Düsteres an

ist für normale Wanderer unzugänglich. Zwar deutet ein Kreuz auf der Spitze des Felsens auf die Bezwingung der Herkuleskeule durch menschliche Wesen hin, doch muß es sich angesichts des steil aus dem Boden ragenden Felsens um Kletterprofis gehandelt haben.

Die schwarze Wanderroute führt an der Herkuleskeule vorbei und entlang der asphaltierten Straße durch das Tal des kleinen Flusses Prądnik. Unterwegs liegt das Dorf Grodzisko mit seiner kleinen Barockkirche aus dem 17. Jahrhundert und einem nach der seligen Salomea benannten Kloster. Anschließend geht es weiter nach Süden.

Nach einer Strecke von etwa sieben Kilometern - vom Start am Parkplatz des Schlosses aus gerechnet - durch herrliche Wald- und Felslandschaften erscheint auf der linken Seite eine in einer kleinen Felsengrotte aufgestellte Marienstatue. Nur wenige hundert Meter weiter, nach einer Kurve, gelangt man zu der kleinen Holzkapelle ›Na Wodzie‹ (›Auf dem Wasser‹). Die Anfang des 20. Jahrhunderts errichtete Kapelle wurde nicht auf festem Untergrund, sondern über dem Bach gebaut, weil sie damals nicht auf dem Boden von Ojców stehen durfte. Um dieses Gesetz zu umgehen, errichtete man sie über dem Bach, so daß dieses originelle Bauwerk zugleich eine Brücke ist.

Von der Kapelle ist es nicht weit bis zu der an der rechten Straßenseite liegenden Ojców-Burgruine (›Zamek Ojcowski‹), die nicht mit dem Schloß Pieskowa Skała zu verwechseln ist. Sie entstand auf Wunsch des Königs Kazimierz Wielki in der zweiten Hälfte des 14. Jahrhunderts. Bis heute sind neben Teilen der Verteidigungsmauern ein Turm, der Burgbrunnen und das Eingangstor erhalten. Ein Museum zeigt im Inneren die Geschichte des Bauwerks.

Durch den kleinen Ort Ojców führt die Route noch einige hundert Meter weiter zur mit deutlichem Abstand meistbesuchten der rund 200 Höhlen im Ojców-Nationalpark, der im Berg Chełmowa Góra gelegenen Grota Łokietka (Łokietekgrotte). Władysław Łokietek wurde 1320 zum polnischen König gekrönt und ist der erste auf dem Wawel beigesetzte Monarch. Einer Legende nach soll sich König Łokietek in der nach ihm benannten Höhle im Kampf mit dem tschechischen König Waclaw II. um den polnischen Thron versteckt haben. Wieviel Wahrheitsgehalt in der Legende steckt, ist ungewiß. Als sicher gilt jedoch, daß sich Władysław Łokietek tatsächlich für längere Zeit im Prądniktal aufgehalten hat.

In der Höhle sind auf einer Länge von etwa 265 Metern Grotten zu besichtigen, die Namen wie ›Rittersaal‹ (›Sala Rycerska‹), ›Küche‹ (›Kuchnia‹) und ›Schlafzimmer‹ (›Sypialnia‹) tragen. Geräumige Gänge zwischen den einzelnen Grotten erleichtern die Fortbewegung in der nur mit einem Führer zur Besichtigung geöffneten Władysław-Łokietek-Höhle.

Für den Rückweg zum Schloß Pieskowa Skała können zumindest in der Sommersaison von der Grota Łokietka oder aber vom Ort Ojców Taxis genommen

Die markante Herkuleskeule

werden. Wem nach der Wanderung noch ausreichend Kräfte zur Verfügung stehen, kann zu Fuß auf dem Rückweg hinter dem Dorf Ojców an der Ojców-Burgruine links abbiegen und über die Ortschaften Wola Kalinowska und Sąspów zur Herkuleskeule und schließlich zum Parkplatz am Schloß Pieskowa Skała zurückkehren. Auch dieser Weg hat eine Länge von etwa elf Kilometern.

Weitere Wanderrouten im Ojców-Nationalpark

Vier weitere Wanderrouten sind im Ojcowski Park Narodowy farblich gekennzeichnet: eine rote, eine blaue, eine gelbe und eine grüne. Der rot gekennzeichnete und durch das gesamte Prądniktal führende Pfad trägt den Namen ›Szlak Orlich Gniazd‹ (›Adlerhorstroute‹). Ausgangspunkt der Adlerhorstroute ist wieder das Schloß Pieskowa Skała. Über Grodzisko führt auch dieser Weg ebenso wie der bereits oben beschriebene in das Dorf Ojców. Über die Ortschaften Biały Kościoł, Prądnik Korzkiewski und Giebułtów reicht er bis an die Krakauer Stadtgrenzen. Diese Route ist auch für Mountainbiketouren gut geeignet. Ausgangspunkt könnte dann das Krakauer Viertel Prądnik Biały am nördlichen Stadtrand sein.

Der blaue Wanderweg ist die ›Route der Juraburgen‹ (›Szlak Warowni Jurajskich‹). Der Ausgangspunkt dieses Pfades befindet sich nicht weit von der Bushaltestelle in der an der Strecke Krakau-Bytom gelegenen kleinen Ortschaft Jerzmanowice. Über die kleine Ortschaft Czajowice und die Schlucht Wąwóz Ciasne Skałki, später über die Ortschaften Ojców und Grodzisko, führt dieser blaue Pfad in die etwas größere Ortschaft Skała.

Von der Haltestelle mit dem Namen ›Murownia‹, ebenfalls an der Straße zwischen Krakau und Bytom und - von Krakau kommend - kurz vor der Ortschaft Jerzmanowice gelegen, gelangt man auf die gelb gekennzeichnete ›Route der kleinen Juratäler‹ (›Szlak Dolinek Jurajskich‹). Dieser Wanderweg führt teilweise durch das Tal des kleinen Flusses Prądnik und zum Teil durch das sogenannte Sąspowska-Tal.

Ausgangspunkt für die im Nationalpark grün gekennzeichnete Wanderroute ist die Burgruine in Ojców. An verschiedenen Felsen vorbei führt der Pfad über den Berg Korona zur 230 Meter langen und vermutlich 120 000 Jahre alten Jaskinia Ciemna, der Dunklen Höhle. Hinter dieser Höhle führt der grün gekennzeichnete Wanderweg zu einem Aussichtspunkt des Bergs Korona, geht dann auf die Ortschaft Grodzisko zu und verbindet sich dort mit den anderen Wanderwegen, so daß die Route schließlich zum Schloß Pieskowa Skała führt.

Weitere Attraktionen des Ojcowski Park Narodowy sind insbesondere an der Fernstraße E40 von Krakau nach Bytom ausgeschildert, so zum Beispiel die Jaskinia Nietoperzowa (Fledermaushöhle) und die Jaskinia Wierzchowska. Diese beiden zwischen den Ortschaften Wielka Wieś und Jerzmanowice gelegenen Höhlen sind mit dem Auto gut zu erreichen und in der Sommersaison auch für Besichtigungen geöffnet. Denjenigen, die sich für einen Besuch der Jaskinia Nietoperzowa entschließen, in der heute nur noch wenige Fledermäuse leben, ist auch der kurze Weg am Höhleneingang vorbei in eine kleine Felsnische zu empfehlen. Etwa zehn Meter vom Höhleneingang entfernt ist in der etwas versteckten Nische ein Baum in den Kalkfels gewachsen - ein sehenswertes Naturdenkmal.

Vorwahl: 012.
Postleitzahl 32-047 und 32-324 Ojców.
Verwaltung des Ojcowski Park Narodowy, 32-047 Ojców, Tel. 389 10 39, www.opn.pan.krakow.pl.

In den Ojców-Nationalpark gelangt man mit dem Auto problemlos. Busse und Minibusse fahren vom Krakauer Bus- und Minibusbahnhof insbesondere im Sommer häufig.

›Green Hotelik‹, Sąspów 12, 32-048 Jerzmanowice, Tel. 389 53 48, Preisklasse 2.
Touristenhaus ›Zosia‹, Złota Góra 4, 32-047 Ojców, Tel. 389 20 08.
Schonisko Młodzieżowe ›Małgosia‹ (Jugendherberge ›Małgosia‹), Łazy 41, 32-048 Jerzmanowice, Tel. 389 52 78.

Schloß Pieskowska Skała, 32-324 Sułoszowa 4, Tel. 389 60 04; Di bis Sa 10–15.20, So 10–17.20 Uhr, 10/7 zł. Der Zutritt zum Innenhof des Schlosses ist täglich 8–20 Uhr möglich.
Nationalparkmuseum-Burgruine, 32-047 Ojców, Tel. 389 24 44; Ende April bis Anfang Nov. Mo–Sa 10–16.45, im Juni und Juli bis 17.45, im Okt. bis 15.45 und in den wenigen geöffneten Novembertagen nur bis 14.45 Uhr. An Sonntagen ist der Zutritt zur Ruine ab 10 Uhr möglich, wobei sich die Schließzeiten gegenüber den oben genannten jeweils um zwei Stunden verlängern. Außerhalb der oben beschriebenen Jahreszeiten ist die Burgruine geschlossen; 1,65/ 1 zł.
Władysław-Łokietek-Höhle (Grota Łokietka), Ende April bis Mitte Nov. 9–15.30, Mai bis Aug. bis 18.30, im Sept. bis 17.30 und im Okt. bis 16.30 Uhr; 6,50/4,30 zł. Die Besichtigung der Władysław-Łokietek-Höhle ist nur in Begleitung eines Höhlenführers möglich.
Jaskinia Nietoperzowa (Fledermaushöhle), geöffnet von Ende April bis Mitte November; 6/5 zł.

Kleinstädte im Südosten

Nur wenige Kilometer südlich und östlich von Krakau befinden sich vier malerische Kleinstädte. Mit Abstand am bekanntesten ist das Salzbergwerk in Wieliczka. In Niepołomice lohnt unter anderem ein Schloß aus der Zeit König Kazimierz III. Wielki einen Besuch, Dobczyce hat eine Burgruine aus dem 13. Jahrhundert zu bieten, die im Mittelalter zu den wichtigsten Anlagen dieser Art im Land gehörte, und Myślenice ist vor allem wegen seines hübschen Marktplatzes sehenswert. Etwas weiter entfernt liegt Bochnia, eine der ältesten Städte der Region, das ebenso ein Salzbergwerk aufweist.

Kleinstädte im Südosten

Wieliczka

Nur etwa 13 Kilometer südöstlich vom Krakauer Stadtzentrum liegt die Kreisstadt Wieliczka, die Partnerstadt Bergkamens. Zwar leben in der Kernstadt nur rund 18 000 und in der gesamten Gemeinde etwa 44 000 Einwohner, dennoch gehört Wieliczka zu den Orten, die fast jeder erwachsene Pole zumindest von Klassenausflügen aus seiner Schulzeit kennt. Die meisten Besucher kommen wegen des Salzbergwerks nach Wieliczka. Denjenigen, die sich ein wenig Zeit für die Innenstadt nehmen wollen oder können, ist ein Abstecher beispielsweise zum kleinen Marktplatz der Stadt mit seinen ihn umgebenden Häusern aus dem 19. Jahrhundert zu empfehlen.

Sehenswert ist auch das ganz in der Nähe des Marktplatzes gelegene Zamek Żupny (Schloß Żupny), das noch bis 1945 im Eigentum des Salzbergwerks stand

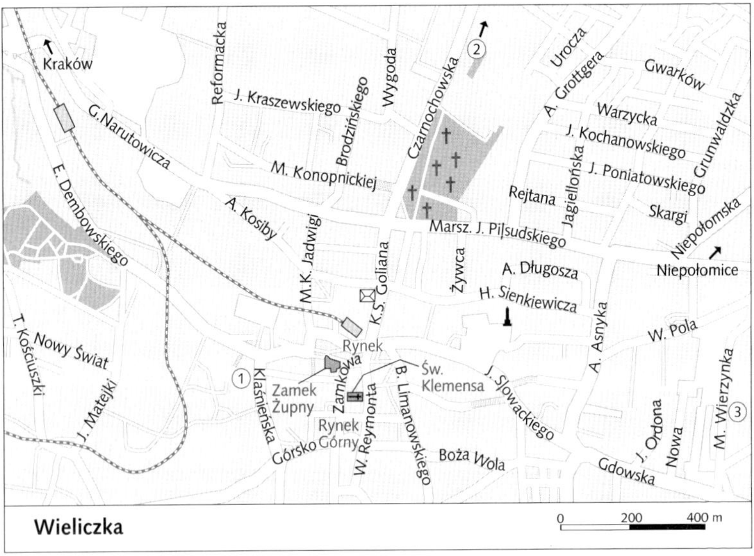

Legende

1 Eingang zum Salzbergwerk
2 Hotel ›Victoria‹
3 Motel ›Na Wierzynka

Das Denkmal für Nikolaus Kopernikus
Tauben am Rynek; Fassadendetail in der Altstadt

HOTEL SENACKI
51
RESTAURACJA
SENACKA
PUB

PAMIĘCI
BOHDANA
ZALESKIEGO
1886

Eines der Salzreliefs in der Kapelle. Dargestellt ist die Flucht der heiligen Familie nach Ägypten

und lange Zeit der Betriebsleitung als Wohnung diente. Es stammt aus der Wende vom 13. zum 14. Jahrhundert, wurde allerdings mehrmals umgebaut und im Zweiten Weltkrieg auch weitgehend zerstört. In den Jahren zwischen 1976 und 1994 wurde das kleine Schloß, das ursprünglich auf König Kazimierz III. zurückgeht, nach alten Plänen wieder aufgebaut.

Gleich neben dem Zamek Żupny befindet sich die Kirche św. Klemensa aus dem 19. Jahrhundert. Von der Kirche aus dem 14. Jahrhundert, die sich ursprünglich an dieser Stelle befand, sind nur noch Fragmente erhalten. Interessant ist im Inneren der Klemenskirche insbesondere die Monstranz, das Gefäß, in dem in der katholischen Kirche das Abendmahlbrot aufbewahrt wird. Sie stammt aus dem Jahr 1490.

Weit über die Grenzen Małopolskas hinaus bekannt wurde Wieliczka indessen weder durch den Marktplatz noch durch die Monstranz der Kirche św. Klemensa. Den Ruhm brachte dem Ort der Stoff, den es heute in jeder Küche gibt, der vor Jahrhunderten aber eine Kostbarkeit war: das Salz.

Denkmal für Bohdan Zaliesko im Grüngürtel Planty
Grabsteine auf dem Jüdischen Friedhof; Mauer am Jüdischen Friedhof

Die Legende von der Heiligen Kinga in Wieliczka

Mit dem Salzbergwerk Wieliczka verbindet man eine in ganz Polen bekannte Legende um die Mitgift der Heiligen Kinga, nach der die imposanteste Kapelle des Bergwerks benannt ist. Im Mittelpunkt steht neben der Heiligen Kinga - natürlich - das Salz. Bis zur Zeit König Bolesławs des Kühnen war Salz in Polen unbekannt, auch wenn es anderswo in Europa schon längst als Speisezutat verbreitet war. Dann hörte König Bolesław von Kinga, der schönen, frommen und tüchtigen Tochter des ungarischen Königs Bela. Bolesław entsandte zwei Brautwerber nach Ungarn und ließ so um die Hand der Prinzessin anhalten. Der ungarische König stimmte zu und wollte seiner Tochter eine reiche Aussteuer und eine große Mitgift mit nach Krakau geben. Doch die Prinzessin bat ihren Vater, ihr nicht nur Edelsteine und Gold für die Reise vorzubereiten, sondern auch etwas, was man in Polen nicht kenne. Schließlich sollten sich auch die Untertanen über ihre Ankunft freuen. Die beiden Brautwerber teilten dem ungarischen König auf dessen Anfrage übereinstimmend mit, es sei das Salz, was in Polen dringend gebraucht werde. Daraufhin führte Kinga die erstaunten Polen zu den ungarischen Salzgruben, zog einen prächtigen Ring vom Finger, warf ihn in den tiefsten Schacht und sagte: »Das ist das Zeichen meiner Verlobung mit dem polnischen König.« Ein großer Hochzeitszug bewegte sich nach Krakau, und König Bolesław begrüßte seine künftige Königin am Stadttor. Nach einer tagelangen Feier forderte Kinga Bolesław schließlich zur gemeinsamen Begutachtung ihrer Mitgift auf. Beide verließen Krakau und kamen nach Wieliczka. Die Königin ließ dort einen Graben ausheben. Doch mußten die Bauern ihre Arbeiten schon bald abbrechen, weil sie auf eine undurchdringliche Gesteinsschicht stießen. Kinga bat einen Bauern, ihr ein Stückchen vom Stein abzuschlagen und es ihr zu übergeben. Und siehe da: Es war ein Salzkristall. Und etwas noch wundersameres war geschehen: In seinem Innern funkelte Kingas Verlobungsring!
So kam das Salz nach Polen.

Wieliczka ist als Salzstadt bekannt - hier der Eingang zum Salzbergwerk

Geschichte des Salzbergwerks

Bereits im Mittelalter wußte man in Wieliczka von dem vor Ort vorhandenen Salz. Ein Dokument aus dem Jahr 1044 bezeichnet den Ort als magnum sal - Großes Salz. Zunächst hatte man es aus Salzquellen durch Sieden und Abdampfen von Wasser gewonnen. Vermutlich entdeckte man dann bei der Vertiefung eines Salzbrunnens in Wieliczka ein Salzlager, so daß man mit einfachen Werkzeugen mit dem Abbau begann. Im 13. Jahrhundert gründete man schließlich die Salzmine Wieliczka und damit das älteste Salzbergwerk Polens.

Damit verbunden war auch ein wirtschaftlicher Aufstieg. Der über die Jahrhunderte hinweg im königlichen Auftrag betriebene Abbau des ›weißen Goldes‹ zahlte sich aus. So wurden die Erträge im 15. Jahrhundert unter anderem zur Sanierung und zum Ausbau des Krakauer Wawelschlosses verwendet.

Im 16. Jahrhundert wuchs Wieliczka zu einem der größten Salzbergwerke Europas. Schmiede, Fuhrmänner, Faßbinder und Zimmermänner - sie alle arbeiteten rund um die Salzgewinnung in dem Ort in der Nähe von Krakau. Der Betrieb entwickelte auch ein eigenes Sozialfürsorgesystem und beschäftigte sogar einen eigenen Arzt.

Mit der Ersten Teilung Polens und der damit verbundenen österreichischen Besatzung im Jahr 1772 endete auch die königliche Bewirtschaftung der Salzgruben. Die Habsburger brachten neue Fördermethoden nach Wieliczka und stabilisierten den Betrieb. Erste Ansätze für einen Kurort entstanden hingegen erst im 19. Jahrhundert, als der Bergwerksarzt Feliks Boczkowski eine Badeanstalt errichtete, in der verschiedene Krankheiten - von Schnupfen über Hysterie bis hin zu ›Schwäche wegen Übermaß an Liebe‹ - behandelt wurden. Doch dauerte diese Art des Heilbadens nur etwa 20 Jahre bis zu Boczkowskis Tod. Immerhin sollen sich bis dahin über 3000 Menschen in dem Bad ihre ›Krankheiten‹ behandeln lassen haben. Erst 1958 lebte Wieliczka als Heilbad wieder auf. Man stellte damals ein spezielles Mikroklima in den Förderkammern fest und erkannte eine heilsame Wirkung bei Allergien und Bronchialerkrankungen. Seitdem dient ein unterirdisches Sanatorium mit Schlafplätzen zur Behandlung von Atemwegserkrankungen.

Das Salzbergwerk heute

Inzwischen hat das Bergwerk Weltruhm erlangt. Nicht ganz unwesentlich dazu beigetragen hat die UNESCO. Als diese das Salzbergwerk Wieliczka im Jahr 1978 in die Liste des Weltkulturerbes eintrug, begründete sie ihre Entscheidung mit den Worten: »Das historische Salzbergwerk Wieliczka ist das einzige Bergwerksobjekt der Welt, das vom Mittelalter bis heute ununterbrochen in Betrieb ist. Die originalen Förderelemente (Gänge, Schleppschächte, Kammern, Salzseen, Schächte, Schurfschächte) mit einer Gesamtlänge von circa 300 Kilometern auf neun Sohlen sind bis 327 Meter tief und stellen alle Entwicklungsetappen der bergmännischen Technik in den einzelnen historischen Epochen dar.«

Etwa eine Million Gäste besuchen Wieliczka jährlich. Darunter sind auch verschiedene berühmte Personen zu finden. So waren unter anderem Lech Wałęsa, George Busch sen. mit Frau Barbara und Javier Solana in dem Salzbergwerk. Fotos im Kassenbereich dokumentieren diese Besuche.

Ob berühmt oder nicht: Zu Beginn einer Besichtigung steigen alle zunächst etwa 380 Stufen in eine Tiefe von 64 Metern auf die erste Grubensohle herab. Auf der knapp zwei Kilometer langen Touristenroute bieten sich den Besuchern dann Einblicke in die Grubenarbeit und in unterirdische Hallen und schmale Gänge. Von Bergleuten aus Salz geschaffene Statuen schmücken diese Salzmine und machen den Besuch zu einem einzigartigen Erlebnis.

Die berühmteste und wohl auch eindrucksvollste Kammer Wieliczkas ist die auf einer Tiefe von 101 Metern gelegene und nach der Heiligen Kinga benannte Kapelle. Sie entstand 1896 in einer aus Salzstein ausgehöhlten Kammer und ist 54 Meter lang, 15 bis 18 Meter breit und 10 bis 12 Meter hoch. Der Blick in die Kingakapelle eröffnet sich dem Besucher von einer Treppe herab in einen weiten Saal. Von der Decke hängen Kristalleuchter herab, und sogar der Fußboden ist direkt aus dem Salz gehauen. Doch nicht nur der erste flüchtige Blick von der Empore ist beeindruckend. Vielmehr lebt die Kapelle von den architektonischen und bildhauerischen Arbeiten des Bergmanns Józef Markowski, die er Ende des 19. und Anfang des 20. Jahrhunderts schuf. Von ihm stammt der Hochaltar mit den Figuren der Heiligen Kinga, des Heiligen Joseph und des Schutzpatrons der Pfarrgemeinde Wieliczkas, dem Heiligen Klemens. Ebenso sind die Kanzel und die Seitenaltäre und Seitenkapellen Werke Józef Markowskis. Sein jüngerer Bruder Tomasz setzte die Arbeiten in den zwanziger Jahren des vergangenen Jahrhunderts fort und schuf dabei die Flachreliefs ›Das Urteil des Herodes‹ und ›Die Schlachtung der Unschuldsengel‹ sowie drei Marienfiguren in der Auferstehungskapelle. Mitte des 20. Jahrhunderts erweiterte der Bergmann und Bildhauer Antoni Wyrodek die Kunstgegenstände in der Kingakapelle um Flachreliefs mit weiteren Darstellungen biblischer Szenen wie ›Die Flucht nach Ägypten‹ und ›Das letzte Abendmahl‹.

Das jüngste Kunstwerk des Saals stammt aus dem Jahre 1999 und ist eine Statue von Papst Johannes Paul II. Anläßlich der Heiligsprechung der Kinga fertigte der Bergmann und Bildhauer Stanisław Anioł das Denkmal an. Doch die Kingakapelle ist weitaus mehr als nur ein Museumsraum mit Kunstgegenständen: Im Hochaltar werden seit 1994 die Überreste der Heiligen Kinga aufbewahrt. Auch Gottesdienste werden in dem unterirdischen Saal abgehalten, so zum Beispiel an Weihnachten oder am Namenstag der Heiligen Kinga am 24. Juli sowie am Namenstag der Heiligen Barbara, der Schutzpatronin der Bergleute, am 4. Dezember.

Nachdem man die Kingakapelle verlassen hat, führt die Touristenroute noch durch weitere Kammern und an verschiedenen unterirdischen Salzseen vorbei. Insgesamt hat man es dann bis zur dritten Grubensohle auf eine Tiefe von 135 Metern gebracht. Zu den weiteren Attraktionen gehört der Weimarsaal, so genannt, da Goethe im September 1790 mit dem Fürsten von Weimar das Bergwerk besichtigte. Ein Großteil der Halle ist mit einem unterirdischen See ausgefüllt, der sich vom Rand aus betrachten läßt. Darüber hangelt sich eine schwindelerregende Treppe an der Wand empor, die man jedoch nicht betreten kann. In wechselnden Farben angestrahlt, verströmt dieser Raum eine eigenwillige, mystische Atmosphäre. Schließlich geht es mit einem originellen Aufzug wieder an die Oberfläche.

Wer das Bergwerk besuchen will, sollte sich in jedem Fall einen halben Tag dafür Zeit nehmen. Besichtigungen dauern etwa drei Stunden und sind nur mit Führung möglich. Dabei können problemlos auch fremdsprachige Grubenführer bestellt werden. Man ist in Wieliczka bestens auf internationalen Tourismus eingestellt. Auch an einem unterirdischen Restaurantbetrieb mangelt es nicht. Besucher sollten allerdings bedenken, daß die Temperatur in den Stollen konstant 14°C beträgt, so daß man auch im Sommer an wärmere Kleidung denken sollte.

Vorwahl: 012.
Postleitzahl: 32-020.

Von Krakauer Busbahnhof vor dem Hauptbahnhof fahren im Abstand von nur wenigen Minuten verschiedene Minibusunternehmen nach Wieliczka. Beim Ausstieg der Beschilderung ›Salt Mine‹ und ›Kopalnia Soli‹ folgend, gelangt man nach einigen Metern zum unübersehbaren Förderturm und zum Eingangsbereich.

Hotel ›Victoria‹, ul. Czarnochowska 15a, Tel. 278 26 90, Preisklasse 1.
Motel ›Na Wierzynka‹, ul. Wierzynka 9, Tel. 278 36 14, Preisklasse 1.

Kopalnia Soli ›Wieliczka‹ Trasa Turystyczna sp.z.o.o, ul. Daniłowicza 10, Tel. 78 73 02 und 278 73 66, www.kopalnia.pl; Eintrittspreise: Individualtouristen zahlen für eine planmäßige Führung in polnischer Sprache von April bis Juni und von September bis März 44 zł (ermäßigt 30 zł) sowie von Juli bis August 46 zł (ermäßigt 32 zł). Gruppenkarten werden günstiger angeboten. Eine Familienkarte für polnischsprachige Führungen ist von Juli bis August für 124 zł und in den übrigen Monaten für 118 zł zu haben. Die Bestellung eines fremdsprachigen Bergwerkführers (also auch für deutsche Führungen) kostet zusätzlich zum Eintrittspreis 265 zł. Es herrscht übrigens überall unter Tage strengstes Rauchverbot.

Niepołomice

Etwa 20 Kilometer östlich vom Krakauer Zentrum, im Kreis Wieliczka, liegt die Stadt Niepołomice. In der gesamten Gemeinde leben etwa 21 000 Menschen, davon 8000 in der Kernstadt. Neben der für eine Kleinstadt erheblichen Industrieansiedlung und der im 14. Jahrhundert errichteten Maria-und-Zehntausend-Märtyrer-Pfarrkirche im Zentrum der Stadt ist besonders das Schloß das Aushängeschild Niepołomices. Es befindet sich ebenfalls im Stadtzentrum. König Kazimierz III. Wielki hattes um die Mitte des 14. Jahrhunderts sowohl zur Verteidigung als auch als Jagdschloß am Urstromtal der Weichsel bauen lassen. Gerade die Funktion des Schlosses als Ausgangspunkt für Jagden in den nahegelegenen Forst Puszcza Niepołomicka gefiel verschiedenen späteren Königen so gut, daß sie es zu diesem Zwecke gerne weiter nutzten. Als der heutige Stolz der Stadt Mitte des 16. Jahrhunderts einem Feuer zum Opfer viel, errichtete der von dem Baustil der Renaissance begeisterte amtierende König Zygmunt II. August das Schloß in diesem Stil neu. Erst die österreichischen Besatzer änderten nach der ersten polnischen Teilung im Jahr 1772 die Nutzung und machten aus dem vornehmen Renaissanceschloß eine Kaserne. Heute steht das in den neunziger Jahren des 20. Jahrhunderts umfangreich restaurierte Gebäude im Eigentum der Stadt und beherbergt eine Malerei- und Fotographieausstellung. Ein besonderes Erlebnis sind auch die in regelmäßigen Abständen durchgeführten Musikveranstaltungen. Das Restaurant bietet polnische Speisen auf gehobenem Niveau und wird gern für Feiern zu verschiedenen Anlässen genutzt.

Im Innenhof des Schlosses

Eine weitere Besonderheit des Ortes ist der als ›Niepołomicer Urwald‹ (Puszcza Niepołomicka) bekannte, zwischen der Weichsel und dem kleinen Fluß Raba gelegene Forst. Das etwa 100 Hektar große Naturschutzgebiet ist die Heimat zahlreicher Vögel, darunter Jungadler, Baum- und Rötelfalken, Störche und auch Waldkäuze.

Nur wenige Kilometer vom Niepołomicer Stadtzentrum entfernt befindet sich übrigens ein kürzlich angelegter, von Krakauern gern genutzter Golfplatz. Von Sportanlagen dieser

Blick über den Rynek auf die Pfarrkirche

Art gibt es in Polen noch nicht viele. Zu den bei Niepołomice gelegenen Greens gelangt man, wenn man vom Zentrum nach Wieliczka fährt und in der Ortschaft Ochmanów links abbiegt.

Vorwahl: 012.
Postleitzahl: 32-005.

Nach Niepołomice gelangt man entweder mit dem eigenen PKW oder aber mit Bussen und Minibussen von Krakau aus. Diese Verkehrsmittel fahren vom Bus- und Minibusbahnhof an der ul. Pawia und im weiteren Verlauf dieser ganz in der Nähe des Hauptbahnhofs gelegenen Straße in Krakau ab.

Hotel ›Ostoja‹, Droga Królewska 77, Tel. 281 20 34; Preisklasse 1.
Motel ›Pod Dębem‹, Zagórze 4, Tel. 451 75 66, www.poddebem.pl; Preisklasse 1.

Königsschloß in Niepołomice, ul. Zamkowa 2, Tel. 281 11 17, www.niepolomice.pl; Mo–Sa 8–16, So 10–17 Uhr; 6/4 zł, Besichtigung nur mit Führung.

Royal Kraków Golf & Country Club, Ochmanów 124, 32-003 Podłęże, Tel. 281 91 70 und 281 91 71, www.krakowgolf.pl. Zutritt zu dem 18 Greens umfassenden Golfplatz haben neben den Mitgliedern des Polnischen Golfverbandes auch Mitglieder der Europäischen Golfvereinigung EAG und des US-amerikanischen Verbands USGA.

Dobczyce

Etwa 30 Kilometer südlich von Krakau, wo eine Staumauer den kleinen Fluß Raba zu einem See aufstaut und eine mittelalterliche Burgruine von einem Berg aus über die Umgebung wacht, liegt Dobczyce mit seinen 13 000 Einwohnern, die sich zu einer Hälfte auf das Zentrum und zur anderen auf die eingemeindeten Dörfer der Umgebung verteilen.

Die Stadt, die seit 1994 partnerschaftliche Kontakte zum westfälischen Versmold unterhält, kann auf eine lange Geschichte zurückblicken. Schon vor 1310 wurde Dobczyce das Magdeburger Stadtrecht verliehen. Im Jahr 1340 bestätigte König Kazimierz III. Wielki es, indem er die Dobczycer von der Zollpflicht auf polnischem Boden befreite.

Die wohl interessanteste Sehenswürdigkeit der Stadt ist die teilweise restaurierte Burgruine aus dem 13. Jahrhundert, die einst zum Krakauer Verteidigungssystem gehörte und polnischen Königen als vorübergehende Unterkunft und als Schule für ihre Söhne diente. Kein geringerer als der Geschichtsschreiber Jan Długosz war der Lehrer der Königskinder auf der Dobczycer Burg. Stolz berichten die Dobczycer, daß sich unter anderem König Kazimierz III. Wielki und König Władysław II. Jagiełło mit seiner Königin Jadwiga auf ihrer Burg aufgehalten haben.

Heute beherbergt die Ruine, die zum Schutz vor der Witterung mit für das Mittelalter kaum typischen roten Wellblechdächern versehen wurde, ein Heimatmuseum. Es präsentiert Zeugnisse verschiedener Epochen von der Eiszeit bis zum Zweiten Weltkrieg. Den Besuchern der Sehenswürdigkeit eröffnet sich von der

Die Burgruine scheint am Dobczycer Stausee zu wachen

Terrasse ein schöner Blick auf den See und den Staudamm. Diese Aussicht bietet sich nicht nur Teilnehmern lokaler Festlichkeiten, auch gut betuchte Polen aus Krakau und von weiter her mieten im Sommer gelegentlich die Burgruine für ihre privaten Feiern, wenn sie bereit sind, insbesondere bei den Sanitäranlagen Einschränkungen hinzunehmen.

Nur etwa 200 Meter entfernt, noch auf dem Burgberg, befindet sich die Johannes-der-Täufer-Kirche aus dem 19. Jahrhundert mit einem separaten, steinernen Glockenturm. Die mittlere der drei Glocken, die Johannesglocke, stammt aus dem Jahre 1504. Unweit des Glockenturms steht auch die ›Marysieńka‹-Linde, ein Naturdenkmal, in das zur Erinnerung an den Sieg über die Türken bei Wien eine Marienstatue eingeschnitzt wurde.

Naturdenkmal und Erinnerung an den Sieg über die Türken: die Marysieńka-Linde

Sehenswert sind auf dem Burgberg auch ein kleines Freilichtmuseum mit der Darstellung historischer Lebensweisen aus der Krakauer Umgebung und eine anliegende kleine Kneipe. Diese bietet Touristen eine willkommene Erfrischung als Belohnung für den nicht ganz leichten Aufstieg aus dem Stadtzentrum zum Burgberg und ist auch ein beliebter abendlicher Treffpunkt für die einheimische Jugend. Einen Blick auf das etwa 60 Meter lange, erhaltene Stück der Stadtmauer mit einem Eingangstor aus dem 14. Jahrhundert sollte man ebenfalls werfen, wenn man sich auf den Weg nach oben begeben hat.

Das aufwendig renovierte Dobczycer Zentrum am Fuße des Burgbergs zeugt von gelungenen Veränderungen nach der politischen Wende des Jahres 1989. An der Geschäftsstraße, Rynek (›Marktplatz‹) genannt, sind insbesondere die Hauptkirche sowie der Feuerwehrturm aus dem 19. Jahrhundert sehenswert. Seit einiger Zeit befindet sich im Stadtzentrum gegenüber der Hauptkirche mit der Kawierenka Złoty Kłos ein gemütliches kleines Café. Kuchen aus eigener Herstellung sowie kalte und warme Getränke werden dort angeboten.

Der etwas über 1000 Hektar große Stausee dient zur Trinkwassergewinnung für die gesamte Umgebung einschließlich Krakau und ist sehr zum Leidwesen der Stadtverwaltung, die ihn gern auch touristisch nutzen würde, noch nicht für Wassersport oder Bootsrundfahrten zugänglich. Daß zumindest für Schwimmer

Bedarf besteht, zeigt sich im Sommer an den beiden bei heißem Wetter stets vollen Freibädern auf dem Gelände des Erholungsheims des Wasserwerks und auf dem Campingplatz an der Raba. Auch die nicht wenigen Mutigen, die im klaren, aber kalten Wasser des Flusses Raba abwärts des Stausees baden, deuten auf einen Bedarf zur weiteren touristischen Erschließung des Gebietes hin.

Eine interessante Herausforderung ist eine Radtour um den Dobczycer Stausee. Die Strecke über zahlreiche Höhen und Täler bietet immer wieder herrliche Aussichten in die von Hügeln und Wasser geprägte Landschaft. Vom Dobczycer Zentrum führt die Tour über die Ortschaften Kornatka und Brzezowa in das Gebiet der Stadt Myślenice. Über Borzęta und Brzączowice gelangt man schließlich wieder nach Dobczyce zurück. Für die aufgrund der verschiedenen Steigungen mit dem Fahrrad nicht gerade leicht zu bewältige Strecke sollten etwa vier Stunden eingeplant werden. Eine ausgiebige Erholungspause hat man sich anschließend verdient.

Verschiedene regelmäßig wiederkehrende Festivitäten ziehen auch Menschen aus der weiteren Umgebung nach Dobczyce. Besonders hervorzuheben sind dabei die Eröffnung der Tourisumussaison am 3. Mai auf der Burgruine sowie das jeweils am 3. Juliwochenende stattfindende Stadtfest ›Dni Dobczyc‹ (Dobczycer Tage).

Vorwahl: 012.
Postleitzahl: 32-410.
Touristeninformation PTTK, ul. Podgórska, Tel. 271 11 76, www.dobczyce.um.pl (nur in polnischer Sprache).

Neben der Anreise mit einem PKW empfiehlt es sich, Dobczyce mit einem der teilweise im Viertelstundentakt von Krakau nach Dobczyce und zurück fahrenden Minibusse zu besuchen. Abfahrtsstellen sind in Krakau die Minibushaltestellen an der ul. Pawia, der ul. Warszawska und an anderen Stellen in der Nähe des Hauptbahnhofs.

Ośrodek Wypoczynkowy MPWiK (Erholungsheim des Wasserwerks), Góra Jałowcowa, Tel. 278 17 07. Hotel am Stausee mit solider Ausstattung für den Grundbedarf, Freibad und Grillstellen vorhanden; Preisklasse 1.

Ośrodek Sportu i Rekreacji Dobek, ul. Turystyczna 1, Tel. 271 14 39. Campingplatz und Holzhütten, Volleyballfeld und kleines Freibad.

›Kuźnia‹, Kornatka 252, Tel. 271 32 51. Restaurant mit altpolnischen Speisen im Ortsteil Kornatka. Bei einer sehr zu empfehlenden Rad- oder auch Autorundfahrt um den Stausee kommt man an diesem Restaurant vorbei.
›Karczma Pod Zbójem‹, Stare Miasto. Kleine Kneipe in historischen Gemäuern auf dem Burgberg ganz in der Nähe der Burgruine und des Regionalmuseums.

›Kawierenka Złoty Kłos‹, Rynek. Gemütliches kleines Café im Ortszentrum gegenüber der Hauptkirche, täglich 9–20 Uhr.	Museum in der Burgruine, April bis Okt. Di–Fr 10–16, Sa/So 10–18 Uhr; 4/2 zł, www.muzeum.dobczyce.net.

Myślenice

Wer von Krakau auf der E77 etwa 30 Kilometer gen Süden fährt, erreicht die alte Kreisstadt Myślenice. Durch das knapp 40 000 Einwohner zählende Mittelzentrum am Rande des Karpatenvorlandes fließt der kleine Fluß Raba. Die Hügel Dalin, Chełm und Ukleina umringen die Stadt.

Myślenice, Partnerstadt Lüdenscheids, wurde 1342 von König Kazimierz III. Wielki an dem alten Handelsweg nach Ungarn gegründet. Schnell entwickelte sich die Stadt zum Handwerks- und Handelszentrum, doch setzte ihr der Überfall der Schweden im 17. Jahrhundert kräftig zu und verhinderte einen weiteren Aufstieg. Erst mit der Ernennung zur Kreisstadt im Jahr 1866 sowie mit dem späteren Bau der in Polen berühmten und wegen der Unfallgefahr auch berüchtigten Zakopianka, der durch Myślenice führenden Straße von Krakau nach Zakopane, ging es mit der Stadt wieder bergauf.

Architektonisch ist besonders der von Häusern aus dem 17. bis 19. Jahrhundert und Bäumen umrahmte Marktplatz interessant. Er ist auch eine beliebte Foto-

Am beschaulichen Markptlatz in Myślenice

kulisse für frisch Vermählte aus der gesamten Umgebung. An warmen Samstagabenden kann man nicht selten fünf oder gar mehr von Fotografen in Positur gestellte Brautpaare gleichzeitig beobachten, wie sie auf dem romantisch beleuchteten Platz für das Erinnerungsalbum an den schönsten Tag im Leben vor den verschiedenen Objekten wie dem Brunnen ›Tereska‹ posieren. Auch eine Figur des Heiligen Florian aus dem Jahr 1776 ziert den Myślenicer Marktplatz.

Neben einer bedeutsamen Industrieansiedlung lebt Myślenice zu einem nicht unerheblichen Teil vom Tourismus, der sich ganz überwiegend im Erholungsviertel Zarabie (›Hinter der Raba‹) abspielt. Neben verschiedenen Hotels, Pensionen und Restaurants gibt es in Zarabie eine Go-Kart-Bahn, Tennisplätze und ein Sommerkino. Anglern bietet die Kreisstadt ein Fangrevier für drei Forellenarten und Wanderfreunden und Radwanderern eine schon etwas anspruchsvollere, leicht bergige Gegend mit einer gut zwei Kilometer langen Seilbahn auf den Berg Chełm. Vom Chełm hat man einen eindrucksvollen Blick auf die Beskiden, und bei schönem Wetter reicht das Panorama gar bis in die Hohe Tatra.

Ein neu gebautes Hallenbad, ›Aquarius‹, mit einem 25 Meter langen Sportbekken, einem Fitnessraum und einer Sauna runden das Freizeitangebot Myślenices ab. Aus den verschiedenen regelmäßig wiederkehrenden Festivitäten der Stadt stechen das Choralfestival im Januar und das Stadtfest im Juni/Juli hervor.

Vorwahl: 012.
Postleitzahl: 32-400.
Touristeninformation PTTK, ul. Rynek 27, Tel. 272 03 25.

Myślenice liegt 30 km südlich von Krakau an der Zakopianka (E77), der Straße nach Zakopane.

Busse und Minibusse benutzen ebenfalls hauptsächlich die E77 und fahren vom Bus- und auch vom Minibusbahnhof am Krakauer Hauptbahnhof mehrmals stündlich nach Myślenice ab.

Hotel ›Marina‹, ul. Słoneczna 13, Tel. 272 32 31. Zentral gelegenes Hotel, Preisklasse 1.
Hotel ›Prima‹, ul. Parkowa 1, Tel. 272 26 46. Hotel im Erholungsgebiet ›Zarabie‹, Preisklasse 1.
›Pod Dębami‹, Schulungs- und Erholungszentrum im Ortsteil Osieczany (bei Anschreiben nur den Ortsnamen in die Straßenbezeichnung schreiben), Tel. 272 03 44.

Campingplatz ›Prima‹, ul. Parkowa 1, Tel. 272 26 49. Campingplatz im Erholungsgebiet ›Zarabie‹. Alle drei Einrichtungen mit dem Namen ›Prima‹ sind im Internet unter www.prima.sotiko.pl zu finden (auch engl.).

›Siedem Smaków‹ (›Sieben Geschmäcker‹), ul. Zdrojowa 1a, Tel. 274 39 58. Das Restaurant liegt im Erholungsviertel ›Zarabie‹.
›Stek‹, ul. Jordana 5, Tel. 272 00 40, www.stek.com.pl. Gutes Steakrestaurant ganz in der Nähe des Rynek.

Die Seilbahn auf den Berg Chełm ist im Sommer von 9 Uhr bis zur Abenddämmerung und in der Wintersaison 10–15 Uhr geöffnet. Einfache Fahrt 7/3,50 zł, Hin- und Rückfahrschein 9/7 zł, Fahrradmitnahme 3,50 zł. Parkraum ist an der Seilbahnstation am Fuße des Berges auf einem kostenpflichtigen Parkplatz vorhanden.

Bochnia

Auf halber Strecke zwischen Krakau und Tarnów liegt die knapp 30 000 Einwohner zählende Kreisstadt Bochnia. Mißt man das Alter einer Stadt am Erhalt der Stadtrechte, so ist Bochnia die älteste Stadt der Wojewodschaft Małopolska. Im Jahr 1253 - und damit vier Jahre eher als Krakau - wurde Bochnia mit diesem Privileg ausgestattet. Hintergrund waren die im Jahr 1248 entdeckten Salzvorkommen. Schnell wuchs die Stadt damals zum wirtschaftlichen Zentrum der Region an.

So wird in Bochnia seit dem 13. Jahrhundert Salz abgebaut, ununterbrochen und bis heute. Auch wenn die jährlichen Besucherzahlen dieses Salzbergwerks weit hinter denen der Konkurrenz aus Wieliczka zurückbleiben, ist es die wichtigste Attraktion der Stadt. Auf einer Tiefe von 223 Metern beginnt für Touristen die etwa drei Stunden dauernde Besichtigung der verschiedenen Kammern des Salzbergwerks. Die größte Kammer, ›Ważyn‹ genannt, ist 255 Meter lang, über 14 Meter breit und gut 7 Meter hoch. Nicht nur in Wieliczka, auch im Salzbergwerk in Bochnia befindet sich eine nach der Heiligen Kinga benannte Kapelle. Aus Salz gefertigte Kunstwerke, darunter eine im Jahr 1922 erschaffene Kanzel, schmücken den Raum.

Der Turm des Salzbergwerks

Das unterirdische Heilklima hat Bochnia den Ruf eines Kurortes eingebracht. Seit vielen Jahren werden in der Stadt Atemwegserkrankungen behandelt. Neben Heileinrichtungen befindet sich unter Tage auch eine Sporthalle; sogar Theater- und Konzertveranstaltungen sowie Konferenzen finden in

Der Eingang zum Stanisław-Fischer-Museum

der Unterwelt Bochnias statt. Auch Übernachtungen sind möglich. So finden in der Ważynkammer bis zu 300 Menschen ein Bett. Noch zu Zeiten des früheren polnischen Präsidenten Aleksander Kwaśniewski wurde bei der UNESCO der Antrag gestellt, das Salzbergwerk in die Liste des Weltkulturerbes aufzunehmen. Über den Antrag wurde bisher noch nicht entschieden.

Neben dem Salzbergwerk ist die Kirche św. Mikołaja (St. Nikolaus) eine der Hauptsehenswürdigkeiten der Stadt. Die 1253 errichtete Pfarrkirche erhielt ihr heutiges überwiegend gotisches Äußeres im 15. Jahrhundert. Im Inneren ist sie im Stil des Barock und des Rokoko eingerichtet. Vor der Kirche steht ein aus Holz erbauter Glockenturm aus dem 16. Jahrhundert. Aufgrund einer Zerstörung im Jahr 1987 wurde der Turm rekonstruiert.

Am Marktplatz befindet sich das nach seinem Gründer Stanisław Fischer benannte sehr interessante Regionalmuseum. In dem Gebäude eines ehemaligen Dominikanerklosters werden seit dem Jahr 1959 Gegenstände aus der Geschichte der Gegend um Bochnia, Sitten und Brauchtum ausgestellt und veranschaulicht. Daneben zeigt das Museum einige Exponate, die von Kulturen anderer Kontinente stammen sowie Bilder bedeutenderer polnischer, nicht ausschließlich regionaler Künstler. Das Denkmal für König Kazimierz Wielki (Kasimir der Große) befindet sich ebenfalls am Marktplatz. In seiner Regierungszeit blühte Bochnia gemeinsam mit der gesamten Region auf. Ein Rathaus, Verteidigungsmauern und ein Krankenhaus für Bergleute gehen auf Kasimirs königliche Initiative zurück.

Im Freizeitbereich wird Bochnia seit einigen Jahren durch ein modernes Hallenbad mit einer Rutsche für große und kleine Kinder bereichert.

Von den wiederkehrenden Festivitäten in Bochnia sind besonders der König-Kazimierz-Tag im März, die internationale Erföffnung der Harley-Davidson-Saison im Mai und das Stadtfest ›Dni Bochnii‹ im Juni zu nennen.

Vorwahl: 014. Postleitzahl: 32-700. www.bochnia.pl.

Mit dem Auto ist Bochnia von Krakau oder Tarnów über die Fernstraße E 40 gut zu erreichen.

Bochnia liegt an der Linie Krakau–Tarnów; mehrmals täglich Verbindungen.

Hotel ›Millenium‹, ul. Księcia Józefa 24, Tel. 611 15 61, www.hotelmillenium.pl. Bestes Hotel am Ort; 119 Betten in Einzel-, Doppel-, Dreibett- und Vierbettzimmern, alle mit Bad und WC, behindertengerechte Einrichtung; Restaurant, Café, Pub, Night Club, Konferenzräume, Massagepraxis, Kosmetikstudio und bewachter Parkplatz; direkter Zugang zum Hallenbad; Preisklasse 3 (320 zł pro Doppelzimmer).
Hotel ›Sutoris‹, ul. Solna 2, Tel. 615 36 67, www.kopalniasoli.pl/hotel/index.html. Zum Salzbergwerk gehörendes Hotel mit 78 Betten in Einzel-, Doppel- und Dreibettzimmern. Alle Zimmer mit Bad/WC sowie Sat-TV und Telefon; Restaurant und Café; außerdem Zugangsmöglichkeit zu den Heileinrichtungen des Salzbergwerks wie zur Ważynkammer mit ihren Übernachtungsmöglichkeiten; Preisklasse 1.

Salzbergwerk (Kopalnia Soli), ul. Solna 2, Tel. 615 36 36, www.kopalniasoli.pl. Besichtigungen sind nur mit Bergwerksführer möglich. Führungen für Individualtouristen werden in polnischer Sprache wie folgt angeboten: Mo–Fr 9.30, 11.30 und 15.30 Uhr, Sa und So 10.15, 11, 12, 13, 14, 15 und 16 Uhr. Organisierte Gruppen können zu anderen Zeiten Termine vereinbaren. Eine Besichtigung des Salzbergwerks dauert etwa drei Stunden. Der Eintritt kostet für Individualtouristen von Januar bis zum 14. April sowie im September 22 zł (ermäßigt 16 zł) und vom 15. April bis zum 31. August sowie von Oktober bis Dezember 29 zł (ermäßigt 22 zł). Familienkarten für zwei Erwachsene und zwei Kinder kosten 70 zł. Für Gruppen ab 15 Personen gibt es Ermäßigungen. Strengstes Rauchverbot!
Stanisław-Fischer-Museum, Rynek 20, Tel. 612 24 36, www.muzeum.bochnia.pl; Di–Fr 10–16, Sa u. So 10–14 Uhr, Mo geschlossen; Eintritt 4/2 zł.

Hallenbad, Ukryta Pływalnia im. J. Kota, ul. św. Leonarda 34, Tel. 611 31 19; täglich 6.30–22 Uhr, Eintritt 7/5 zł pro Stunde.

Das religiöse Kleinpolen

Mit Wadowice, dem Geburtsort des Papstes Johannes Paul II., und mit der Pilgerstätte Kalwaria Zebrzydowska kann die Region Kleinpolen zwei Orte mit außergewöhnlicher Bedeutung für das religiöse Leben in dem zu 98 Prozent von Katholiken bewohnten Polen ihr Eigen nennen.

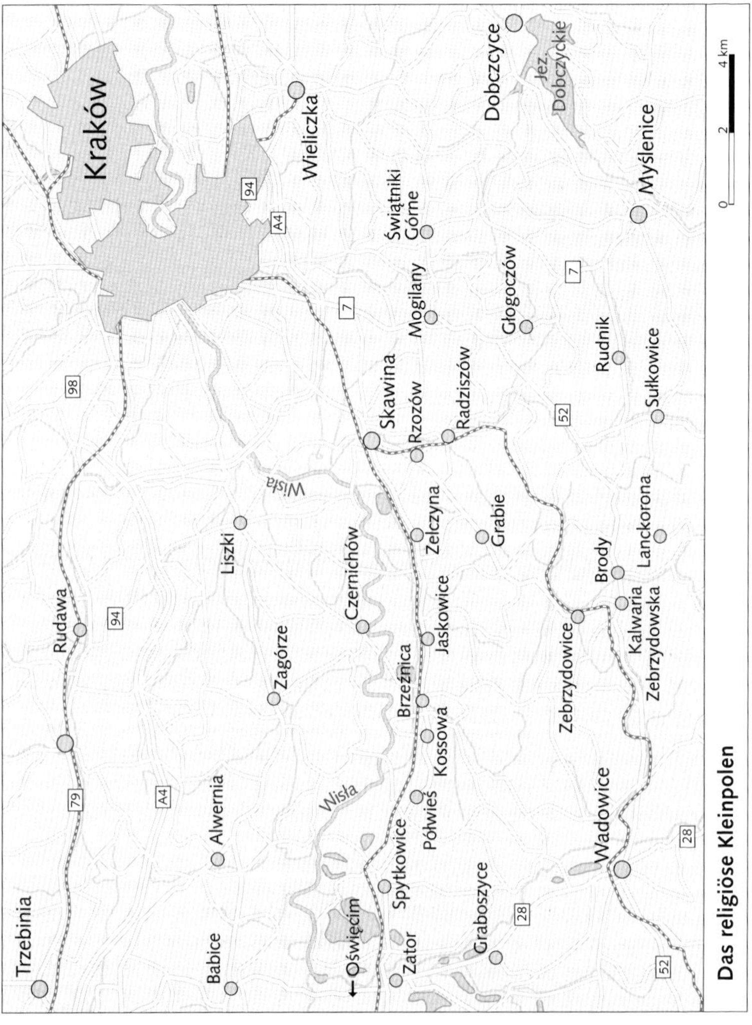

Das religiöse Kleinpolen

Johannes Paul II. - eine Region verehrt ihren berühmten Sohn

Es ist Freitagabend, der 1. April 2005, spätabends. Für diese Uhrzeit ungewöhnlich viel Verkehr ist auf den Krakauer Straßen unterwegs. Dabei kommt es nicht zu den ansonsten bei hoher Verkehrsdichte regelmäßig auftretenden Erscheinungen hektischer Überholversuche und quälender Hupkonzerte. Ruhig bewegen sich die Autos in Richtung Innenstadt. Auf allen Radiosendern - und mögen sie noch so kommerziell sein - wechselt sich ernste Musik mit von Andächtigkeit getragenen Reportagen ab.

Die Nachricht hat sich in Windeseile im ganzen Land verbreitet: Papst Johannes Paul II. liegt im Sterben. Der Kardinal von Krakau ruft die Bevölkerung auf, sich vor dem Haus ul. Franciszkańska 3 in Krakau zu versammeln. Dort wohnte Karol Wojtyła, wie Johannes Paul II. mit bürgerlichem Namen bis zu seiner Wahl zum Papst hieß, als er noch Kardinal war. Und hier versammelte sich die Bevölkerung immer, wenn der Papst auf Besuch in seinem Heimatland Polen und in seiner Stadt Krakau war.

Tausende von Menschen kommen an diesem Abend zu dem Haus. Sie beten und singen. Am darauffolgenden Tag, am Samstag, 2. April 2005, stirbt Johannes Paul II. Weltweit trauern Menschen und finden anerkennende Worte, in Polen aber ist die Trauer besonders groß.

Im ganzen Land war Johannes Paul II. in all den Jahren der Umstrukturierungen und der schwierigen Veränderungsprozesse, in denen das Ansehen von Politikern egal welcher Coleur kaum höher war als das von Gefängnisinsassen, die einzige unangefochtene moralische Autorität des Landes. Auch nach seinem Tod genießt Johannes Paul II. beispiellose Anerkennung in Polen. In Kleinpolen findet die Liebe zum verstorbenen Oberhaupt der katholischen Kirche hingegen noch eine weitere Steigerung: Hier wird er verehrt.

Er, der 1920 mit dem Namen Karol Wojtyła in Wadowice geboren wurde, dann an der Krakauer Jagiellonen-Universität und an einer Schauspielschule studierte, 1942 im besetzten Polen seine Berufung zum Priestertum erhielt und in ein Krakauer Geheimseminar eintrat, um dann nach seiner Doktorarbeit zunächst Weihbischof, dann Erzbischof und im Jahr 1967 schließlich Kardinal von Krakau zu werden, der das Skifahren und das Wandern in der Hohen Tatra liebte - er war hier einer der ihren, ein Kind der Region.

In vielen Städten Kleinpolens hat man Schulen, Straßen und Plätze bereits zu Lebzeiten nach diesem Papst benannt. Ob in der früheren Hauptstadt Krakau oder in kleinen Städtchen auf dem Land: Johannes Paul II. ist allgegenwärtig. Man ist stolz auf seine Leistungen. Als am 16. Oktober 1978 in Rom mit den Worten ›habemus papam‹ der Nachfolger für den nach nur 33 Tagen im Amt verstorbenen

Papst Johannes Paul I. bekannt gegeben wurde, hielt die Welt einen Moment inne. Die Entscheidung für den Krakauer Kardinal Karol Wojtyła war eine Kampfansage an die kommunistische Welt, in der es keinen Platz für Religion geben sollte.

Der polnische Papst enttäuschte die in ihn gesetzten Erwartungen nicht. Bereits acht Monate nach seiner Wahl, im Juni 1979, bereiste er als Johannes Paul II. sein Heimatland Polen. Gegen das Drängen von Sowjetchef Leonid Breschnew ließ ihn die polnische Staatsführung ins Land. Der Einfluß der katholischen Kirche war in der tiefgläubigen Bevölkerung Polens einfach zu groß, und so wagte die politische Führung nicht, diesen ersten Besuch des Papstes in seinem Heimatland zu verhindern. Das Staatsfernsehen übertrug sogar live, als der ersehnte Gast am 2. Juni 1979 auf dem Warschauer Siegesplatz öffentlich eine Messe feierte. Die zum Abschluß der Messe an Gott gerichteten Worte, die immer wieder an historischen Jahrestagen über die Bildschirme laufen, haben sich tief in die polnische Seele eingegraben haben: »Möge Dein Geist herabsteigen und das Antlitz des Erdbodens erneuern. Dieses Erdbodens. Amen.«

Alle hatten die Sätze verstanden: Die Gläubigen auf dem Siegesplatz, die Fernsehzuschauer und die kommunistische Führung in Warschau. Den Erdboden erneuern, diesen Erdboden - das war unerhörte Kritik am Regime. Eine Erneuerung dieses polnischen Erdbodens nach christlichen Grundsätzen widersprach allen Grundsätzen der atheistischen Führungsriege um Parteichef Edward Gierek.

Wenige Tage später forderte Johannes Paul II. seine Landsleute auf den Krakauer Błonia-Wiesen auf: »Ihr müßt stark sein! Ihr müßt gläubig sein!« Am letzten Abend seiner ersten Polenreise, am 9. Juni 1979, trat der Papst an das Fenster des Hauses ganz in der Nähe des Krakauer Marktplatzes, in dem er die letzten 20 Jahre bis zu seiner Wahl gewohnt hatte und sprach zu tausenden Wartenden: »Es ist aussichtslos für die Machthaber in Polen zu versuchen, die christlichen Wurzeln dieses Landes zu leugnen.« Er sollte Recht behalten.

Etwa ein Jahr später, im August 1980, gründete sich die Gewerkschaft Solidarność, die Solidarität. Die Danziger Leninwerft wurde bestreikt. Ein Pfarrer hielt für die Streikenden eine Messe auf dem Werftgelände, vor der Werft wurde ein Kreuz aufgestellt. Kirche und Solidarność sägten Hand in Hand am Stuhl der sowjetischen Macht. Daran konnte auch die Ausrufung des Kriegszustandes durch General Jaruzelski am 13. Dezember 1981 in Polen nichts ändern. Vielmehr suchte die Bevölkerung noch mehr Halt in der Kirche, der einzigen legalen Opposition im Land.

Im Jahr 1983 reiste Johannes Paul II. zum zweiten Mal in sein Heimatland. Bei der Ankunft sagte er zu Jaruzelski: »Ich bin gekommen, um in einem besonders schweren Moment der polnischen Geschichte mit meinen Landsleuten zu sein.« Johannes Paul II. appellierte an die Staatsführung, die Menschenrechte zu achten und traf sich mit dem ›Privatmann‹ Lech Wałęsa, der inzwischen zum Anführer der Solidarność geworden war. Jeder Auftritt des Papstes auf dieser zweiten Reise wurde zur Demonstration der Stärke, die die Gewerkschaft besaß.

Bei seinem dritten Besuch in Polen 1987 gab Johannes Paul II. seinen Landsleuten mit auf den Weg: »Solidarität - das heißt der eine und der andere. Und wenn es eine Last gibt, dann eine gemeinsam, in der Gemeinschaft getragene. Und daher niemals: Einer gegen den anderen!« Im Februar 1989 saßen dann die polnische Regierung und die Solidarność gemeinsam in Warschau am sogenannten Runden Tisch, dem ersten in Europa. Viele Historiker urteilen, daß die Veränderungen in Polen entscheidend zum Fall der Berliner Mauer beitrugen.

Die Statue für Johannes Paul II. in Kalwaria Zebrzydowska

Auch nach der Wende hat Johannes Paul II. mehrmals Polen besucht, zuletzt im Sommer 2002. Zur Messe mit dem Papst kamen damals etwa zwei Millionen Menschen auf die Krakauer Błonia-Wiesen. Mit Gesängen wie ›Kraków wita Cię‹, ›Kraków kocha Cię‹, ›Kraków dziękuje Ci‹ (›Krakau grüßt Dich‹, ›Krakau liebt Dich‹, ›Krakau dankt Dir‹) empfingen sie ihren Landsmann.

Johannes Paul II. hat am Rad der Weltgeschichte ganz kräftig mitgedreht. Auch und gerade in seinem Heimatland hat er tiefe Spuren hinterlassen - auch nach seinem Tod. So gaben sich Lech Wałęsa und Aleksander Kwaśniewski, die beiden tief verfeindeten Gegner von einst, vor der Trauerfeier im Vatikan die Hand und legten ihren Streit bei. Skurrile Züge erhielt die nationale Trauerwelle, als die Fans der Krakauer Fußballvereine Wisła und Cracovia, die sich sonst am Rande von Fußspielen gerne gegenseitig verprügeln, den Tod des polnischen Papstes zum Anlaß nahmen, ihre Schals zusammenzuknoten und gemeinsam zu singen.

Es kann heute durchaus vorkommen, daß in polnischen Pfarrhäusern über dem Foto des Nachfolgers und amtierenden Papstes Benedykt XVI. ein wesentlich größeres Bild des verstorbenen Johannes Paul II. hängt.

Wadowice

Zwischen Krakau und Bielsko, am Rande der zum Karpatenvorland gehörenden Gebirgskette Kleine Beskiden, liegt die etwa 20 000 Einwohner zählende Kreisstadt Wadowice. Die Stadt wurde 1327 erstmals urkundlich erwähnt und entwickelte sich rasch zu einem regionalen Handwerkszentrum.

Der durch Wadowice fließende Fluß Skawa bildete zur Zeit der deutschen Besatzung die Grenze zwischen dem Deutschen Reich und dem Generalgouvernement. In dieser Zeit gab es im Ort ein Übergangslager für polnische Gefangene und ein Ghetto. Von dort wurden mehr als 2000 Juden in Konzentrationslager verbracht.

Es ist aber nicht die lange Geschichte, über die sich Wadowice definiert. Das Leben in der Stadt konzentriert sich vielmehr auf den Plac Jana Pawła II, den Papst-Johannes-Paul-II.-Platz. Um ihn, den verstorbenen Papst, dreht sich hier alles, denn Wadowice ist seine Geburtsstadt. 1920 mit dem Namen Karol Wojtyła geboren, hat das berühmteste Kind der Stadt bis zur Aufnahme seines Studiums an der Krakauer Jagiellonen-Universität im Jahr 1938 hier gelebt. So gelangte das kleine Wadowice im Oktober 1978, als der damalige Krakauer Kardinal im Vatikan zum Oberhaupt der katholischen Kirche gewählt wurde, ins Rampenlicht.

Johannes-Paul-II.-Platz mit der Marienkirche in Wadowice

Die meisten der in- und ausländischen Besucher kommen in die Stadt im äußersten Westen der Region Kleinpolen, um das Elternhaus des Heiligen Vaters in der ul. Kościelna, der Kirchstraße, zu besichtigen. An der Außenfassade des Hauses befindet sich eine Tafel mit der Aufschrift ›W tym domu urodził się 18. V. 1920r. i mieszkał Karol Józef Wojtyła, papież Jan Paweł II‹, übersetzt: ›In diesem Haus wurde am 18.5.1920 geboren und wohnte Karol Józef Wojtyła, Papst Johannes Paul II.‹

In der früheren Wohnung der Familie Wojtyła und in der Nachbarwohnung hat man ein sehenswertes Museum eingerichtet. Dort sind unter anderem Fotos, handschriftlich verfaßte Texte, Urkunden und andere Zeugnisse aus dem Leben des polnischen Papstes ausgestellt. Auch persönliche Gegenstände wie Skier und Gebetsbücher sind zu sehen. Im Erdgeschoß bietet ein Kiosk die Gelegenheit zum Kauf von Büchern und Souvenirs von diesem denkwürdigen Ort. Neben dem Elternhaus des Papstes lohnt sich eine Besichtigung der Basilika im Herzen der Stadt. Ihre Anfänge reichen in das 14. Jahrhundert zurück.

Außer den religiösen Attraktionen hat Wadowice auch noch eine kulinarische Spezialität zu bieten: In Wadowice ißt man Kremówki, zwischen zwei Blätterteigscheiben gepackte Vanillecreme. Kremówki gehören in das ständige Sortiment der Wadowicer Konditoreien wie der Stollen nach Dresden. Und woher kommt es, daß dieses süße und kalorienreiche Gebäck in Wadowice zum Verkaufsschlager wurde? Bei der Suche nach der Antwort stößt man wieder auf Johannes Paul II. Bei seinem Polenbesuch im Jahr 1999 hatte er der Öffentlichkeit verraten, daß er in seiner Jugend besonders gerne Kremówki gegessen hatte und sie immer noch sehr mag. Daher heißen die Cremeschnitten in Wadowice nun auch nicht mehr nur Kremówki, sondern Kremówki Papieskie - Päpstliche Kremówki. In dieser Stadt dreht sich eben auch nach seinem Tod alles um Johannes Paul II.

Vorwahl: 033.
Postleitzahl: 34-100.

Südwestlich von Krakau gelegen, ist Wadowice mit dem Auto gut zu erreichen. Vom Krakauer Busbahnhof fahren auch mehrmals täglich Busse nach Wadowice, so daß eine gute Anbindung an das öffentliche Verkehrsnetz besteht.

Hotel ›Józefa Kozłowska‹, Tomice 300, Tel. 873 71 78, Preisklasse 1.

Pilgerhaus ›Wieża‹, al. Matki Boskiej Fatimskiej 90, Tel. 873 12 00, www.swpiotr.wadowice.pl.

Geburtshaus von Karol Wojtila, ul. Kościelna 7, Tel. 823 26 62, Mai bis Sept. täglich 9–13 und 14–18 Uhr, Okt. bis April täglich (außer montags) 9–12 und 14–17 Uhr.

Kalwaria Zebrzydowska

Es gibt in Polen mehrere Orte mit dem Namen Kalwaria, was soviel wie ›Kreuzweg‹ heißt. Der bedeutendste dieser Orte liegt jedoch zweifellos in der Region Małopolska, knapp 40 Kilometer südwestlich von Krakau, und ist nach seinem Begründer Mikołaj Zebrzydowski benannt. So heißt die Stadt heute Kalwaria Zebrzydowska.

Zwar ist die malerische Stadt, die eine Partnerschaft zum niedersächsischen Hameln unterhält, auch als ein Zentrum der polnischen Möbelherstellung bekannt. Es sollen mehrere hundert Tischler im Ort ansässig sein, und im Zentrum fallen die vielen Geschäfte mit der Aufschrift ›Meble‹ (›Möbel‹) auf. Wirklich berühmt ist Kalwaria Zebrzydowska indessen als religiöse Pilgerstätte – so sehr, daß das Städtchen gelegentlich sogar als das polnische Jerusalem bezeichnet wird.

Kalwaria wurde in den Jahren 1600 bis 1627 vom Krakauer Wojewoden Mikołaj Zebrzydowski bewußt als Pilgerstätte gegründet. Zebrzydowski ließ auf dem Berg Żarek die Christi-Kreuzigungskapelle nach einem Modell der Jerusalemer Heilig-Kreuz-Kapelle errichten. Kurze Zeit später ließ der Krakauer Wojewode auch die Christi-Grab-Kapelle nach Jerusalemer Vorbild und auch ein kleines Kloster mit einer Kirche an diesem Ort bauen.

Ein Buch von Adrian Cruy, genannt Andrichomiusz, in dem er das Heilige Land beschrieben hatte, regte Mikołaj Zebrzydowski zur Schaffung eines umfangreichen Sakralkomplexes mit einer Nachbildung der Leidensstationen Christi an. Die empfundene Ähnlichkeit des polnischen Geländes zwischen den Bergen Lanckorona und Żar mit der Lage von Jerusalem habe Zebrzydowski, so wird berichtet, zusätzlich zu seiner Idee inspiriert.

Der Berg Żarek wurde in ›Golgota‹ umbenannt und Lanckorona in ›Ölberg‹. Insgesamt 16 Stationen wurden so zu Lebzeiten des Gründers der Pilgerstätte gebaut. Nach dessen Tod wirkte sein Sohn Jan Zebrzydowski im Sinne seines Vaters fort und baute Kalwaria weiter aus. Heute prägen 41 Kapellen sowie das Kloster und die Basilika das Gelände.

Seit langem und bis heute sind die Wegandachten nach dem Vorbild der Jerusalemer Feierlichkeiten die Hauptform der Passionsfrömmigkeit in Kalwaria. Die Andachten laufen nach einem besonderen Ritual ab. An 28 Stationen der Leiden Christi werden in dem Waldgelände Gebete gesprochen, Lesungen gehalten und Lieder gesungen.

Insbesondere in der Karwoche und am Himmelfahrtstag – aber auch an anderen Tagen, abhängig von den jeweiligen Pilgergruppen – wird der Kreuzweg von Kalwaria Zebrzydowska gegangen. Eine örtliche Spezialität ist dabei, daß die Wegandachten zu Jesus, zur Mutter Gottes und für die Verstorbenen von Laien geleitet und durchgeführt werden. Johannes Paul II., der schon als kleiner Junge mit seinem Vater zu Pilgerfahrten hierher kam und persönlich eng mit dem Ort verbunden ist, hatte diese Besonderheit bei seinem ersten Polenbesuch nach seiner Wahl zum Papst im Juni 1979 mit folgenden Worten gelobt: »Ich habe immer diese traditionsreichen Gebete, die auf den Wegen von Kalwaria von den weltlichen Führern und ihrer Gesellschaft gesprochen wurden, bewundert. Ich dachte, es ist ein besonderes Vorbild des Apostolats der weltlichen Menschen.«

Auch kulturhistorisch und architektonisch hat der Komplex einiges vorzuweisen. Schon von außen wirkt das Kloster mit der Basilika und dem vor dem Haupteingang stehenden Denkmal zu Ehren Papst Johannes Pauls II. außerordentlich monumental.

Das Hauptschiff der Basilika wurde gegen Ende des 17. und Anfang des 18. Jahrhunderts als Ergänzung zur ursprünglichen Kirche gebaut. Paarige Pfeiler und hohe Blendarkaden schmücken die Wände. Im Inneren der Arkaden sind an der Nordwand die Altäre des Heiligen Jan Kapistran, des Heiligen Erzengels Michael und des Heiligen Joseph und an der Südwand die Altäre des Heiligen Dydak und der Heiligen Katharina aus Alexandria untergebracht. Ein besonders eindruckvolles Element der Basilika sind die Bemalungen des Schiffsgewölbes. Sie zeigen Mariä Geburt, Mariä Verkündigung, Mariä Aufnahme in den Himmel und Mariä Krönung.

Der älteste Teil der Basilika ist das Presbyterium mit dem zentralen und durchbrochenen, doppelseitigen Hauptaltar. Er ist ein besonderes Beispiel für barockes

Die Kapelle der Weinenden Frauen am Passionsweg

Der Herodespalast am Passionsweg

Schnitzwerk. Auf das Presbyterium folgt das Kloster des Bernhardinerordens. Sehenswert ist auch der Arkadenhof, der Klosterhof. Er schließt sich an den westlichen Teil des Kreuzganges an und bietet Übernachtungsmöglichkeiten für Pilger sowie einen Laden mit Souvenirs und Büchern.

Vom Arkadenhof gelangt man dann zu den einzelnen Leidensstationen. Bereits die erste Kapelle, die den Namen des Heiligen Raphael trägt, stammt aus der Zeit Mikołaj Zebrzydowskis, des Begründers der Pilgerstätte. Wir können an dieser Stelle nicht alle Kapellen ausführlich würdigen. Stellvertretend für die vielen sehenswerten Bauten des Kreuzwegs sei hier nur die achte, die Grab-der-Mutter-Gottes-Kapelle, die heute eine Kirche ist, sowie die Kreuzigungskirche erwähnt, die 36. Station des Kreuzwegs. Den Bau der letzteren begann Mikołaj Zebrzydowski im Jahr 1600 nach dem Vorbild der Heilig-Kreuz-Kapelle in Jerusalem. Seit der Mitte des 17. Jahrhunderts sind dort Bilder des polnischen Malers Franciszek Lekszycki mit den Themen Kreuzigung, Tod am Kreuz, Abnahme von dem Kreuz und Einbalsamierung zu sehen. Heute befinden sich dort jedoch nur noch Kopien dieser Bilder.

In der eben bereits erwähnten Mutter-Gottes-Kapelle sind vor allem die beiden Ebenen im Inneren interessant. In dem zentral aufgestellten Sarkophag befindet sich ein kleiner Sarg mit der Statue der entschlafenen Mutter Gottes, vor der Kapelle eine Balustrade mit Figuren der zwölf Apostel.

Vorwahl: 033.
Postleitzahl: 34-130.
www.kalwaria.ofm.pl.

Nach Kalwaria Zebrzydowska gelangt man mit dem Auto von Krakau in westlicher Richtung über die E462 oder über die Landstraße 953.

Vom Busbahnhof in der Nähe des Krakauer Hauptbahnhofs verkehren mehrmals täglich Linienbusse nach Kalwaria Zebrzydowska. Die Fahrt dauert etwa eine Stunde.

Hotel ›Merkury‹, ul. Sądowa 11, Tel. 8766277, Preisklasse 1.
Pilgerhaus, ul. Bernardyńska 46, Tel. 8751229.

Auschwitz – weltweites Symbol für den Völkermord

»Das Vergessenwollen verlängert das Exil, und das Geheimnis der Erlösung heißt Erinnerung.« Diese Worte sprach Bundespräsident Richard von Weizsäcker am 8. Mai 1985, dem 40. Jahrestag der Kapitulation Deutschlands, vor dem Deutschen Bundestag in Bonn. In dem Namen der Stadt Auschwitz, in der das Konzentrationslager Auschwitz-Birkenau lag, ist wie in keinem anderen die Erinnerung an die Vernichtung der europäischen Juden verewigt. In der heutigen kleinpolnischen Stadt Oświęcim dominiert diese Geschichte das Leben bis heute.

Geschichte des Konzentrationslagers

Bereits Ende 1939 entstand im Amt des Höheren SS- und Polizeiführers in Breslau der Gedanke, ein Konzentrationslager anzulegen. Dieser Plan wurde mit den überfüllten Gefängnissen in Schlesien und mit der von den Nationalsozialisten erklärten Notwendigkeit zur Durchführung weiterer Massenverhaftungen unter der polnischen Bevölkerung Schlesiens und im Generalgouvernement begründet. Nach längerer Suche durch eine eigens zu diesem Zweck gebildete Kommission wählte man die verlassenen polnischen Vorkriegskasernen am Stadtrand von Oświęcim aus, das auf deutsch Auschwitz heißt.

Mit der Errichtung des Lagers begannen die Nazis im April 1940. Rudolf Höss, der bis dahin Adjutant im Konzentrationslager Sachsenhausen gewesen war, ernannten sie zum Kommandanten des Lagers Auschwitz. Am 14. Juni 1940 wurden mit 728 Polen aus dem östlich von Krakau gelegenen Tarnów die ersten politischen Häftlinge von der Gestapo nach Auschwitz verbracht. Damals befanden sich auf dem Gelände 14 eingeschossige und 6 zweigeschossige Gebäude. In den Jahren 1941 und 1942 mußten Häftlinge alle

Grenzenloser Zynismus am Eingang des Konzentrationslagers Auschwitz

eingeschossigen Bauten um ein Stockwerk aufstocken und acht weitere Gebäude errichten, so daß das Lager Auschwitz schließlich aus insgesamt 28 zweigeschossigen Gebäuden sowie einer Küche und einigen Wirtschaftsbaracken bestand. Im Jahr 1941 entstand das Nebenlager Auschwitz II-Birkenau, und im Jahr 1942 errichtete man das Lager Auschwitz III-Monowitz auf dem Fabrikgelände der IG Farben. Weitere 40 kleinere Nebenlager wurden gebaut.

Die Zahl der Häftlinge nahm immer mehr zu. Sie wurden in den Blocks und dort auch in den Kellern und Dachböden untergebracht. Waren es zunächst noch etwa 13 000 bis 16 000 Gefangene, stieg die Zahl im Jahr 1942 auf etwa 20 000 Inhaftierte.

Im Laufe der Zeit wurde Auschwitz zum größten nationalsozialistischen Konzentrationslager. Während man in der ersten Phase überwiegend Polen, besonders die polnische Elite, einlieferte, wurden nach und nach auch Menschen aus anderen besetzten Staaten nach Auschwitz gebracht. Nach der Wannseekonferenz am 20. Januar 1942, als Vertreter der obersten Reichs- und Parteidienststellen unter Vorsitz von Reinhard Heydrich die ›Endlösung der Judenfrage‹ beschlossen hatten, wurde Auschwitz schließlich zum Ort des größten Massenmordes in der Geschichte der Menschheit, als dessen Ziel sich die Nazis die völlige Vernichtung der europäischen Juden gesetzt hatten.

Die deportierten Juden wurden überwiegend bereits kurz nach ihrer Ankunft mit dem Zug im Lager Auschwitz II-Birkenau in die dortigen Gaskammern verbracht und ermordet. Die Schätzungen schwanken, die Historiker gehen von 1,1 bis 1,5 Millionen Ermordeten aus.

Gegen Ende des Zweiten Weltkrieges, als die Rote Armee immer weiter nach Westen vordrang, begann die SS mit der Demontage und Zerstörung der Gaskammern und Krematorien. Dokumente wurden vernichtet, Spuren sollten verwischt werden. Wer noch marschfähig erschien, wurde ins Reichsinnere getrieben. Die im KZ Verbliebenen befreite die Rote Armee am 27. Januar 1945. Seit 1996 ist dieses Datum in Deutschland der offizielle Gedenktag für die Opfer des Nationalsozialismus.

Bereits im Jahr 1947 errichtete man auf der Grundlage eines Gesetzes des Sejms auf dem Lagergelände das staatliche Museum Auschwitz-Birkenau. Die UNESCO nahm dieses im Jahr 1979 in die Liste des Weltkulturerbes auf.

Auschwitz heute

Auschwitz-Birkenau ist heute ein Museum. Dieser Museumscharakter wird besonders auf dem Gelände des ehemaligen Stammlagers Auschwitz deutlich, wo sich Ausstellungen zum Leben und Töten in den verschiedenen Blocks befinden. Das etwa drei Kilometer vom Stammlager entfernte Nebenlager Auschwitz II-Birkenau hingegen ist auch heute noch ein Ort der grausamen Stille.

Eine Besichtigung des Konzentrationslagers beginnt in aller Regel vor dem Eingangstor, das mit den ebenso bekannten wie zynischen Worten ›Arbeit macht frei‹ überschrieben ist. Von dort aus geht es in die verschiedenen Blocks mit ihren Ausstellungen zur Geschichte des Lagers. Tafeln und Karten mit Fotos und Texten veranschaulichen den Lageralltag und liefern der Nachwelt Beweise über die auf diesem Gelände vollzogenen Verbrechen. Das Modell der Gaskammer und des Krematoriums II in Saal 4 im Obergeschoß des vierten Blocks zeigt zum Beispiel, wie die Menschen in den unterirdischen Auskleideraum gehen mußten und was anschließend mit ihnen geschah: Da die Männer der SS ihnen nach einer Selektion erklärt hatten, sie bekämen ein Bad, verhielten sich die Todgeweihten ruhig. Dann hatten sie ihre Kleidung abzulegen und in einen Raum zu gehen, der wie ein Duschraum mit Brausen an den Decken aussah. Doch ist niemals Wasser durch diese Brausen geflossen. Nach der Schließung der Gaskammern schütteten die SS-Männer durch einen Einwurf in der Decke das Gift Zyklon B in das Innere. Etwa 15 bis 20 Minuten dauerte dort der Todeskampf. Dann brach man den Ermordeten die Goldzähne heraus, schnitt ihnen die Haare ab, nahm ihnen den Schmuck ab und brachte die Leichen zum Verbrennen in den Krematoriumsofen oder auf den Scheiterhaufen.

Saal 5 des vierten Blocks zeigt bei der Lagerbefreiung vorgefundenes, aus Menschenhaar hergestelltes Haargewebe. Gerichtsmediziner wiesen in den Haarmassen

Gedenken an das Grauen

Spuren von Zyklon B nach. Beweise in Form von vorgefundenen Gegenständen der Ermordeten zeigt auch die Ausstellung im fünften Block. In verschiedenen Sälen sind Massen von Schuhen, Koffern, Brillen, Prothesen, jüdischen Gebetsbüchern und Bürsten zu sehen und auch Schuhe und Koffer in verschiedensten Größen – die Nazis machten keinen Unterschied zwischen Erwachsenen und Kindern.

Anders als an den übrigen Häusern des Lagers verbindet die Blocks 10 und 11 eine hohe Mauer, die Todeswand. Tausende von Menschen wurden vor dieser Mauer erschossen. Im elften Block befand sich das Lagergefängnis. Das Museum zeigt heute die frühere Bedeutung des Gebäudes. Im Erdgeschoß tagte das Standgericht. Nicht selten wurden dort innerhalb von nur drei Stunden bis zu hundert Menschen zum Tode verurteilt. Die Exekutionen fanden sofort an der Todesmauer statt – Berufung ausgeschlossen. Das Untergeschoß, in dem 1941 bei einem Vergasungsversuch zur Tötung von Menschen etwa 600 sowjetische Kriegsgefangene und etwa 250 kranke Häftlinge starben, zeigt das Lagergefängnis mit seinen Zellen. In Zelle Nr. 18 sperrte man zum Hungertod Verurteilte ein. In Zelle Nr. 20, einer Dunkelzelle, erstickten Menschen. In Zelle Nr. 21 sind an der Wand Zeichnungen eines Häftlings erhalten.

Erhalten ist auch das Krematoriumsgebäude des Stammlagers Auschwitz. In den Originalkrematoriumsöfen verbrannten die SS-Männer in den Jahren 1940 bis 1943 täglich etwa 350 Leichen.

Neben der Besichtigung der verschiedenen Lagerblöcke gibt auch ein im Filmsaal des Eingangsgebäudes mehrmals täglich in verschiedenen Sprachen gezeigter Film Aufschluß über das Lagerleben. Der Eintritt zum ehemaligen Konzentrationslager ist frei. Es können jedoch symbolische Steine für den Erhalt des Museums erworben werden. Gruppen sind verpflichtet, sich einem Museumsführer anzuschließen. Dabei ist das Sprachenangebot an Museumsführern groß.

Birkenau

Das etwa drei Kilometer vom Stammlager Auschwitz I entfernte Nebenlager Auschwitz II-Birkenau erreicht man heute entweder zu Fuß, mit den vom 15. April bis zum 31. Oktober im Stundentakt fahrenden Bussen oder mit dem Taxi. Von den über 300 Baracken des einst etwa 175 Hektar großen Geländes sind heute noch 45 steinerne und 22 hölzerne erhalten. Birkenau war ein reines Vernichtungslager, gebaut für den Massenmord. Zigtausende Menschen waren hier zeitgleich untergebracht. Im August 1944 erreichte die Zahl der männlichen und weiblichen Häftlinge die 100 000er-Grenze. Vom Turm der Hauptwache der SS am Eingang zum Nebenlager kann man sich einen Überblick über das Gelände verschaffen. Der Blick vom Turm führt direkt zur Eisenbahnausladerampe. Der

Tadeusz Różewicz

Der im Jahr 1921 in Radomsko geborene polnische Lyriker Tadeusz Różewicz hat sich in seinem berühmten, 1948 verfaßten Gedicht ›Zöpf-

Tadeusz Różewicz Ende der 90er Jahre

chen‹ mit den Grausamkeiten von Auschwitz auseinandergesetzt. Das Gedicht ist in deutscher Übersetzung in Różewiczs Gedichtband ›Zweite ernste Verwarnung‹ im Jahr 2000 im Hanser Verlag erschienen.
Tadeusz Różewicz wurde von den Erfahrungen des Zweiten Weltkriegs geprägt. Nach 1945 studierte er Kunstgeschichte in Krakau, um erst nach Gliwice (Gleiwitz) und dann weiter in seinen heutigen Wohnort Wrocław (Breslau) zu ziehen.
Różewicz zählt neben Czesław Miłosz, Wisława Szymborska und Zbigniew Herbert zu den vier großen polnischen Lyrikern der Nachkriegszeit und hat mit seiner Lyrik und erzählenden Prosa zahlreiche internationale Auszeichnungen erlangt.

Zöpfchen

Nachdem alle frauen des transports
kahlgeschoren waren
legten vier mann mit besen
aus lindenzweigen
das Haar zusammen

Hinter den sauberen scheiben
liegt das steife haar
der in gaskammern erstickten
in diesem haar stecken nadeln
und hornkämme

Kein sonnenlicht erhellt es
kein wind zaust es
keine hand kein regen kein mund
berührt es

In großen kisten knäuelt sich
das trockene haar der vergasten
da ist ein graues zöpfchen
ein mäuseschwänzchen mit schleife
an dem in der schule
freche bengels zupfen.

Tadeusz Różewicz

Blick auf das Vernichtungslager Birkenau

größte Teil der aus Ungarn stammenden Juden wurde mit Zügen hierher geleitet. Bei einer Besichtigung auch heute noch gut vorstellbar sind die katastrophalen hygienischen Bedingungen im Lager Birkenau. Es fehlte an Wasser und Sanitäreinrichtungen, Rattenmassen machten sich breit.

Ein Gang über das Lagergelände bietet die Möglichkeit, in die im Originalzustand erhaltenen Baracken hineinzugehen. Überwiegend gab es im Inneren keinen Fußboden. Häftlinge bewegten sich auf festgestampfter Erde. In den dreistöckigen Kojen wurden etwa acht Menschen auf einer Kojenebene zusammengepfercht.

Am Ende der Eisenbahnausladerampe sind die Ruinen von zwei Krematorien zu sehen. Als das Lager Anfang 1945 aufgegeben wurde, hatte die SS sie gesprengt, um ihre Spuren zu verwischen.

Auf der gegenüberliegenden Seite des Turms der Hauptwache befindet sich heute das Internationale Mahnmal zur Ehre der Opfer von Faschismus und Vernichtung in Auschwitz. Es wurde 1967 eingeweiht und erinnert mit Tafeln in verschiedenen Sprachen an die auf diesem Boden begangenen Verbrechen.

Eine deutsch-polnische Begegnung in Auschwitz

Michael steht vor den Krematoriumsöfen in Auschwitz und faltet die Hände. Vieles hat der Student aus Braunschweig, der zwei Auslandssemester in Krakau verbringt, über Auschwitz gehört. Er kennt die Fernsehreportagen über die Nazidiktatur und den Wahnsinn der Konzentrationslager. Nun steht er an dem Ort des Verbrechens – zusammen mit seiner Freundin Agnieszka, einer Germanistikstudentin aus Krakau.
Der sonst eher fröhliche Michael ist bedrückt. Es war sein Volk, das diesen industriellen Massenmord organisiert hatte. Agnieszka spürt seine Scham. Sie, die ihren im Krieg erschossenen Großvater niemals kennengelernt hatte, nimmt Michael in den Arm und sagt in ihrem Deutsch mit polnischem Akzent: »Ich verstehe, daß du dich hier nicht wohlfühlst. Aber das hast doch nicht Du gemacht.«
Agnieszka gehört zu der Generation von Polen, die zwar immer wieder mit dem Überfall Deutschlands auf Polen am 1. September 1939, mit Auschwitz und dem Zweiten Weltkrieg konfrontiert wurde. Ihre Generation hat jedoch längst ein anderes Deutschlandbild im Kopf. Vor Jahren war Agnieszka erstmals im Rahmen eines Jugendaustausches bei ihren Nachbarn westlich der Oder, in der Nähe von Potsdam. Sie hatte das sich verändernde Berlin gesehen und Kontakte zu Deutschen geknüpft. »Deutschland hat den Krieg verloren, aber den Frieden gewonnen«, sagt sie dem erstaunten Michael. »Wir sind hier nicht hingefahren, damit Du Dich schämst.« Fragend blickt Michael zurück.
Agnieszka hat ihn überrascht. Sie fährt fort: »Wir sind hier, damit auch wir beide dazu beitragen, daß sich so etwas nie mehr wiederholt. Daß Menschen zu Menschen grausam sein können, ist nicht nur eine deutsche Sache. Es gab auch Katyń. Es gab auch den Jugoslawienkrieg.«
Daß er, der zu der Generation der nach dem Zweiten Weltkrieg geborenen Deutschen gehört, sich keine persönlichen Schuldvorwürfe für Auschwitz mehr machen und auch nicht mehr machen lassen müsse, weiß Michael. Aber, dessen ist er sich auch sicher, man muß hierher fahren, besonders als Deutscher.
Und dann erinnert sich Michael an einen Satz des damaligen Bundespräsidenten Johannes Rau. Dieser hatte im Februar 2000 vor der Knesset in Jerusalem gesagt: »Wenn die Zeitzeugen gestorben sind, muß das Wissen sicher in die Hände der Jugend übergeben worden sein. Das sind wir auch denjenigen Deutschen schuldig, die sich damals, als es darauf ankam, gerecht verhalten haben.«
Diese Worte hat Michael nun endgültig verstanden.

Vorwahl: 033.
Postleitzahl: 32-600

Wer eine Anreise mit dem eigenen PKW plant, fährt am besten über die 44 über Skawina und Zator oder aber zunächst über die Autobahn A4 und dann ab der Ausfahrt Chrzanów über die Straße 933 nach Oświęcim, etwa 80 km in westlicher Richtung. Parkplätze sind ausreichend vorhanden.

Empfehlenswert ist eine Anreise mit dem Bus. Organisierte Tagesausflüge werden nicht nur im Sommer von Krakau nach Auschwitz angeboten. Zwei Unternehmen bieten diese Fahrten an: Jordan, ul. Pawia 8, 31-154 Kraków, Tel. 422 60 91, www.jordan.pl. Krakturs, ul. Kościuski 22, 30-105 Kraków, Tel. 429 25 98, www.krakturs.com.pl.
Vom Krakauer Busbahnhof fahren mehrmals täglich Linienbusse nach Oświęcim. Die Busse halten am Eingang des Museums, die Fahrtzeit beträgt etwa 90 Minuten.
Man kann auch mit dem Zug von Krakau und Katowice nach Oświęcim fahren, muß dann noch zu Fuß zum etwas außerhalb gelegenen ehemaligen Konzentrationslager gehen.

Hotel ›Glob‹, ul. Postańców śląskich 16, Tel. 843 06 43, Preisklasse 2.
Hotel ›Kamieniec‹, ul. Zajazdowa 2, Tel. 843 25 64, www.hotelkamieniec.com.pl, Preisklasse 1.
Centrum Dialogu i Modlitwy (Zentrum für Dialog und Gebet), ul. Maksymiliana Kolbego 1, Tel. 843 10 00, www.centrum-dialogu.oswiecim.pl. Das Zentrum ist eine Einrichtung der Katholischen Kirche. Sie wurde 1992 vom Krakauer Kardinal Macharski mit Unterstützung anderer Bischöfe aus ganz Europa und in Abstimmung mit Vertretern jüdischer Organisationen errichtet. Etwa 50 Betten.
Międzynarodowy Dom Spotkań Młodzieży (Internationales Jugendbegegnungshaus), ul. Legionów 11, Tel. 843 21 07, www.mdsm.pl. Die Internationale Jugendbegegnungsstätte verfügt über 100 Plätze in 22 Doppel-, 4 Dreibett- und 11 Vierbettzimmern, verteilt auf drei Häuser.

Staatliches Museum Auschwitz-Birkenau, ul. Więśniów Oświęcima 20, Tel. 843 21 33 oder 844 81 00, Fax 843 22 27, www.auschwitz-muzeum.oswiecim.pl. Mitte Dez. bis Febr. 8–15, März, Nov. bis Mitte Dez. 8–16, April, Okt. 8–17, Mai, Sept. 8–18, Juni, Juli, Aug. 8–19 Uhr. Das Informationsbüro über ehemalige Häftlinge, das Archiv, die Bibliothek und die Museumsverwaltung sind Mo–Fr 8–14 Uhr geöffnet. Der Eintritt auf das Gelände der Gedenkstätte Auschwitz-Birkenau ist kostenlos. Führungen: Gruppen sind verpflichtet, einen Museumsführer zu nehmen. Sie können vorab über die Kontaktanschrift und per Telefon und Fax oder auch vor Ort bestellt werden. Fremdsprachige Führungen sind problemlos möglich.

Tarnów

Etwa 80 Kilometer östlich von Krakau, sowohl mit dem Zug als auch mit dem Auto gut zu erreichen, liegt am Fluß Dunajec mit dem rund 120 000 Einwohner zählenden Tarnów die zweitgrößte Stadt der Wojewodschaft Kleinpolen. Allein schon wegen der schönen Altstadt, in der der Rynek und die mächtige Kathedrale die Hauptsehenswürdigkeiten sind, lohnt sich ein Ausflug in die von Renaissancebauten und einer großen jüdischen Vergangenheit geprägte Stadt.

Geschichte

Erste schriftliche Erwähnungen der Siedlung Tarnów gehen auf den Anfang des 12. Jahrhunderts zurück. Erst etwa 200 Jahre später, im Jahr 1308, taucht der Name der heutigen Stadt ein weiteres Mal auf. In einer Liste von Wundern aus dem Leben der seligen Kinga wird von einer Marta von Tarnów berichtet. Diese Marta soll auf dem linken Auge blind gewesen sein und mit dem rechten Bein gehinkt haben. Bei der Beichte vor dem Grab der seligen Kinga habe sie diese Leiden verloren. Marta von Tarnów ist damit die erste heute bekannte Einwohnerin der Stadt. Im Jahr 1330 verlieh König Władysław Łokietek die Stadtrechte an Tarnów. Die Einwohner der Stadt sollten sich, so hieß es damals, der gleichen Rechte wie die Einwohner der königlichen Stadt Krakau bedienen.

Die Blütezeit Tarnóws ist eng mit Hetman Jan Tarnowski (1488–1561) verbunden, einem Adligen und Gelehrten der Renaissance, der mit Erasmus von Rotterdam korrespondierte. Tarnowski erstellte schriftliche Anleitungen zur Ausübung öffentlicher Ämter in Tarnów, zum Verhalten gegenüber Feinden, zur Brandbekämpfung sowie zur Organisation der Handwerkszünfte. Darüber hinaus holte der von dem neuen Stil der Renaissance begeisterte Tarnowski Baumeister und Künstler dieser Zeit von weit her in seine Heimatstadt. So kam durch ihn Bartolomeo Berecci nach Tarnów, der sich bereits in Krakau als Schöpfer der Sigismundkapelle auf dem Wawel einen Namen gemacht hatte. Gleich nach Tarnowskis Tod begann der Bildhauer Gian Maria Mosca Padwy, der sich anschließend Padovano nannte, mit der Fertigung eines Grabmals des gelehrten Hetmans Jan Tarnowski. Das kunstvolle Denkmal ist heute in der Kathedrale in der Altstadt zu besichtigen.

In dieser Blütezeit lebten etwa 1200 bis 2000 Menschen in Tarnów. Die Stadt bestand im 16. Jahrhundert aus einer Schule, einer Kirche, einer Synagoge und etwa 200 Häusern. Wahrscheinlich befand sich Ende des 16. Jahrhunderts auch eine protestantische Kirche calvinistischer Ausrichtung in Tarnów.

Die Altstadtkathedrale beherrscht die Stadtsilhouette

Zahlreiche Brände, Seuchen und Kriege vernichteten den im 16. Jahrhundert entstandenen Wohlstand der Stadt. Besonders schwerwiegend waren die Schäden in Folge des Einfalls schwedischer Truppen im Jahr 1655. Einer Überlieferung nach überlebten gerade einmal 768 Bürger Tarnóws diesen Raubzug.

Schon im Zuge der ersten polnischen Teilung im Jahr 1772 wurde die Stadt vom Habsburgerreich besetzt und gehörte fortan zur österreichischen Region Galizien. In dieser Zeit stieg die Stadt zur Kreisstadt und zum Bischofssitz auf. Aus einer im Jahr 1787 angefertigten kompletten Übersicht über die Bevölkerung ergab sich, daß damals 395 Christen und 1236 Juden in Tarnów lebten. Etwa drei Viertel der Bevölkerung waren somit jüdischen Glaubens. In den umliegenden Vorstädten war dieses Verhältnis umgekehrt: 957 Christen und 127 Juden wurden gezählt.

Da Krakau im Gegensatz zu Tarnów bis 1795 noch zu Polen gehörte, war Tarnów in der Anfangszeit der österreichischen Besatzung das Zentrum des westlichen Galiziens. Gleiches galt für die Zeit der sogenannten Freien Republik Krakau in der ersten Hälfte des 19. Jahrhunderts. Tarnów hatte also nicht nur unter der Besatzung gelitten. Es gewann in dieser Zeit auch an Bedeutung. Zwar unterstreicht man in Tarnów heute, daß General Józef Bem, Widerstandskämpfer im Kampf um die polnische Unabhängigkeit während der russisch-österreichisch-preußischen Besatzung des Landes, im Jahr 1794 in Tarnów geboren wurde und damit ein Kind der Stadt ist. Doch schlug der Krakauer Aufstand gegen die Besatzer des Jahres 1846 im 80 Kilometer entfernten Tarnów in eine blutige, von den Bauern im Kreis Tarnów getragene und vermutlich von den österreichischen Besatzern unterstützte Antiunabhängigkeitsrevolte um.

Unter der Besatzung durch die Habsburger stieg die Bevölkerungszahl in Tarnów deutlich an. So zählte die Stadt im Jahr 1870 etwa 22 000 und im Jahr 1911 fast 40 000 Einwohner. Sie war damit nach Krakau und dem heute zur Ukraine gehörenden Lemberg die drittgrößte Stadt der Region Galizien. Mit dem Anstieg der Bevölkerungszahl ging eine spürbare Verbesserung der Infrastruktur einher. Unter anderem wurden in dieser Zeit Wasser- und Elektrizitätsleitungen gelegt und der Bahnhof erbaut. Nach dem ersten Weltkrieg gehörte Tarnów wieder zum nun unabhängig gewordenen Polen.

Am 28. August 1939 explodierte in der Gepäckaufbewahrung des Bahnhofs eine in einem Koffer versteckte Zeitbombe. 20 Menschen starben, ein Deutscher wurde als Täter ausgemacht. Auch wenn sich dieser Vorfall tatsächlich vier Tage vor dem Überfall auf Polen an der Westerplatte an der Ostsee ereignete, so dürfte doch die heute seitens des örtlichen Touristeninformationszentrums aufgestellte These, der Zweite Weltkrieg habe in Tarnów begonnen, um einiges zu weit gehen.

Der Zweite Weltkrieg wirkte sich fatal auf die zu einem Großteil aus Juden bestehende Bevölkerung der Stadt aus. Am 9. November 1939, also ein Jahr nach den Pogromen gegen die jüdische Bevölkerung im Deutschen Reich, brannten die jüdischen Einrichtungen auch in Tarnów. Von der alten Synagoge blieb nur noch die Bima übrig. Am 14. Juni 1940 wurden 728 Einwohner Tarnóws ins Konzentrationslager Auschwitz abtransportiert. Sie waren die ersten Insassen des Lagers. Das von den Nazis in Tarnów eingerichtete Ghetto wurde im September 1943 aufgelöst, die Bewohner verschleppt und ermordet.

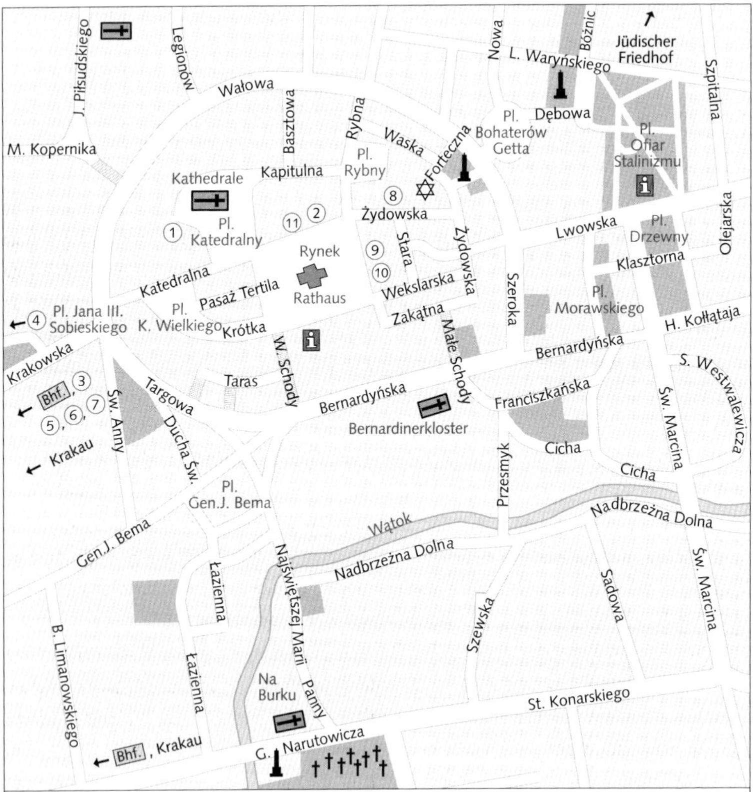

Tarnów

Legende

1 Diözesanmuseum
2 Bezirksmuseum
3 Ethnographisches Museum
4 Hotel ›Bristol‹
5 Hotel ›Tarnovia‹
6 Hotel ›Chemik-Mościce‹
7 ›Zajazd Dunajec‹
8 Dom Wycieczkowy PTTK ›Pod Murami‹
9 Restauracja ›U Jana‹
10 ›Gospoda Rycerska‹
11 Bar ›Kebab‹

Die Besatzung durch die Nationalsozialisten endete am 18. Januar 1945, als die Rote Armee dorthin vordrang. Im kommunistischen Polen wurde die Stadt im Jahr 1957 zum Sitz einer Wojewodschaft, einer polnischen Bezirksverwaltung. Diesen Status behielt sie bis Anfang 1999, als man die Wojewodschaften Tarnów, Krakau und Nowy Sącz im Zuge einer Verwaltungsreform zur Wojewodschaft Małopolska Zachodnia mit der Hauptstadt Krakau zusammenfaßte. Seit dieser Zeit hat die Wojewodschaftsverwaltung ihren Hauptsitz in Krakau, Tarnów ist nur noch Sitz einer Nebenstelle.

Ein Stadtrundgang

Die wichtigsten Sehenswürdigkeiten der Stadt befinden sich allesamt am und um den Marktplatz in der Altstadt. Mit öffentlichen Verkehrsmitteln Angereiste und am Hauptbahnhof oder am nur wenige Meter davon entfernten Busbahnhof Angekommene gelangen dorthin über die ul. Krakowska, eine der Haupteinkaufsstraßen. An der Kreuzung der kurzen Bahnhofsstraße mit der ul. Krakowska führt diese Straße nach rechts direkt in die Altstadt.

Altstadtkathedrale und ›Dom Mikołajowskich‹

Ein Stadtrundgang könnte an der Basilika am Plac Katedralny beginnen. Seit 1972 trägt die Altstadtkathedrale den Namen ›Bazylika Mniejsza‹ (›Kleinere Kathedrale‹), weil sich an der ul. Krakowska zwischen Bahnhof und Altstadt eine größere Kirche befindet.

Die Altstadtkathedrale, Bazylika Mniejsza genannt, wurde ursprünglich im 14. Jahrhundert als einschiffiges Gebäude ohne Turm im Stil der Gotik errichtet. Erst nach und nach wurden ihr in den folgenden Jahrhunderten Kapellen hinzugefügt. So baute man gegen Ende des 14. Jahrhunderts an die Südseite der Kirche die Kaplica Bożego Ciała (Fronleichnamskapelle), die auch Kaplica świętego Krzyża (Heiligkreuzkapelle) genannt wird. Im Jahr 1415 folgte dann ebenfalls an der Südseite der Anbau der Kaplica Rozesłania Apostołów (Kapelle der Aussendung der Apostel). Diese Kapelle geht auf die Initiative des Hetmans Jan Tarnowski zurück. Daher ist in dem Sterngewölbe der Kapelle ein achtzackiger Stern zu sehen – das Siegelwappen der Elżbieta von Szternberg, der Ehefrau Tarnowskis. Gegen Ende des 15. und Anfang des 16. Jahrhunderts erfolgte dann der Anbau des Turms und des Altarraums. Über die damalige Höhe des Kirchturms ist nichts bekannt. Heute ragt er jedenfalls 72 Meter hoch in den Himmel. Weitere Kapellen wurden in der Folgezeit angebaut, so daß allmählich ein dreischiffiges

Das Haus der Mikołajowskis am Plac Katedralny

Gebäude entstand. Erst im Jahr 1890 erhielt die Altstadtkathedrale im Zuge eines umfassenden Umbaus im Stil der Neogotik ihre heutige Gestalt.

Im Inneren der Kirche sind verschiedene Grabmale mit bildhauerischen Darstellungen von Verstorbenen zu sehen. Von besonderer Bedeutung ist das Grabmal Tarnowskis. Das auf der linken Seite des Altarraums angebrachte Werk des Bildhauers Jan Maria Padovano ist insgesamt fast 14 Meter hoch. Mittelpunkt des Kunstwerks ist die zwischen zwei aus rotem Marmor gefertigten Säulen stehende Grabnische und die darin befindliche und ebenfalls aus rotem Marmor bestehende Statue des Hetmans. Die untere der beiden Statuen stellt dessen Sohn Jan Krzysztof Tarnowski dar. Heldenszenen aus dem Leben des Hetmans und Wappenschilder runden das einzigartige Grabmal ab. An der rechten Seite des Altarraums ist das Grabmal der im Jahr 1517 verstorbenen Mutter Tarnowskis, der Barbara von Rożnów (Barbara z Rożnowa) zu sehen.

In der südwestlichen Ecke der Kathedrale befindet sich in der früheren Kaplica Rozesłania Apostołów ein weiteres bedeutendes, wahrscheinlich von Bartolomeo Berecci erschaffenes Grabmal. Es zeigt Barbara von Tęczyn, die im Jahr 1521 verstorbene erste Ehefrau Jan Tarnowskis. Dieses Grabmal gilt als eine der schönsten und bedeutendsten Renaissancedarstellungen einer Frau.

Verläßt man die Kathedrale über den Südeingang, führt der Weg durch eine kleine Gasse um den Kirchturm herum. Am Plac Katedralny 5 steht das zu einer Reihe von miteinander verbundenen Wohngebäuden gehörende Haus der Mikołajowskis (Dom Mikołajowskich). Von den beiden Nachbargebäuden unterscheidet sich dieses Haus durch seine nicht verputzte Klinkerbauweise. Das 1524 errichtete Haus ist das älteste noch nahezu vollständig erhaltene Wohngebäude in Tarnów. Ein mit einer Inschrift versehenes Wappen über dem Renaissanceportal weist auf diese Jahreszahl und auf den Erbauer des Hauses, Jan Mikołajowski, hin. Im Dom Mikołajskowich sowie den beiden Nachbargebäuden befindet sich heute das Museum der Diözese Tarnów [1]. Die Ausstellung umfaßt Gegenstände mittelalterlicher Sakralkunst, Malerei, Bildhauerei und liturgische Kleidung.

Am Rynek

Über den Bogen um die Kirche herum gelangt man auf den Rynek, den 80 mal 90 Meter großen Marktplatz der Stadt. Unübersehbar prägt das im Mittelpunkt des Platzes stehende Gebäude des historischen Rathauses diese von Renaissancebauten umgebene Fläche. Das viereckige Gebäude stammt ursprünglich aus dem 15. Jahrhundert und erhielt in der zweiten Hälfte des 16. Jahrhunderts sein heutiges, wenn auch durch Umbauten insbesondere gegen Ende des 19. Jahrhunderts verändertes, im Stil der Renaissance gestaltetes Äußeres. Ebenso wie der etwa 30 Meter hohe Rathausturm besteht der obere Teil des Hauptgebäudes aus nicht verputzten Klinkern. 28 Vertiefungen geben dem oberen Teil des Rathauses, der Attika, ein besonderes Erscheinungsbild. An der Südseite weist ein leider nicht mehr im Original, aber wohl getreu nachgebildetes Steinportal auf den Haupteingang hin. Heute beherbergt das ehemalige Rathaus eine Filiale des Bezirksmuseums. Erinnerungsstücke an General Józef Bem, militärische Gegenstände, Porzellan und polnische Malerei aus dem 19. und 20. Jahrhundert sind dort zu sehen.

Das Rathaus ist von schönen Renaissancehäusern umgeben. Die Mehrzahl der Gebäude stammt aus dem 18. Jahrhundert, aber auch einige noch ältere Häuser sind gut erhalten. Die Nummern 20 und 21 sind die vielleicht schönsten Gebäude am Rynek. Beide Häuser sind mit Arkaden versehen und an den Fassaden originell bemalt. Wann das Haus mit der Nummer 20 errichtet wurde, kann nicht genau

Renaissancehäuser säumen den Rynek

gesagt werden. Ein früher am Eingangsportal angebrachtes Wappen soll das Jahr 1565 ausgewiesen haben. Nach der ersten polnischen Teilung wohnte hier Richard d'Alton, ein österreichischer General irischer Abstammung, der 1772 an der Besetzung Tarnóws teilnahm. Die im Gewölbe des Nachbarhauses (Nr. 21) zu sehende Jahreszahl 1568 bezeichnet vielleicht den Beginn oder den Abschluß des Nachbarbaus. Auch dieses Gebäude wurde unter der österreichischen Besatzung als Quartier des Militärstabs genutzt. Heute ist in den Häusern das Bezirksmuseum [2] untergebracht, das polnische und europäische Malerei sowie Glas- und Porzellansammlungen ausstellt.

Der jüdische Stadtteil

Wie bereits erwähnt, stellten die Juden im 18. Jahrhundert die Mehrheit der Einwohnerschaft. Von den mit ihnen verbundenen Einrichtungen der Stadt ist seit dem Zweiten Weltkrieg nicht mehr viel übrig geblieben, einige Spuren lassen sich aber noch finden.

Von der Nordostecke des Marktplatzes ist rasch die ul. Żydowska, die Judenstraße erreicht. Von der im 17. Jahrhundert links der ul. Żydowska erbauten und im November 1939 abgebrannten Synagoge ist nur noch die Bima erhalten. Von diesem erhöhten Punkt wird in Synagogen die Thora verlesen. Ein Eingangsportal führt von der ul. Żydowska auf den heute nur noch von der Bima bebauten Platz [3], an dem früher die Synagoge stand. Die Überdachung, die die Reste des Baus vor der Witterung schützen soll, wurde in den 1980er Jahren aufgebaut. Seit einiger Zeit wird die Bima alljährlich im Juni für Konzerte im Rahmen der Tage des Andenkens an die Tarnówer Juden genutzt.

Die wenigen erhaltenen Reste der Synagoge

Hält man sich am Ende der geraden Straße, an der die ul. Żydowska nach rechts abknickt, nach links, so stößt man auf die ul. Forteczna. Durch eine schmale Pforte gelangt man nun zu einem 1985 hier aufgestellten Denkmal, das an den in Tarnów geborenen

Józef Bem (1794-1850) erinnert. Bem kämpfte im 19. Jahrhundert gegen die Besatzung und für die Unabhängigkeit der polnischen und der ungarischen Nation. Ganz in der Nähe des Józef-Bem-Denkmals befindet sich der Plac Bohaterów Getta (Platz der Ghettohelden). Wie der Name bereits verrät, befand sich hier das von den Nazis 1942 errichtete und 1943 geschlossene Ghetto.

Das Denkmal für Józef Bem

Vom Platz der Ghettohelden führt die kleine Straße ul. Dębowa in die ul. Bóżnic zum Denkmal zu Ehren der Opfer des ersten Auschwitztransportes, der von Tarnów ausging. An dem Platz, auf dem sich das Denkmal befindet, steht seit 1904 auch die jüdische Mikweh, das rituelle Reinigungsbad. Seitdem das jüdische Leben in Tarnów im Zweiten Weltkrieg ausgelöscht wurde, wird das Gebäude nicht mehr religiös genutzt. Von der ehemaligen Mikweh aus führt der Weg über die al. Mickiewicza und die al. Matki Boskiej Fatimskiej zu dem zwischen den Straßen ul. Szpitalna und ul. Słoneczna gelegenen jüdischen Friedhof. Der etwas abseits des Zentrums gelegene Friedhof ist eine der ältesten jüdischen Begräbnisstätten in Polen. Die ältesten Gräber stammen aus dem 17. Jahrhundert. Grabinschriften sind in hebräischer, polnischer und deutscher Sprache erhalten.

Weitere Sehenswürdigkeiten

Auch wenn sich die Marienkirche mit dem Namen ›Na Burku‹ (Auf dem Burek) an der Kreuzung ul. Panny Marii und ul. Narutowicza ein ganzes Stück außerhalb des Zentrums befindet, so ist doch der Gang dorthin empfehlenswert. Die schöne Holzkirche am kleinen Fluß Wątok wurde in der ersten Hälfte des 15. Jahrhunderts erbaut. Zur Zeit der polnischen Teilungen wurde in dieser Kirche regelmäßig am 3. Mai, dem heutigen Nationalfeiertag, anläßlich der Verfassung des Jahres 1791, ein patriotischer Gottesdienst gefeiert.

Gegenüber der Kirche Na Burku, an der ul. Narutowicza, liegt der 1788 angelegte christliche Friedhof der Stadt, der Stary Cmentarz (Alter Friedhof). Dort befindet

Das Ethnographische Museum thematisiert die Kultur der Roma

sich unter anderem das Grab der 1795 in Tarnów verstorbenen Herzogin Maria Anna von Lubomir Radziwiłłowa, die an den österreichischen, polnischen und französischen Königshöfen für ihr überaus üppiges Leben bekannt war.

Sehenswert ist auch das Ethnographische Museum [3] an der ul. Krakowska 10. Eine ständige Ausstellung zeigt die Geschichte und die Kultur der Roma, von denen heute nicht mehr viele in Kleinpolen leben.

Es soll die einzige ständige Ausstellung dieser Art auf dem europäischen Kontinent sein. Besondere Festivitäten wie der alljährlich organisierte ›Zigeunerfrühling‹ (Cygańska Wiosna) runden das Angebot des Museums ab.

Vorwahl: 014.
Postleitzahl: 33-100.
Informationszentrum, Rynek 7, Tel. 6278735, Fax 6283440, centrum@turystyka.tarnow.pl, www.turystyka.tarnow.pl. Neben dem üblichen Angebot auch Verleih von Fahrrädern. Zwischen Juni und September ist eine Zweigstelle in unmittelbarer Nähe von Bahnhof und Busbahnhof ebenfalls geöffnet.
Allgemeine Informationen zur Stadt unter www.tarnow.pl.

Das 80 km östlich von Krakau gelegene Tarnów ist über die E40 (Richtung Tarnów, Rzeszów, Medyka) gut mit dem Auto zu erreichen.

Mindestens ebenso bequem wie mit dem Pkw ist Tarnów mit dem Bus oder dem Zug zu erreichen. Die tagsüber ein bis zwei Mal stündlich von Krakau nach Tarnów fahrenden Züge benötigen je nach Zugklasse für die Strecke etwa 60 bis 90 Minuten. Busse fahren vom Busbahnhof vor dem Krakauer Hauptbahnhof ab und sind etwa genauso lange unterwegs. Bahnhof und Busbahnhof liegen etwa 1 km außerhalb des Zentrums.

Hotel ›Bristol‹, ul. Krakowska 3, Tel. 6212279, Fax 6212279, www.bristol.tarnow.com.pl. Unmittelbar an der Altstadt gelegenes 4-Sterne-Haus mit Konferenzräumen, Fitnessclub/Solarium und Restaurant.

Hotel ›Tarnovia‹, ul. Kościuszki 10, Tel. 621 26 71, www.hotel.tarnovia.com.pl, Preisklasse 2. Das in der Nähe des Bahnhofs gelegene Hotel mit Restaurant, Sauna und Frisiersalon verfügt über ein gehobenes Niveau.

Hotel ›Chemik-Mościce‹, ul. Traugutta 5, Tel. 633 12 27, Preisklasse 2. Das Hotel der gehobenen Klasse befindet sich außerhalb des Stadtzentrums im Ortsteil Mościce und verfügt über eine Biosauna, ein Solarium, eine Sporthalle und einen bewachten Parkplatz.

›Zajazd Dunajec‹, ul. Krakowska 85, Tel. 674 11 12, Preisklasse 1. Die Unterkunft befindet sich an der Fernstraße nach Krakau im Ortsteil Zgłobice.

Dom Wycieczkowy PTTK ›Pod Murami‹, ul. Żydowska 16, Tel. 621 62 29, Preisklasse 1. Einfach ausgestatte Herberge, günstige Preise, im Zentrum; DZ mit und ohne Bad, auch Vierbettzimmer.

Restaurant ›U Jana‹, Rynek 14, Tel. (mobil) 0504/68 55 85. Österreichische und polnische Küche in gehobener Atmosphäre, direkt am Marktplatz.

›Gospoda Rycerska‹, ul. Wekslarska 1, Tel. 627 59 80. Verschiedene Pizzen und traditionelles polnisches Essen in urgemütlicher Atmosphäre, an der südöstlichen Ecke des Marktplatzes.

Bar ›Kebab‹, Rynek 6, Tel. 627 81 99. Fast Food zu niedrigen Preisen. Direkt am Marktplatz gelegen.

Bezirksmuseum, Rynek 20-21, Tel. 621 21 49, Di u. Do 10–17, Mi u. Fr 9–15, Sa/So 10–14 Uhr; 4/2 zł, So Eintritt frei.

Bezirksmuseum, Filiale im historischen Rathaus, Rynek 1, Tel. 621 21 49, Di u. Do 10–17, Mi u. Fr 9–15, Sa/So 10–14 Uhr, 4/2 zł, So Eintritt frei.

Diözesanmuseum, Plac Katedralny 6, Tel. 626 45 54, Di–Sa 10–15, So 9–14 Uhr, jeweils 12–13 Uhr Mittagspause; Eintritt frei.

Ethnographisches Museum (Filiale des Bezirksmuseums), ul. Krakowska 10, Tel. 622 06 25, Di u. Do 10–17, Mi u. Fr 9–15, Sa/So 10–14 Uhr, 4/2 zł, So Eintritt frei.

Tarnów eignet sich gut als Ausgangspunkt für weitere Erkundungen. In der Umgebung finden sich beispielsweise zahlreiche sehenswerte Burgen und Kirchen. Gutes Informationsmaterial hält das Infomationsbüro am Rynek bereit. Die Burg in Nowy Wisniscz, etwa 10 Kilometer südlich von Bochnia, gilt als die besterhaltene befestigte Barockresidenz in Polen. Der Kern der Anlage geht auf die Zeit zwischen 1615 und 1637 zurück. Eine Burg aus dem späten 15. Jahrhundert findet sich in Debno, rund 20 Kilometer westlich von Tarnów. Die Anlage im spätgotischen Stil ist außerordentlich gut erhalten, lediglich die ursprüngliche Palisadenbefestigung hat die Zeiten nicht überdauert. In einem Flügel verdeutlicht ein Modell die originale Anlage.

Mächtige Berge, im Sommer farben prächtige Almwiesen, im Winter weite weiße Landschaften – die Hohe Tatra, die Pieninen und die Beskiden haben ihre ganz besonderen Reize.

Die Bergregion

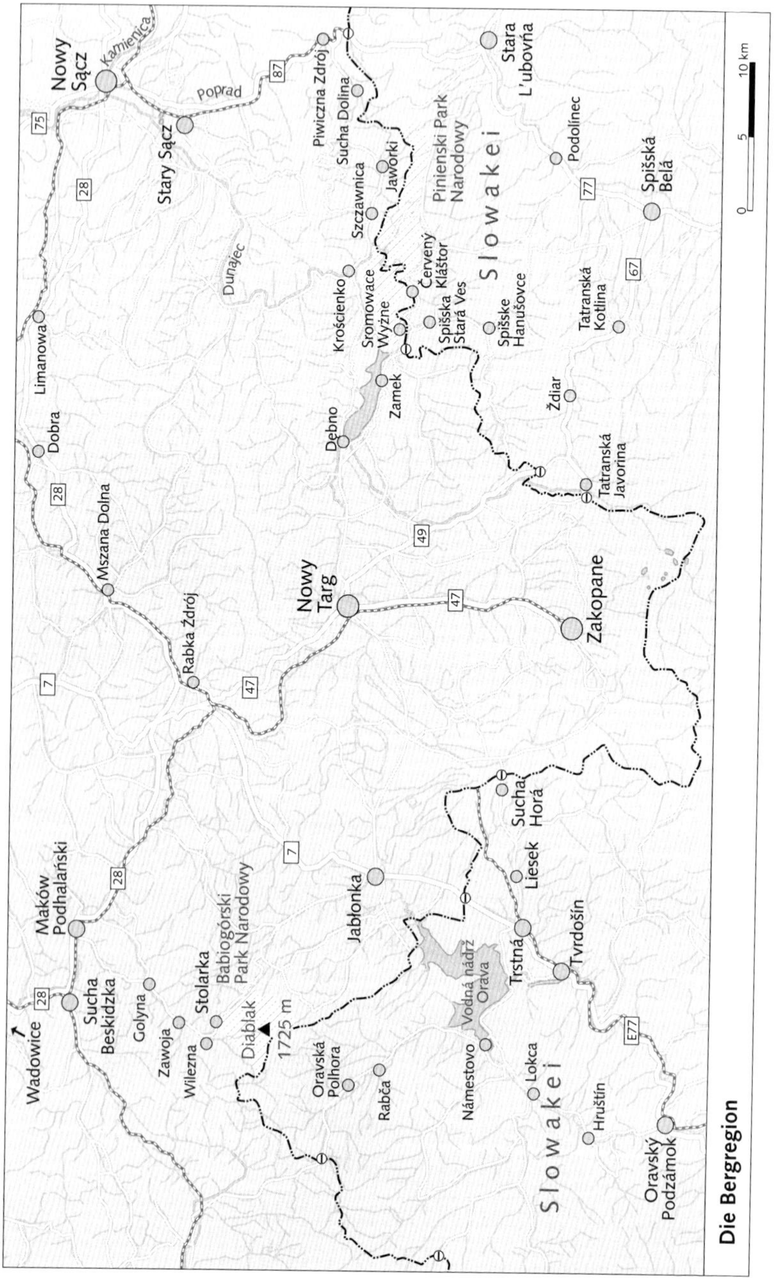
Nowy Sącz
Kamienica
Poprad
Stary Sącz
75
28
87
Piwiczna Zdrój
Sucha Dolina
Szczawnica
Jaworki
Pinienski Park Narodowy
Stara L'ubovńa
Podolínec
Spišská Belá
77
67
Dunajec
Limanowa
Dobra
Krościenko
Sromowace Wyżne
Červený Kláštor
Spišska Stará Ves
Slowakei
Spišské Hanušovce
Tatranská Kotlina
Zamek
Dębno
Ždiar
Tatranská Javorina
Mszana Dolna
49
Nowy Targ
47
Zakopane
Rabka Zdrój
7
Maków Podhalański
Sucha Beskidzka
Wadowice
Golyna
Zawoja
Wilezna
Stolarka
Babiogórski Park Narodowy
Diablak
1725 m
Jabłonka
Sucha Horá
Liesek
Trstná
Tvrdošín
Vodná nádrž Orava
Oravská Polhora
Rabča
Námestovo
Lokca
Hruštín
E77
Oravský Podzámok
0
5
10 km
Die Bergregion

Zakopane

Der wohl bekannteste Ferienort Polens liegt weder an der Ostsee noch in Masuren. Er befindet sich in der Hohen Tatra. In Zakopane, dem polnischen Wintersportzentrum, trifft man sich, auch die High Society des Landes. Ob Popstar oder Politgröße - wer in Polen ›in‹ sein will, muß vom Ski- oder Snowboardfahren in Zakopane erzählen können. Das läßt sich unter anderem an der ul. Krupówki ablesen, der in ganz Polen bekannten und auch eben billigen Einkaufsstraße.

Die Geschichte Zakopanes begann im 17. Jahrhundert, als der Name der heutigen Kreisstadt mit ihren heute rund 30 000 Einwohnern erstmals in einer Chronik erscheint. Nach und nach siedelten sich immer mehr Menschen an, so daß ein Ort entstand. 1765 sollen es 37 Häuser und zwei Mühlen gewesen sein. Fünf Jahre später wurde Zakopane, ebenso wie Nowy Targ und Nowy Sącz, von Österreich einverleibt, das seine Grenzen um einige Kilometer verschoben hatte. In den sechziger Jahren des 18. Jahrhunderts begann man auch mit dem Aufbau einer Eisenhütte im heutigen Ortsteil Kuśnice. Eine lange Hüttenwesentradition setzte ein, und Zakopanes Eisenwerk wuchs im 19. Jahrhundert zum größten metallurgischen Betrieb in Galizien. Heute sind nur noch Reste davon erhalten.

Längst lebt die Stadt von anderen Einnahmequellen. Im 19. Jahrhundert wurde Zakopane als Ferienort entdeckt. Es erschienen erste Reiseführer in polnischer Sprache über die Region und die Stadt. Bekannte Ärzte kamen aus Warschau,

Wintervergnügen in Zakopane

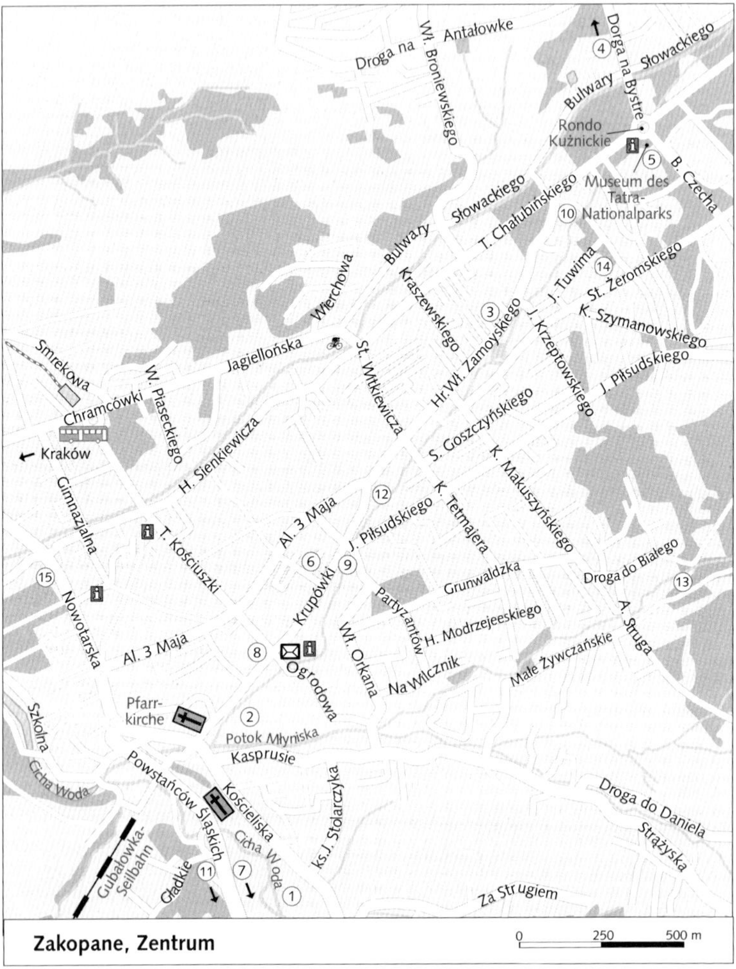

Zakopane, Zentrum

Legende

1 Museum des Zakopane-Stils
2 Tatra-Museum
3 Haus ›Oksza
4 Holzkirche
5 Naturmuseum des Tatra-Nationalparks
6 Städtische Kunstgalerie
7 Galerie Kulczyccy
8 Hotel ›Giewont‹
9 Hotel ›Litwor‹
10 Pension ›Foluszowy Potok‹
11 Hotel ›Kasprowy‹
12 Hotel ›Kasprowy Wierch‹
13 Pension ›Pan Tadeusz‹
14 Pension ›Biały Ślad‹
15 Jugendherberge

um sich länger im Ort aufzuhalten und Menschen zu behandeln, und 1873 gründete sich die Zakopaner Tatra-Gesellschaft, eine Tourismusorganisation. Einen wichtigen Schritt in der Entwicklung zum touristischen Anziehungspunkt bildete schließlich der Anschluß an das Eisenbahnnetz im Jahr 1899.

Zwischen den beiden Weltkriegen entwickelte sich Zakopane zum Wintersportzentrum. Eine Sprungschanze entstand in dieser Zeit ebenso wie zwei Sportstadien und die Seilbahn auf den Kasprowy Wierch. Bereits 1929 war Zakopane erstmals Austragungsort einer Skiweltmeisterschaft. Nach dem Zweiten Weltkrieg dauerte es einige Jahre, bis Zakopane seine Rolle als Kur- und Ferienort zurückerobern konnte. Trotzdem ist es nach und nach gelungen, die alten Zeiten noch zu übertreffen.

Inzwischen hat sich die Bedeutung des Tourismus in der polnischen Wintersportmetropole deutlich verändert. Die Rolle der Stadt als Kurort verringerte sich immer mehr. Stattdessen wurde der Tatraort zum Kultur- und Sportzentrum. Heute kennt man Zakopane weltweit als Austragungsort des Skisprungweltcups. Jeweils im Januar, wenn sich die Elite des Skisprungs an der Wielka-Krokiew-Schanze im Süden der Stadt versammelt, schaut die Sportwelt auf die Kreisstadt in der Hohen Tatra. Schon Wochen vor dem alljährlichen Großereignis sind die rund 70 000 Gästebetten im Ort ausgebucht. Polnisch hört man in diesen Tagen wenig in den zahlreichen Kneipen, Restaurants und Bars, wenn die Sportler aus aller Welt mit ihren Teams anreisen.

Zakopane ist jedoch zu jeder Jahreszeit ein Anziehungspunkt für ausländische Touristen. Einer der Höhepunkte der jährlichen Aktivitäten des Tourismusverbandes ist das jeweils in der zweiten Augusthälfte stattfindende Festival der Bergfolklore, das die Tradition der Góralen in lebhafter Weise darstellt. Auch außerhalb der regelmäßigen Feste und Wettbewerbe, besonders aber zu Ferienzeiten, ist man in Zakopane niemals allein. Die Stadt lebt, im Sommer wie im Winter.

Architektur und Sehenswürdigkeiten

Zakopane kann stolz auf eine ausgeprägte und eigentümliche Architektur verweisen. Im sogenannten Zakopane-Stil erbaute Häuser zieren das Stadtbild nicht nur im Zentrum. Der Zakopane-Stil geht auf Stanisław Witkiewicz zurück, entstand in der zweiten Hälfte des 19. Jahrhunderts durch Fortentwicklungen der in Podhale, dem Tatravorland, vorherrschenden Architektur und ist an Formen der regionalen Schnitzkunst angelehnt. Bei den Witkiewicz-Häusern handelt es sich um Villen und große Pensionen, die aus Holzstämmen und auf hohen Mauerfundamenten errichtet sind. An der Südseite unter dem Dach befindet sich eine Veranda, im Dachbereich sind kleine Stuben eingerichtet.

Ein typisches Holzhaus im Zakopane-Stil

Das älteste dieser Häuser ist die Villa Koliba [1] in der ul. Kościeliska 18, die heute das Museum des Zakopane-Stils beherbergt. Weitere charakteristische Exemplare dieses Baustils sind das Tatra-Museum [2] in der ul. Krupówki 10, das Haus ›Oksza‹ [3] in der ul. Zamoyskiego 25 sowie die Holzkirche im Ortsteil Jaszczurówka [4].

Ein besonders eindrucksvolles Beispiel eines Holzbaus ist auch die Alte Kirche in der ul. Kościeliska im Zentrum der Stadt. Sie ist die erste Holzkirche Zakopanes und stammt aus der Mitte des 19. Jahrhunderts. Im Inneren sind Meisterwerke der sakralen Volksmalerei zu sehen.

Neben der Kirche befindet sich der Alte Friedhof, auf dem viele örtliche und auch regionale Persönlichkeiten begraben sind. Unter anderem fanden hier der erste Pfarrer in Zakopane, Józef Stolarczyk, und Dr. Tytus Chałubiński, der das bis dahin unscheinbare Bergdorf Zakopane in der zweiten Hälfte des 19. Jahrhunderts bekannt machte, ihre letzte Ruhe. Ebenso auf diesem Friedhof begraben liegt der 1930 verstorbene Regionalschriftsteller Władysław Orkan. Ihm werden noch heute große Verdienste für das kulturelle Leben in Zakopane zugeschrieben.

Leider hat man in der zweiten Hälfte des 20. Jahrhunderts auch in Zakopane mit der Errichtung von Plattenbauten begonnen. Zwar prägen diese bei weitem nicht das Gesicht der Stadt, doch passen sie kaum zu der traditionellen Holzbauarchitektur und trüben an einigen Stellen das Bild.

Museen und Galerien

Zakopane ist nicht nur etwas für Sportinteressierte, auch kulturell hat die Stadt einiges zu bieten. Das älteste Museum vor Ort und zugleich auch eines der ältesten Polens ist das nach Dr. Tytus Chałubiński benannte Tatra-Museum. Die Ausstellung zeigt die Geschichte der Entdeckung der Tatra sowie die ethnographische Entwicklung in der Region. Ferner beherbergt das Museum eine Bibliothek und ein Archiv.

Ein weiteres wichtiges Museum für den Tatraort ist das Museum des Zakopaner Stils in der Villa Koliba. Das Museum ist nach Stanisław Witkiewicz, dem Begründer des einzigartigen Zakopaner Holzbaustils, benannt und stellt die Inneneinrichtung in Häusern dieser Architekturrichtung aus. Die Villa Koliba ist das älteste im Zakopane-Stil erbaute Haus.

Interessant ist auch das Naturmuseum des Tatra-Nationalparks [5]. Naturwissenschaftliche Entdeckungen und Ausstellungen zur Geographie und Hydrographie der Hohen Tatra stehen im Mittelpunkt dieses Museums.

In der ul. Krupówki 41 wird eine städtische Kunstgalerie [6] betrieben. Liebhaber orientalischer Teppiche kommen in der nach Włodzimierz und Jerzy Kulczycy benannten Galerie [7] in der ul. Koziniec 8 , einer Filiale des Tatra-Museums, auf ihre Kosten.

Zahlreiche private Galerien wie die von Rudolf Krzyżak in der ul. Krupówki 35a oder Henryk Burzec in der ul. Piaseckiego 14 bieten Volkskunstinteressierten vielseitige Besichtigungsmöglichkeiten.

In der Krupówki, der eleganten Kurpromenade

Władysław Orkan

Dem Namen Władysław Orkan begegnet man häufiger in der Bergregion Kleinpolens. Im November 1875 als Franciszek Salezy Smaciarz in Poręba Wielka im heutigen Kreis Limanowa geboren, wuchs der später unter dem Namen Władysław Orkan bekannte Schriftsteller und Dichter in den bescheidenen Verhältnissen einer Góralenfamilie auf.
Nach dem Besuch der Grundschule in Poręba Wielka und eines Gymnasiums in Krakau veröffentlichte er 1898 sein erstes Werk mit dem Titel ›Nowele‹. Es folgten weitere in der polnischen Literatur viel beachtete Erzählungen, Dramen und Gedichte wie ›Nad Urwiskiem‹ (›Über dem Abgrund‹), ›Wina i kara‹ (›Schuld und Strafe‹) und ›Tobie Podhale‹ (›Dir, Tatravorland‹).
Orkans Werke handeln überwiegend vom Leben im polnischen Dorf mit all seinen sozialen Schwierigkeiten und Nöten. Aber auch die Naturschönheiten des Tatravorlandes ›Podhale‹, die der Naturliebhaber Orkan in zahlreichen ausgiebigen Wanderungen erkundet hat, sind Gegenstand von Orkans literarischen Texten. Im Mai 1930 starb Orkan im Alter von nur 54 Jahren in Krakau. Anschließend wurde der bedeutende Regionaldichter in Zakopane begraben, wo er bereits in frühen Jahren immer wieder als Schriftsteller tätig war.
Zahlreiche Straßen, Schulen und öffentliche Gebäude im Tatravorland

Władysław Orkan, Zeichnung von I. Rembowski, 1919

sind heute nach Władysław Orkan benannt. So trägt das Regionalmuseum in der Holzkirche in Rabka den Namen des Dichters. In Nowy Targ wurde nur wenige Jahre nach Orkans Tod vor dem historischen Rathaus ein Denkmal zu Orkans Ehren aufgestellt. Und in Władysław Orkans Geburtsort, dem zur Gemeinde Niedźwiedź im Kreis Limanowa gehörenden Dorf Poręba Wielka, befindet sich ein Museum, das den Lebensweg des Schriftstellers darstellt.

Wintersport in Zakopane

Daß Zakopane grundsätzlich über ausgezeichnete Wintersportbedingungen verfügt, ist mittlerweile weit über die Grenzen Polens hinaus bekannt. Nicht nur für skisprungbegeisterte Zuschauer, die jährlich im Januar zum Weltcup in den Tatraort kommen, sondern auch für aktive Sportler hat die Stadt viel zu bieten. Zahlreiche Skilifte sind in der Umgebung vorhanden (s. Karte S. 230).

Ein Skilift mit angeschlossener Skischule befindet sich an der ul. Szymoszkowa direkt neben dem Hotel Kasprowy. Der einige Kilometer östlich vom Stadtzentrum gelegene Hang ist eher etwas für Anfänger, Profis werden hier keinen Reiz bei der Abfahrt verspüren. Aber man kann auch einfach den Kindern mit ihren Eltern auf dieser Piste zusehen. Die am Fuße des Hangs gelegene Hütte bietet nicht nur ›Skilehrlingen‹ gemütliche Bedingungen zum Après-Ski. Altpolnische Speisen und Getränke aller Art werden angeboten.

Eine weitere Möglichkeit zur Auffahrt bietet die Standseilbahn auf den Berg Gubałówka, die nicht nur von Wanderern, sondern auch von Ski- und auch Snowboardfahrern gerne genutzt wird. Ein Höhenunterschied von 300 Metern wird dann überwunden. Die Abfahrt vom Gipfel des Gubałówka auf Skiern direkt ins Zentrum von Zakopane ist durchaus empfehlenswert. Die Piste ist abends beleuchtet und, falls notwendig, auch mit künstlichem Schnee versehen. Eine 100 Meter lange und 13 Meter breite Halfpipe macht auch Snowboardfahrern Appetit auf den Gubałówka. Auf dem Berg befindet sich auch ein kleiner Zuglift, der auf einer Strecke von 300 Metern etwa 70 Meter in die Höhe fährt.

Auf dem Berg Gubałówka

Besonders reizvoll ist die Abfahrt vom Gipfel des Kasprowy Wierch, den man mit der Gondelbahn erreicht. Die untere Station befindet sich im Tal des Ortsteils Kuśnice, die Endstation auf einer Höhe von 1959 Metern; sie ist ein beliebtes Ziel zahlreicher Wintersportfreunde. Die Gondelbahn auf den Kasprowy Wierch überwindet auf einer Strecke von 4291 Metern einen Höhenunterschied von 931 Metern. 180 Personen können pro Stunde befördert werden.

Weitere Skilifte befinden sich in der Nähe der Sprungschanze Wielka Krokiew und an vielen anderen Orten in der Umgebung. Zu bedenken ist allerdings, daß eine Schneegarantie in Zakopane ebenso wie an anderen Orten der Hohen Tatra nicht besteht. Gelegentlich, wenn auch selten, können im Winter schneefreie Tage auch in höheren Lagen der Tatra vorkommen. Zu berücksichtigen ist auch, daß trotz zahlreicher Skilifte insbesondere in Zakopane an Wochenenden und zur Hauptferienzeit mit längeren Wartezeiten vor den Skiliften zu rechnen ist.

Vorwahl: 018.
Postleitzahl: 34-500.
Centrum Informacji Turystycznej, ul. Kościuszki 17, Tel. 201 22 11, Fax 206 60 51, info@um.zakopane.pl. www.tatry.pl, www.zakopane.pl (auch auf Deutsch).

Von Krakau aus fährt man mit dem Pkw nach Zakopane am besten auf der E77 in südlicher Richtung. Rund 90 Minuten muß man dafür einkalkulieren. Die Straße kann mitunter voll sein.

Die mehrmals täglich direkt vor dem Ausgang des Krakauer Hauptbahnhofs nach Zakopane abfahrenden Linienbusse fahren ebenfalls auf der E77, der ›Zakopianska‹. Die Fahrt dauert etwa zwei Stunden. Züge fahren ebenfalls mehrmals täglich vom Krakauer Hauptbahnhof.

In Zakopane gibt es eine große Auswahl an Unterkünften. Einige Tips:

Hotel ›Giewont‹, ul. Kościuszki 1, Tel. 201 20 11, www.giewont.net.pl, Preisklasse 3. Das beliebte Hotel befindet sich direkt in der Innenstadt. Die mit Bad/WC und TV ausgestatteten Doppelzimmer sind gemütlich und modern eingerichtet. Bewachte Parkplätze sind vorhanden.

Hotel ›Litwor‹, ul. Krupówki 40, Tel. 202 02 02, www.litwor.pl, Preisklasse 3. Das Hotel liegt in der bekannten Geschäftsstraße im Herzen von Zakopane und gehört zweifellos zu den exklusiveren Hotels der Stadt. Umfangreiche im Haus vorhandene Freizeitmöglichkeiten wie Sauna, Kraftraum, Schwimmbad und Solarium ergänzen die komfortablen Zimmer des Vier-Sterne-Hotels. Bewachte Parkplätze sind vorhanden.

Pension ›Foluszowy Potok‹, ul. Zamoyskiego 42, Tel. 206 63 28, www.foluszowypotok.and.pl, Preisklasse 1. Die Pension ist eine günstige und familienfreundliche Alternative zu den exklusiveren Hotels. Die allesamt mit Dusche/WC ausgestatteten und modern eingerichteten Doppelzimmer wurden erst vor wenigen Jahren umfassend renoviert. Frühstück ist im Übernachtungspreis enthalten. Bei vorheriger Anmeldung wird auch Mittagessen und Abendbrot serviert.

Weitere empfehlenswerte Häuser:

Hotel ›Kasprowy‹, ul. Szymoszkowa 1, Tel. 201 40 11, www.orbis.zakopane.pl, Preisklasse 3.

Hotel ›Kasprowy Wierch‹, ul. Krupówki 50b, Tel. 201 27 38, Preisklasse 2.

Pension ›Pan Tadeusz‹, Droga do Białego 20, Tel. 201 22 28, www.polskietatry.pl, Preisklasse 2.

Pension ›Biały Ślad‹, ul. Zwierzyniecka 16, Tel. 201 38 94, Preisklasse 1.

Jugendherberge Schronisko PTSM, ul. Nowotarska 45g, Tel. 201 36 18.

Campingplatz ›Comfort‹, ul. Kaszalewskiego 7a, Tel. 201 49 42.

Campingplatz ›Gumownia‹, ul. Sportowa, 34-530 Bukowina Tatrzańska (bei Zakopane), Tel. 207 71 74.

Tatra Museum Dr. Tytus Chałubiński, ul. Krupówki 10, Tel. 201 52 05, www.muzeum.tatry.net.pl, Mi–Sa 9–17, So 9–15 Uhr; 4/3 zł.

Museum des Zakopane-Stils (Villa Koliba), ul. Kościeliska 18, Tel. 201 36 02, Mi–Sa 9–17, So 9–15 Uhr; 4/3 zł.

Naturmuseum des Tatra-Nationalparks, ul. Chałubińskiego 42a, Tel. 206 35 79, Mo–Sa 8–15 Uhr.

Biographisches Museum Władysław Orkan, Poręba Wielka 109, 34-735 Niedźwiedź, Tel. 018-331 70 88, Di–Sa 9–16 Uhr; 4/2 zł.

Städtische Kunstgalerie, ul. Krupówki 41, Di–Fr 10–17, Sa 10–14 Uhr.

Galerie Kulczyccy, ul. Koziniec 8, Tel. 201 29 36, Mi–Fr 9–16, Sa 11–19, So 9–15 Uhr; 4/3 zł.

Radverleih bieten an:

Bzyk Sport, ul. Krupówki 37, Tel. 147 07.

Rent-a-bike, ul. Sienkiewicza 37, Tel. 142 66.

Sport & Fun Company, Rondo 1, Tel. 156 03.

Verleih von Ski- und sonstigen Wintersportausrüstungen:

Sport & Fun Company, Rondo 1, Tel. 156 03.

Camping ›Pod Krokwią‹, ul. Żeromskiego, Tel. 122 56.

Die Góralen

In der Krakauer Bevölkerung kursieren gelegentlich Witze über die Góralen, das polnische Bergvolk. Ein Kalauer lautet so: »Frage: Wie übersetzt man folgenden Satz in die Góralensprache: ›Entschuldigen Sie bitte, ich habe Sie nicht richtig verstanden. Könnten Sie das bitte noch einmal wiederholen?‹ Antwort: ›Hääh?!‹«

In der Tat ist die Ausdrucksweise der Góralen derber als im übrigen Land. Ihr unverkennbarer Dialekt verstärkt diesen Eindruck. Dennoch oder gerade deswegen ist die in Zakopane und Umgebung gepflegte Gebirgsfolklore eine echte Attraktion für die Region. Die Abgeschiedenheit von der übrigen Welt und die an Stelle des Ackerbaus vorherrschende Tierzucht haben über die Jahrhunderte hinweg einige kulturelle Eigenarten der Bergbevölkerung

Männer in typischer Góralentracht

konserviert. Viele der zu besonderen Anlässen gepflegten Bräuche wie spezielle Tänze haben ihren Ursprung in der Zeit, als die Góralen noch als Schafhirten in der Tatra lebten. Auch wenn sich diese Region heute eigentlich nicht mehr von der Zivilisation des übrigen Europas unterscheidet, so leben die Góralen vielleicht doch noch stärker im Einklang mit der Natur.

Folklore genießt in der Bergregion einen hohen Stellenwert. Die Trachten ähneln denen aller Bergbewohner in den Karpaten. Männer tragen enge, helle und oben und unten bunt bestickte Hosen und weiße, zusammengeklammerte Leinenhemden mit einer Lederweste und einem flachen Hut mit runder Krempe. Frauen trugen ursprünglich graue oder blaue Röcke mit weißen Schürzen und helle Westen, darüber eine bestickte Bluse, ein Tuch und Lederschuhe. Erst Ende des 19. Jahrhunderts näherte sich die Frauenkleidung den Krakauer Trachten an und wurde bunter.

Eine lange Tradition hat auch die Rivalität zwischen den Krakauern und der Tatrabevölkerung. Sie drückt sich nicht nur in Witzen aus, sondern erhielt Ende des 18. Jahrhunderts auch Einzug in das polnische Kulturgut. Eine Oper mit dem Titel ›Krakowiacy i Górale‹ (›Krakauer und Góralen‹) behandelt diese Konkurrenz. Aber die Oper von Jan Stefani und Wojciech Bogusławski läßt am Ende keinen Zweifel zu: Wenn es wirklich ernst wird, dann halten Stadt- und Bergvolk zusammen und kämpfen gemeinsam.

Wanderungen in und um Zakopane

Die Hohe Tatra ist eines der kleinsten Hochgebirge der Welt und ein Anziehungspunkt für Wanderfreunde und Naturliebhaber. Die verschiedenen Wanderwege in und um Zakopane vollständig darzustellen, ist schier unmöglich. Im Folgenden sollen daher nur sechs besonders schöne und beliebte Wanderungen und Ausflüge beschrieben werden.

Gubałówka

Allen, die sich erstmals in Zakopane aufhalten, ist ein Ausflug auf den Berg Gubałówka zu empfehlen. Dorthin gelangt man, wenn man die ul. Krupówki in nördlicher Richtung entlangschreitet und über den Marktplatz mit seinen zahlreichen Buden und Händlern zur Standseilbahnstation am Fuße des Berges kommt. Von dort aus kann man, wenn man nicht gute 30 Minuten auf dem steilen Wanderweg nach oben gehen möchte, mit einer schienenbetriebenen modernen Standseilbahn auf den 1123 Meter hohen Gipfel des Gubałówka fahren. Nach einigen Minuten Auffahrt an der Bergstation angelangt, eröffnet sich dem Betrachter ein herrlicher Panoramablick über Zakopane und die Hohe Tatra. Neben dem

So kommt man auf den Berg Gubałówka

Genuß dieser Aussicht laden Restaurants, Imbißstände und Souvenirläden zum Verweilen auf dem Gubałówka ein. Nicht nur im Sommer, sondern gerade auch im Winter, wenn bei klirrender Kälte in den mit Schnee bedeckten und mit Eiszapfen behangenen Hütten Glühwein am Lagerfeuer angeboten wird, ist es auf dem Gubałówka gemütlich.

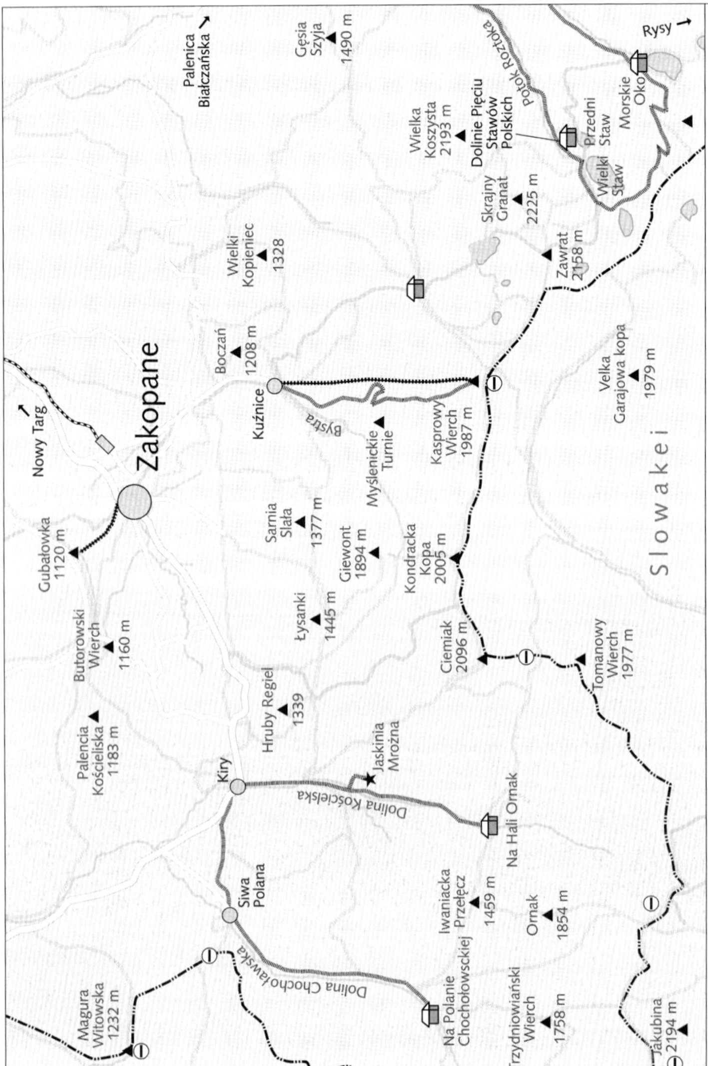

Zakopane und Hohe Tatra

Folgt man der asphaltierten Straße auf dem Kamm nach Westen, gelangt man durch Nadelwälder zu einem Ort, von dem aus man etwas weiter unten eine Skipiste, deren Sesselliftstation sich im Tal an der Polana Szymoszkowa befindet, sehen kann. Möchte man diese Strecke von der Standseilbahnstation bis zum Sessellift nicht zu Fuß gehen, dann kann man sich im Winter von einem Góralen auf von Pferden gezogenen Schlitten kutschieren lassen. Mit einer Schafswolldecke zugedeckt, ist diese Fahrt mit Nikolaus' Schlitten eine romantische Reise über den Gubałówka.

An der oberen Seilbahnstation angelangt, kann zu Fuß den Hang hinab bis ins Tal gewandert werden, um dann nach Osten wieder in das Stadtzentrum zu gelangen. Wer bei der Auffahrt zum Gubałówka hingegen gleich einen Rückfahrschein erworben hat, kann den romantischen Weg durch den Nadelwald zurückgehen und mit der Standseilbahn wieder in die Nähe der Zakopaner Flaniermeile Krupówki fahren.

Kasprowy Wierch

Für all die, die gut zu Fuß sind, stellt eine Wanderung auf den 1987 Meter hohen Kasprowy Wierch, den wohl bekanntesten Berg im polnischen Teil der Hohen Tatra, eine besondere Attraktion dar. An den Fuß des vom Stadtzentrum etwa 1,5 Kilometer entfernten Berges gelangt man zu Fuß, mit dem Bus oder auch mit der Pferdekutsche über die ul. Chałubińskiego und den Ortsteil Kuśnice. In

Typischer Anblick in der Hohen Tatra

Kuśnice befindet sich eine Seilbahnstation. Eine geschlossene Gondel überwindet von dort aus bequem in etwa zehn Minuten eine Höhendifferenz von 936 Metern zum Gipfel und legt dabei eine Strecke von mehr als vier Kilometern zurück.

Ein Erlebnis der besonderen Art ist jedoch der Aufstieg mit eigenen Kräften. Um nach oben zu kommen, folgt man von der Seilbahnstation dem grün markierten und fast parallel zur Bahnstrecke verlaufenden Wanderweg. Zunächst führt der Pfad durch Wald und am Bach Bystra vorbei und dann nach einer großen Schleife an die auf einer Höhe von 1360 Metern gelegene Zwischenstation an der Seilbahn am Gipfel des Myślenickie Turnie, wo die Seilbahn ihre Richtung um 30 Grad ändert. Hier angekommen, lohnt sich ein Blick nach Westen auf den Berg Giewont.

Ab der Zwischenstation wird der Pflanzenbewuchs dünner. Nicht mehr Wälder, sondern Zwergkiefern und Gräser säumen den nun immer steiler ansteigenden Wanderweg. Etwa zwei Stunden muß man für die Wanderung vom Myślenickie Turnie zum Gipfel des Kasprowy Wierch noch einplanen, wenn man sich für den Aufstieg auf Schusters Rappen entschieden hat. Dann ist das Ziel erreicht. Am Gipfel angekommen, wird der anstrengende Weg bei schönem Wetter mit einzigartigen Ausblicken auf die Hohe Tatra belohnt. Die Endstation der Seilbahn befindet sich auf 1959 Meter, nur etwa 18 Meter unter dem Gipfel. An die Seilbahnstation grenzt eine Berghütte mit einem ausreichenden Speisen- und Getränkeangebot, wobei die Preise mangels Konkurrenz nicht gerade zimperlich sind. Daß nach einer ausgiebigen Pause der Abstieg ins Tal deutlich schneller geht als der Aufstieg, bedarf keiner Erklärung. Wer des Laufens müde ist, kann mit der Seilbahn nach Kuśnice zurückfahren.

Bei Wind und Wetter wird Oscypek verkauft, der berühmte Schafskäse der Góralen

Oscypek am Straßenrand

Was ist das nur, was die ältere Dame mit dem Kopftuch dort am Straßenrand den Passanten anbietet? Hat sie Gebäck in ihrem Korb? Oder Kerzen? Es ist nichts von dem – es ist Oscypek, eine regionale Besonderheit, die schon so manchen Touristen auf eine falsche Fährte gelockt hat.

Oscypek ist ein aus Podhale, dem Tatravorland, stammender, traditionell aus Schafsmilch hergestellter Käse, der heute ganz überwiegend aus einer Mischung von Schafs- und Kuhmilch hergestellt wird.

Der Käse muß erst einige Zeit in Holzfässern in einer Salzmasse ziehen und wird dann in geschnitzten Holzformen gepreßt und geräuchert, so daß er bei der anschließenden Härtung sein typisches Äußeres erhält.

Was dann nach süßem Gebäck aussieht und unerfahrene Touristen zu einem kräftigen Biß verführt, ist tatsächlich ein salziger Hartkäse, der eigentlich nur in sehr dünnen Scheiben zu genießen ist.

Besucher Małopolskas werden immer wieder auf Frauen treffen, die den Oscypek am Straßenrand verkaufen. Er gehört einfach zu dieser Region wie das Weißbier zu Bayern. Nur so ist auch der Trubel zu verstehen, den es im Zuge der Verhandlungen über Polens Beitritt zur Europäischen Union um den Oscypek gab.

Die Europäische Kommission rügte im Vorfeld des EU-Beitritts die Nichteinhaltung europäischer Hygienenormen bei der Herstellung des Góralenkäses, ein grundsätzlich erforderlicher Pasteurisierungsprozeß fehle bei der traditionellen Herstellung. Die Senner sollten zudem bei der Produktion Schürzen und Handschuhe tragen. Und die Holzfässer, in denen der Oscypek in der Salzmasse gelagert wird, sollten schließlich gegen leicht zu reinigende Metallbehälter ausgetauscht werden.

Doch die Europäische Union hatte die Rechnung ohne die einheimischen Käseproduzenten gemacht. Die Góralen gingen für ihren traditionellen Käse auf die Barrikaden, demonstrierten in ihrer ›Hauptstadt‹ Zakopane und schrieben Behörden und Abgeordnete an.

Schließlich wurde der Oscypek beim Patentamt als regionale Besonderheit angemeldet. Der Käseproduktion ohne Pasteurisierung und Schürzen, dafür aber in Holzfässern, steht nun nichts mehr entgegen.

Und so kann der traditionelle Käse aus der Hohen Tatra, der im übrigen auch auf der slowakischen Seite des Gebirges weit verbreitet ist, auch weiterhin nach der althergebrachten Herstellung genossen werden.

Dolina Chochołowska

Wie die Wanderungen auf die Berggipfel haben auch Erkundungen der Täler um Zakopane ihre ganz besonderen Vorzüge. Eines dieser reizvollen Täler ist die Dolina Chochołowska südwestlich vom Zakopaner Stadtzentrum. Um dorthin zu gelangen, nimmt man am besten einen der zahlreichen Busse oder Kleinbusse, die von dem Parkplatz vor dem Hauptbahnhof in Zakopane nach Siwa Polana fahren. Von dort sind es etwa acht Kilometer bis zum Ziel der Wanderung, einer Herberge im Tal. Auf einem zunächst noch asphaltierten Weg geht man den Bach Siwa Woda (Graues Wasser) entlang durch Wiesen, bis der Wanderweg in einen Wald führt. Nach etwa drei Kilometern endet nicht nur der Wald, sondern auch der asphaltierte Weg. Nun geht es auf befestigten, aber nicht geteerten Waldpfaden zunächst am Bach mit dem Namen Potok Chochołowski weiter. Einige hundert Meter nach dem Ende des Asphaltweges biegt man nach Osten ab in den Weg ›Ścieżka nad Reglami‹. Nun wechseln sich wieder Wiesen und Waldbewuchs ab, bevor sich dem Wanderer eine im Frühjahr und Sommer eindrucksvoll bunte Wiese mit dem Namen Polana Chochołowska eröffnet. Auf ihr befinden sich alte Hirtenhütten - im Jahr 1983 soll sich hier Papst Johannes Paul II. auf seiner zweiten Wallfahrt nach Polen mit Lech Wałęsa getroffen haben. Die Góralen können noch heute davon berichten, daß sie ihrem Landsmann aus dem Vatikan bei seinem Besuch in der Dolina Chochołowska Oscypek, den geräucherten Schafsmilchkäse der Region, mit auf den Weg nach Rom gaben.

Von der Wiese aus ist es nicht mehr weit zur Herberge ›Na Polanie Chochołowskiej‹. Diese auf 1148 Meter Höhe liegende Hütte, die man nach gut zwei Stunden vom Parkplatz in Siwa Polana erreicht, bietet nicht nur Speisen und Getränke, sondern auch 133 Übernachtungsplätze.

Dolina Kościeliska

Großer Beliebtheit bei den Tatratouristen erfreut sich das Tal Dolina Kościeliska, das ebenfalls südwestlich von Zakopane, aber östlich der Dolina Chochołowska liegt und das vielleicht schönste Tal der westlichen Tatra ist. Auch dorthin gelangt man mit dem Bus oder dem Kleinbus vom Zakopaner Hauptbahnhof aus. Doch fährt man nun nicht bis zum Ende der Route, sondern steigt bereits in Kiry aus. Wer dann am Anfang der etwa acht Kilometer langen Wanderung bis zum anderen Ende des Tals steht, darf sich auf eine Tour durch eine abwechslungsreiche Landschaft mit Felsen, Wiesen und Wasserquellen freuen.

Der Bach Kirowa Woda, dem an einigen Stellen Felsen immer wieder seine Breite nehmen, zeigt den Weg auf dem ersten Abschnitt der Wanderung durch die Dolina Kościeliska. Nach etwa 15 Minuten gelangt man an eine weite Wiese, die den Namen Wyżnia Mietusia Kira trägt. An der Wiese kreuzt der Weg zur Dolina Chochołowska die Strecke. Wer dort schon war und sich nun zum Tal Dolina Kościeliska aufmacht, geht an dieser Wegkreuzung geradeaus. Über weitere Wiesen gelangt man schließlich zu dem aus Felsen gebildeten Tor mit dem Namen Brama Kraszewskiego. Dort führt der Weg links über eine kleine Brücke an einer Quelle vorbei und über einen schwarzen Weg zur Jaskinia Mrożna (Frosthöhle). Diese etwa 500 Meter lange Höhle, die den Namen Frosthöhle nicht zu Unrecht trägt, befindet sich in einem Berg mit dem Namen Organy auf einer Höhe von 1112 Metern; eine Besichtigung erfordert aufgrund des steilen Anstiegs einige Anstrengung. Für den Eintritt in die Höhle sind 3 zł zu bezahlen. Sie lohnen sich, denn der Gang durch die steinerne Enge mit einigen Stalaktiten und Stalagmiten ist ein Höhepunkt einer Tatratour. Am Ausgang führen Stufen aus Holz und Felsen in das Tal Dolina Kościeliska zurück. Durch eine weitere Wiese wandert man nun wieder am Gebirgsbach vorbei und gelangt zur Schlucht ›Wąwóz Kraków‹. Einige steile Pfade führen vom Wanderweg ab zu weiteren begehbaren Höhlen. Weiter entlang der Hauptstrecke wird der Weg nun schmaler und läßt den Bach mal links und mal rechts liegen. Nach zwei weiteren Wiesen bietet die Berghütte ›Na Hali Ornak‹ auf einer Höhe von 1108 Metern Wanderern Erholung und Unterkunft.

Denjenigen, die noch nicht genug erlebt haben und sich noch nicht auf dem gleichen Weg zurück zur Bushaltestelle begeben möchten, bietet sich von der Herberge aus noch ein weiterer, etwa eine halbe Stunde dauernder Ausflug zu einem Bergsee mit dem Namen Smreczyński Staw an. Ein Wanderweg in unmittelbarer Nähe zur Herberge Ornak führt über einen steilen Aufstieg dorthin. Der mühsame Weg wird mit romantischen Blicken auf einen in den Wäldern der Hohen Tatra liegenden See belohnt. Spätestens jetzt sollte man sich aber wieder auf den gut zwei Stunden dauernden Rückweg machen.

Morskie Oko

Ein ganz besonderes Erlebnis ist der Anblick auf den einige Kilometer östlich von Zakopane gelegenen Bergsee mit dem Namen Morskie Oko (Meeresauge). Dieser See befindet sich in unmittelbarer Nähe zur polnisch-slowakischen Grenze am Fuße des höchsten polnischen Berges, des 2499 Meter hohen Rysy. Morskie Oko ist eines der beliebtesten Ausflugsziele in der Hohen Tatra. Vom Minibusbahnhof in Zakopane – er liegt in der Nähe des Hauptbahnhofs – dauert die Anreise bis zum Ausgangsparkplatz in Palenica Białczańska etwa eine halbe Stunde, und man kann sich angesichts des außerordentlichen Bekanntheitsgrades des Morskie Oko stets sicher sein, nicht allein auf diesem Parkplatz zu stehen. Gerade an Wochenenden im Sommer machen sich Tausende auf den Weg. Eine asphaltierte Straße führt vom Parkpatz zu dem Bergsee. Heute ist die Straße nicht mehr für den Kraftfahrzeugverkehr zugänglich. Mit Touristen beladene Pferdekutschen und leicht auf die Vierbeiner einpeitschende Góralen haben diesen Weg längst für sich erobert.

Die romantische Kutschentour durch die idyllische Bergwelt der Hohen Tatra ist eine lohnenswerte Sache. Schon am Parkplatz warten die Kutschen auf potentielle Gäste. Von der Endstation der Droschkentour bis zum Morskie Oko haben Wanderer noch etwa 25 Minuten zurückzulegen. Die insgesamt etwa acht Kilometer lange Strecke vom Parkplatz in Palenica Białczańska mit einem Höhenunterschied von 430 Metern kann aber auch komplett zu Fuß erobert werden.

Links des asphaltierten Wegs fließt zunächst der kleine Grenzfluß Białka. Ein Blick über den Bach hinweg eröffnet herrliche Aussichten auf den slowakischen Teil der Hohen Tatra. Dem Asphaltweg weiter folgend, gelangt man nach einiger Zeit an den Bach Rybi Potok, der die Richtung bis zum Bergsee weist.

Morskie Oko, das Ziel dieser Wanderung, ist mit seiner Länge von etwa 860 Metern und einer Breite von etwa 560 Metern der größte Bergsee der Hohen Tatra. Das bis zu 50 Meter tiefe Wasser ist sichtbar klar, und eine Auszeit in dieser Bergidylle hinterläßt bleibende Eindrücke.

Die Wanderung über die asphaltierte Strecke dauert nicht ganz zwei Stunden.

Über das Tal Pięciu Stawów Polskich zum Morskie Oko

Wer mehr Zeit hat und eine anspruchsvolle Wanderung nicht scheut, kann vom Parkplatz in Palenica Białczańska auch über das Tal der fünf polnischen Teiche, die Dolina Pięciu Stawów Polskich, zum Morskie Oko gelangen. Für diese Variante sind rund viereinhalb Stunden einzuplanen.

Zunächst beginnt man den Aufstieg über die bereits auf dem direkten Weg zum Morskie Oko zu benutzende Straße. Nach etwa 30 Minuten verläßt man hingegen den asphaltierten Weg und biegt am Bach Potok Roztoka über eine kleine Brücke nach rechts ab. Von der Brücke sollte ein Blick auf die nach dem polnischen Dichter Adam Mickiewicz benannten Wasserfälle geworfen werden, bevor man dann durch einen Wald weitergeht. Warnschilder auf dem weiteren Weg weisen auf Bären hin. Aus diesem Grund sollten Touristen auch keine Essensreste am Wegesrand liegen lassen, denn sie ziehen die in dieser Region Europas noch lebenden Bären an.

In der Hohen Tatra

Das Rathaus in Tarnów; Das Schloß in Niepołomice, Innenhof

TYSKIE
OKOCIM

MSZE SW

Nach einiger Zeit gelangt man zur oberen Waldgrenze, und von nun an führt der Pfad durch Zwergkieferfelder. Links abbiegend führt später ein schwarz markierter, sehr steiler Wanderweg direkt zur Berghütte ›W Dolinie Pięciu Stawów Polskich‹ im Tal Dolina Pięciu Stawów. Die Hütte befindet sich auf 1672 Metern am Przedni Staw, dem Vorderen Teich. Es besteht aber auch die Möglichkeit, dem grünen Pfad folgend zu einem Wasserfall zu gehen, an dem der Gebirgsbach Roztoka etwa 70 Meter tief in den Wielki Staw, den Großen Teich fällt. Auch über den grünen Pfad, der wesentlich flacher ansteigt, gelangt man zu der Herberge am Przedni Staw. Von dort sind die anderen Teiche – der Mały Staw (Kleiner Teich), der Czarny Staw (Schwarzer Teich) und der Zadni Staw (Hinterer Teich) – nicht mehr weit.

Wenn man sich nach einer Pause an der Berghütte zum Morskie Oko aufmachen will, hat man sich am blau gekennzeichneten Weg zu orientieren. Über einen steilen Weg zum Gipfel des Świstowa Czuba gelangt man allmählich wieder auf die asphaltierte Straße zum ab dort nicht mehr fernen Morskie Oko, wo der anstrengende Weg mit einer ausgiebigen Ruhepause belohnt werden kann. Auch hier bieten sich mit der Herberge ›Morskie Oko‹ Übernachtungsmöglichkeiten.

Vorwahl: 018.
Postleitzahl: 34-500

Herberge ›Na Polanie Chochołowskiej‹, Tel. 207 05 10, www.chocholowska.zakopane.pl.
Berghütte ›Na Hali Ornak‹, skr. pocztowa 191 (Postfach), Tel. 207 05 20. Einfache Herberge mit etwa 100 Gästebetten.
Herberge ›Morskie Oko‹, skr. pocztowa 201 (Postfach), Tel. 207 76 09. Zweckmäßige Übernachtungsmöglichkeit, 61 Gästebetten.
Berghütte ›W Dolinie Pięciu Stawów Polskich‹, skr. pocztowa 196 (Postfach), Tel. 20 76 07. Einfache Herberge.

Standseilbahn auf den Gubałówka, Oktober bis Mai täglich 6.45–20.50 Uhr, Juni bis September bis 21.50 Uhr, einfache Fahrt 8/4 zł, Hin- und Rückfahrt 14/7 zł.
Gondelbahn auf den Kasprowy Wierch, Januar 8–16.10, Februar bis 16.40, März bis Mai 7.30–17.40, Juni 7.30–18.10, Juli und August 7.30–20.10, Sept. 7.30–18.10, Oktober 7.30–17.40, November 7.30–16, Dezember 8–16 Uhr; einfache Fahrt 10/5 zł, Hin- und Rückfahrt 20/10 zł.

Ruine im Ojców-Nationalpark; Detail am Florianstor
Gebäude im Zakopane-Stil

Nowy Targ

Etwas nördlich von Zakopane und etwa 80 Kilometer südlich von Krakau, wo die Flüsse Weißer Dunajec und Schwarzer Dunajec sich zum Dunajec vereinigen, liegt mit der 34 000 Einwohner zählenden Kreisstadt Nowy Targ das kulturelle Zentrum der Bergregion Podhale. Die Marketingabteilung der Stadtverwaltung hat sich ausgedacht, Nowy Targ als ›freundliche Stadt‹ und als ›Stadt mit Charakter‹ zu bezeichnen. Dieser Slogan ist tatsächlich nicht ganz realitätsfern.

Aus einer mittelalterlichen Urkunde geht hervor, daß Nowy Targ im Jahr 1346 von König Kazimierz III. Wielki an der Handelsroute von Krakau nach Ungarn gegründet wurde, auch wenn wahrscheinlich schon deutlich früher erste Siedlungen an diesem Ort entstanden waren.

Im Herzen der Stadt befindet sich der imposante Marktplatz mit seinem Rathaus aus dem 19. Jahrhundert und einem kleinen Park in der Mitte. Im Gebäude des historischen Rathauses zeigt das Ethnographische Museum Podhale mit einer Dauerausstellung von rund 7200 Exponaten das Leben der Menschen in dieser Bergregion zum Ende des 19. und zu Beginn des 20. Jahrhunderts. Das im Jahr 1934 auf der Seite des Haupteingangs vor dem Rathaus aufgestellte Denkmal ist dem Regionaldichter Władysław Orkan gewidmet.

In dem kleinen Park neben dem Rathaus fällt eine kleine Kapelle auf. Sie zeigt unter einem Dach die Figur des Heiligen Jan Kanty, eines Krakauer Philosophen aus dem 15. Jahrhundert, der in Polen als Schutzpatron der Jugend, der Hochschulen und der Dozenten gilt. Sehenswert ist auch die gotisch-barocke

Im Stadtzentrum

St. Katharinenkirche aus dem 14. Jahrhundert sowie die kleine und nach der Heiligen Anna benannte Holzkirche auf dem Friedhofshügel auf der anderen Seite des Dunajec.

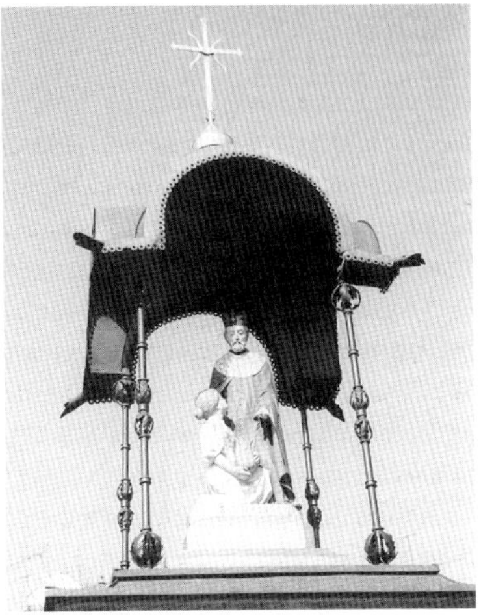

Figur des Heiligen Jan Kanty

Neben seiner schönen Innenstadt ist Nowy Targ besonders als Handelsstadt bekannt. Das Kürschnerhandwerk kann hier auf eine lange Tradition zurückblicken, und auch heute noch zieren Reklameschilder mit dem Wort ›Kożuchy‹ (›Pelze‹) viele Geschäfte. Ebenso trägt Nowy Targ den Ruf, die Stadt der Schuster zu sein. Und in der Tat fallen die überdurchschnittlich vielen Schuhgeschäfte am und um den Marktplatz herum auf. Interessant ist dabei, daß Schuhe der gleichen Marke in Nowy Targ nicht selten deutlich günstiger zu kaufen sind als am noblen Krakauer Marktplatz. Kenner aus der südlichen Umgebung Krakaus empfehlen daher einen Einkaufsbummel in Nowy Targ.

In der Hauptstadt der Vortatraregion ›Podhale‹ wird noch etwas ganz groß geschrieben: Eishockey. Auf die Mannschaft von Podhale Nowy Targ, die zu den führenden Teams Polens gehört, ist man in der Kreisstadt besonders stolz.

Vorwahl: 018.
Postleitzahl: 34-400.
Urząd Miasta Nowy Targ (Stadtverwaltung), ul. Krzywa 1, Tel. 266 24 11, www.nowytarg.pl.

Hotel ›Podhalanka‹, Rynek 39, Tel. 266 63 66, Preisklasse 1.
Hotel ›PKS‹, ul. Ludźmierska 30, Tel. 266 68 11, Preisklasse 1.
Pension ›Jodła‹, os. Gazdy 44, Tel. 266 80 31, www.jodla.transdrewnowytarg.com.pl, Preisklasse 1.

Ethnographisches Museum Podhale im Gebäude des alten Rathauses, Mo 10–18, Di–Fr 8.30–14.30 Uhr; 3/1 zł.

August: Podhale-Jahrmarkt; Verkauf u.a. regionaler Bildhauereien und anderer Volkskunstwerke.
Weiter zählt der auf den am Fluß Biały Dunajec gelegenen Wiesen regelmäßig stattfindende Wochenmarkt, zu dem auch Händler aus dem Ausland anreisen, zu den Attraktionen der Stadt.

Rabka

Auf den ersten Blick erscheint der am kleinen Fluß Raba gelegene Kurort Rabka wenig einladend. Das, was sich ›Rynek‹ nennt, also der Marktplatz, ist laut und wenig attraktiv und bietet noch nicht einmal Sitzgelegenheiten. Es gibt jedoch Gründe, in dem kleinen Ort Chabówka einen Abstecher von der vielbefahrenen Fernstraße Krakau-Zakopane zu unternehmen.

Sehenswert ist vor allem die Holzkirche Maria Magdalena aus dem frühen 17. Jahrhundert. Heute beherbergt die Kirche ein nach dem regionalen Dichter Władysław Orkan benanntes Museum. In dem urigen Inneren werden unter anderem sehenswerte regionale Volksbildhauereien aus den vergangenen Jahrhunderten gezeigt.

Rabka ist allein dank des kleinen Freizeitparks ›Rabkoland‹ mit seinen verschiedenen Attraktionen ein Anziehungspunkt für die Kinder der Region. Und gerade für kranke Kinder hat der auf die Behandlung von Atemwegserkrankungen, Allergien und Kreislaufstörungen spezialisierte Kurort mit seinem Waldklima und verschiedenen Erholungsheimen und Krankenhäusern einiges zu bieten.

Darüber hinaus ist Rabka auch ein beliebter Ausgangspunkt für Wanderungen durch das kleine Gorce-Gebirge und in den nahe gelegenen Gorczański-Nationalpark.

Das Rabkoland zieht vor allem jüngere Besucher an

Vorwahl: 018.
Postleitzahl: 34-700.
Touristisches Informationszentrum Rabka, ul. Parkowa 5, Tel. 267 66 26.

Hotel ›Sława‹, ul. Zakopiańska 2, Tel. 267 61 20, Preisklasse 1.
Pension ›Ela‹, Na Banię 3e, Tel. 267 77 22, Preisklasse 1.
Pension ›Cassia‹, Pocztowa 8, Tel. 267 70 71, Preisklasse 1.

Regionalmuseum in der Holzkirche, täglich außer Di 9–16 Uhr.

Sucha Beskidzka

Von der noch jungen Kreisstadt Sucha Beskidzka lassen sich herrliche Wanderungen durch die Westbeskiden starten. Sie liegt im Zentrum der Gebirgskette der westlichen Beskiden, nordwestlich von Zakopane und etwa 60 Kilometer südlich von Krakau.

Im Jahr 1996 feierte man in Sucha Beskidzka das 100jährige Stadtjubiläum. Der Ort selbst ist jedoch deutlich älter. Von besonderem touristischen Interesse sind in der Stadt drei Gebäude: das Wirtshaus ›Rzym‹ am Marktplatz des kleinen Stadtzentrums, das Schloß mit seinem Park und die Klosteranlage.

Bei dem Wirtshaus ›Rzym‹ (›Rom‹) handelt es sich um ein geräumiges, hölzernes Wirtshaus aus dem 18. Jahrhundert. Damals war der Marktplatz des heutigen Sucha Beskidzka an einer Kreuzung von Handelswegen gelegen. Da war ein Wirtshaus von besonderem Nutzen. Es wurde aber nicht nur von Handeltreibenden besucht, regelmäßige Gäste im ›Rzym‹ sollen auch die Mitglieder der Gruppe um den beskidenländischen Gebirgsräuber Józef Baczyński gewesen sein. Auf ihren Raubzügen durch die Region hatte diese in der ersten Hälfte des 18. Jahrhunderts berüchtigte Bande kräftig zugeschlagen. Ihre ›Karriere‹ endete Anfang 1736 mit der Enthauptung Baczyńskis in Krakau.

Das Wirtshaus ›Rzym‹ steht trotz der Besuche der Gebirgsräuber auch heute noch. Mit einem riesigen Walmdach, das in den sechziger Jahren des 20. Jahrhunderts umfangreich restauriert wurde und auch durch den auf Holzpfählen stehenden Frontteil des Daches und den daraus entstehenden Laubgängen erhält das Gebäude sein charakteristisches Aussehen. Es ist ein besonders uriges Exemplar südpolnischer Wirtshaustradition. Möglicherweise hat Adam Mickiewicz, der polnische Nationaldichter der Romantik, in seiner Ballade ›Frau Twardowska‹ auf dieses in Sucha Beskidzka stehende Wirtshaus Bezug genommen. In der Ballade heißt es nämlich an einer Stelle: ›Schau, es ist des Wirtshauses Wappen, ein Pferd auf Leinen gemalt.‹ Auch heute noch ist ein auf Leinen gemaltes Pferd

Das Holzwirtshaus ›Rzym‹ stammt aus dem 18. Jahrhundert

das Wappentier dieses Wirtshauses. Passend zur Historie und zum Äußeren des Gebäudes werden in den dunklen Innenräumen traditionelle polnische Speisen geboten, von Piroggen über Bigos bis hin zu Naleśniki.

Neben dem Wirtshaus ›Rzym‹ ist in Sucha Beskidzka ein Besuch des Schlosses zu empfehlen. Es stammt aus der Mitte des 16. Jahrhunderts und geht wohl auf den Besitzer der damals bestehenden Herrschaft Sucha zurück, Kasper Castigilione-Suski. Kurz nach seiner Herrschaftsübernahme ließ er dort einen Wehrhof errichten, der heute noch im Südhof des Gebäudes zu sehen ist. Verschiedene spätere Herrscher gaben dem Schloß durch weitere bauliche Erweiterungen seine bis heute bestehende dreiflüglige Gestalt. Auffällig sind dabei der Anfang des 18. Jahrhunderts erbaute Turm am Westflügel, der viereckige Uhrenturm am Nordflügel sowie eine renaissancetypische, zweistöckige Arkadenloggia zur Hofseite. Im 19. und 20. Jahrhundert entstand in dem Schloß eine umfangreiche Bibliothek. Im Jahr 1931 soll diese Sammlung 55 000 Bücher aufgewiesen haben. Der nach dem Zweiten Weltkrieg noch erhaltene Teil der Bibliothek befindet sich heute in der Krakauer Jagiellonen-Universität. Im Süden grenzt ein seit der ersten Hälfte des 19. Jahrhunderts in seiner Anlage unveränderter romantischer Landschaftspark mit einem schüsselförmigem Teich und einer Orangerie an das Schloß.

Die Besitzer der Herrschaft Sucha, Piotr Komorowski und seine Ehefrau Katarzyna Przeręebska, stifteten Anfang des 17. Jahrhunderts eine Kirche, an die in den Jahren 1624 bis 1630 ein Kloster der Kanoniker angebaut wurde, die alte Kirche des Komplexes. Um die gesamte Anlage wurde später eine Mauer mit Basteien, Schießscharten und Toren gezogen. Sie ist zum großen Teil noch heute erhalten. An der Wende vom 19. zum 20. Jahrhundert entstand eine weitere Kirche auf dem Gelände, die aus der Anlage hervorragende neue Kirche.

Vorwahl: 033.
Postleitzahl: 34-200.
Städtisches Kulturzentrum (Miejski Ośrodek Kultury–Zamek), Tel. 874 13 03. Die Geschäftsstelle befindet sich im Schloß.

Von Krakau gibt es gute Bus- und Bahnverbindungen nach Sucha Beskidzka. Fast stündlich fahren vom staatlichen Busbahnhof vor dem Krakauer Hauptbahnhof Busse in das Zentrum der Westbeskiden. Das Gleiche gilt für Bahnverbindungen. Die Fahrt dauert etwa 90 Minuten.

Hotel ›Kasper Suski‹, ul. Zamkowa 1, Tel. 874 16 39, Preisklasse 2.
Hotel ›Monttis‹, ul. Spółdzielców 1, Tel. 874 25 84, Preisklasse 1.
Pension ›Skalnik‹, ul. Spacerowa 24, Tel. 874 33 96, Preisklasse 1.
Pfadfinderzentrum ›Pstrągarnia‹, ul. Zasypnica, Tel. 874 27 09.
Erholungsheim ›Krystyna‹, ul. Role 78, Tel. 874 35 82.
Ferienheim ›Jawor‹, 34-223 Zawoja Wilczna 1847 (Nachbarort von Sucha Beskidzka), Tel. 877 51 98.

Wirtshaus ›Rzym‹, Mo–Fr 8–20, Sa/So 9–21 Uhr, im Juli und August Sa/So bis 22 Uhr.

Schloß (Zamek) in Sucha Beskidzka, Mo–Sa 8–16 Uhr.

Der Babia-Góra-Nationalpark

Von der Kreisstadt Sucha Beskidzka und besonders von dem kleinen Ort Zawoja lassen sich schöne Wanderungen in den Babia-Góra-Nationalpark (Babiogórski Park Narodowy) unternehmen. Der Babia Góra, was auf deutsch so viel wie ›Altweiberberg‹ heißt, ist das höchste Gebirgsmassiv in den Westlichen Beskiden. Mit dem Diablakgipfel erreicht der im polnisch-slowakischen Grenzgebiet gelegene Babia Góra eine Höhe von 1725 Metern.

Erste menschliche Spuren auf dem Gelände des heutigen Nationalparks lassen sich dank archäologischer Ausgrabungen bis in die Bronzezeit zurückverfolgen. Der Name ›Babia Góra‹ taucht erstmals im 15. Jahrhundert auf. Der polnische Historiker und Chronist Jan Długosz berichtete damals in seiner Schrift ›Chronographia Regni Poloniae‹ vom Babia Góra mit seinen mannigfaltigen Kräutern.

Im Jahr 1954 wurde der knapp 3400 Hektar umfassende Nationalpark angelegt, 1977 erfolgte die Eintragung in die Liste der Biosphären-Reservate der UNESCO - nicht ohne Grund: In der freien Natur des Babiogórski Park Narodowy findet man noch so seltene Vogelarten wie den Auerhahn und das Birkhuhn. Luchse, Hirsche und auch Bären sind in den Tannen-, Buchen- und Fichtenwäldern zu Hause. Insgesamt sollen hier etwa 3680 verschiedene Tierarten vorgefunden worden sein. Über 700 Pflanzengattungen, etwa 200 Moose und 1100 verschiedene Pilzarten wurden nicht zuletzt in Folge der mit der Eintragung des Parks in die Liste der Biosphären-Reservate der UNESCO verbundenen Forschungen gezählt.

Der Babia Góra eignet sich hervorragend für ausgedehnte und ruhige Wanderungen durch Wälder, über Almen und an Bächen entlang in eine malerische Bergwelt. Anders als zum Teil in der Hohen Tatra sind bei Wanderungen in den Westbeskiden weder besondere Bergsteigerkenntnisse noch überdurchschnittlich gutes Wanderschuhwerk erforderlich. Hier braucht man lediglich eine gute Kondition.

Verschiedene Waldlehrpfade mit Unterrichtsstationen, die von einem zum Nationalpark gehörigen Ausbildungszentrum betreut werden, sind eingerichtet, und zahlreiche farblich markierte Wanderwege geben Orientierung. Ein gelb markierter Wanderpfad, der etwa drei Stunden in Anspruch nimmt, führt über eine Strecke von fünf Kilometern von Zawoja Czatoża über Gruba Jodła, Fickowe Roztaje, Markowy Stawek, Osuwisko und Żmijowisko nach Markowy Szczawiny.

Wenn die Zeit eine ausgedehnte Wanderung nicht erlaubt, kann der weniger anspruchsvolle, blau gekennzeichnete und nur knapp eine Stunde dauernde Spaziergang von Zawoja Czatoża über Markowe Rówienki bis nach Zawoja Markowa empfohlen werden. Der blau gekennzeichnete Pfad ist etwa 2,5 Kilometer lang.

In der knapp 9000 Einwohner zählenden Ortschaft Zawoja, dem zum Kreis Sucha Beskidzka gehörenden beliebten Ausgangspunkt für Wanderungen im Babia-Góra-Nationalpark, befindet sich auch ein Freilichtmuseum mit drei Häusern, einer Schmiede und einem Speicher. Das älteste Gebäude in dem nach seinem Begründer Józef Żak benannten Freilichtmuseum, eine gemütliche Hütte, entstand in den Jahren 1802 bis 1815 und stand ursprünglich an einem anderen Ort der Gemeinde. In der Hütte ist eine Ausstellung über die Geschichte des Tourismus im polnischen Teil der Karpaten zu sehen. Neben dem Freilichtmuseum hat Zawoja in seinem kleinen Orthskern mit einer Holzkirche aus dem Jahr 1888 und mit einer aus Holz errichteten Gastwirtschaft aus dem Jahr 1836 weitere sehenswerte Baudenkmäler zu bieten.

i Vorwahl Zawoja: 033.
Postleitzahl Zawoja: 34-222 und 34-223.

Verwaltungszentrum des Nationalparks, 34-223 Zawoja 1403, Tel. 877 51 24.

Ausbildungszentrum beim Nationalpark Babia Góra, 34-223 Zawoja Barańcowa 1403, Tel. 877 51 10, www.bpn.babia-gora.pl.

Hotel ›Lajkonik‹, 34-222 Zawoja 1550, Tel. 87 751 08, Preisklasse 3.

Jugendherberge PTTK Markowe Szczawiny, 34-223 Zawoja Markowe Szczawiny, Tel. 877 51 05, Preisklasse 1.

Freilichtmuseum in Zawoja Markowa, Tel. 874 36 70.

Nowy Sącz

Ganz im Süden Polens, wo im Karpatenvorland der Dunajec gemeinsam mit seinen Hauptzuflüssen Poprad und Kamienica die Bergkette der Beskiden in die Beskid Sądecki, die Beskid Niski und die Beskid Wyspowy teilt, liegt nur wenige Kilometer von der Grenze zur Slowakei entfernt Nowy Sącz (Neu Sandez).

Die etwa 30 000 Einwohner zählende Stadt mit Kreisrechten wurde 1292 durch den tschechischen König Waclaw II. in unmittelbarer Nähe des früheren Ortes Sącz gegründet. In der Folgezeit waren es überwiegend aus deutschen Regionen stammende Siedler, die sich in Nowy Sącz niederließen und die Entwicklung der Stadt zunächst prägten. Zur Regierungszeit Königs Kazimierz Wielki erhielt Nowy Sącz ein Schloß und Stadtmauern und stieg zum bedeutenden Zentrum

Das Rathaus in Nowy Sącz

für den Warenverkehr mit ungarischen und tschechischen Händlern auf. Doch diese Blütezeit hielt nicht ewig an – der Überfall der Schweden im 17. Jahrhundert führte zum Verfall der Stadt. Bereits vor der ersten polnischen Teilung im Jahr

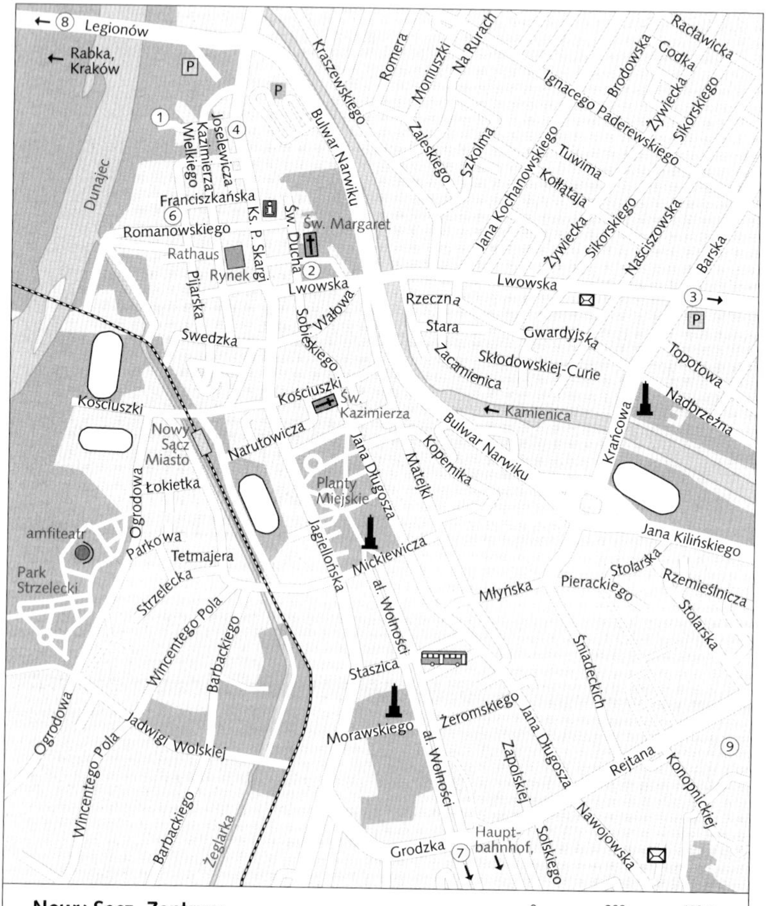

Nowy Sącz, Zentrum

Legende

1 Schloß
2 Museum ›Gotisches Haus‹
3 Freilichtmuseum
4 Galerie ›Alte Synagoge
5 Hotel ›Beskid‹
6 Hotel ›Panorama‹
7 Motel ›Max‹
8 Pension ›Mak‹
9 Szkolne Schronisko Młodzieżowe

1770 gehörte Nowy Sącz zu Österreich. Es verlor Ende des 18. Jahrhunderts seine Rolle als bedeutendes Handelszentrum und schlüpfte zunehmend in die Rolle eines Verwaltungssitzes.

Besonders interessant ist der Marktplatz im Herzen der Stadt mit einer Vielzahl architektonischer Sehenswürdigkeiten und den Jugendstilhäusern in seiner Umgebung. Er ist nach Krakau der zweitgrößte mittelalterliche Platz Polens. Nicht zuletzt wegen seiner Schönheiten lohnt sich ein Spaziergang durch Nowy Sącz. Der Marktplatz reicht in seinen Anfängen ins 14. Jahrhundert zurück. Inmitten des groß angelegten Platzes befindet sich das Ende des 19. Jahrhunderts im eklektischen Stil erbaute Rathaus. Um das Rathaus herum beleben verschiedene Cafés, Restaurants und Geschäfte die Innenstadt.

Sehenswert sind auch die vielen interessanten Kirchen in Nowy Sącz. So hinterläßt ein Besuch in der Mitte des 15. Jahrhunderts erbauten Kirche der Heiligen Margarete, die trotz einiger Umbauten ihre Barockfassade mit drei Türmen erhalten konnte, einen bleibenden Eindruck. Die Kirche befindet sich am Plac Kolegiacki.

Ebenso lohnt sich ein Besuch in der Jesuitenkirche mit anliegendem Kloster in der ul. Piotra Skargi. Der im 15. Jahrhundert begonnene einschiffige Bau mit seinem gotischen Presbyterium ist mit einem Netzgewölbe bedeckt und beherbergt im Innenraum sechs neugotische Altäre. Neben zahlreichen katholischen Kirchen befindet sich in der Kapelle der Verklärung Christi in der ul. Pijarska 19 eine evangelische Kirche und an der ul. Tarnowska ein jüdischer Friedhof. Die 1746 entstandene und im 19. Jahrhundert umgebaute Synagoge in der ul. Berka Joselewicza dient heute einer Kunstgalerie als Ausstellungsraum [4].

Vom Schloß [1] sind leider nur noch Ruinen erhalten. Polnische Partisanen sprengten im Zweiten Weltkrieg das Gebäude, in dem im 15. Jahrhundert die Kinder des Königs Kazimierz Jagiellończyk von dem polnischen Geschichtsschreiber Jan Długosz erzogen wurden.

Wer sich für Volkskunst interessiert, sollte eine Besichtigung des Museums ›Gotisches Haus‹ [2] in der ul. Lwowska 5 in Betracht ziehen. Dort werden Malereien und Bildhauereien sowie kirchenslawische Kunst der vergangenen Jahrhunderte aus der Sądecczyzna, dem Gebiet um Nowy Sącz, gezeigt.

Eine kulinarische Spezialität bietet das von Familie Argasiński betriebene Eiscafé in der ul. Kościuszki im Stadtzentrum. Das leckere Milchspeiseeis aus eigener Herstellung wird originellerweise dort nicht in Kugeln verkauft, sondern nach Gewicht.

Etwas außerhalb des Stadtzentrums, an der ul. Wieniawy-Długoszowskiego, befindet sich ein etwa 20 Hektar großes Freilichtmuseum, der ›Sądecki Park Etnograficzny‹ [3]. In dem Museum sind historische Bauweisen und Traditionen der verschiedenen Bevölkerungsgruppen der Region zu sehen.

Vorwahl 018.
Postleitzahl 33-300.
Touristisches Informationszentrum, ul. Piotra Skargi 2, Tel. 443 55 97.

Hotel ›Beskid‹, ul. Limanowskiego 1, Tel. 443 57 70, Preisklasse 2.
Hotel ›Panorama‹, ul. Romanowskiego 4, Tel. 443 71 10, Preisklasse 1.
Motel ›Max‹, ul. Graniczna 95, Tel. 443 97 15, Preisklasse 1.
Pension ›Mak‹, ul. Rozwadowskiego 7, Tel. 443 06 25, Preisklasse 1. Westlich des Stadtzentrums, an der Straße nach Rabka.
Szkolne Schronisko Młodzieżowe, ul. Rejtana 18, Tel. 442 32 41. Sehr preisgünstige Schuljugendherberge mit niedrigem Standard. Südlich des Zentrums.

Museum ›Gotisches Haus‹, ul. Lwowska 5, Tel. 443 77 08; Di–Do 10–15, Fr 10–17.30, Sa/So 9–14.30 Uhr, Mo geschlossen; 4/2 zł.
Freilichtmuseum ›Sądecki Park Etnograficzny‹, ul. Wieniawy-Długoszowskiego 83b, Tel. 441 44 12, Mo–Fr 10–14 Uhr.
Galerie ›Alte Synagoge‹, ul. Berka Joselewicza 12, Tel. 444 23 70; Mi u. Do 10–15, Fr 10–17.30, Sa/So 9–14.30 Uhr.

Piwniczna

Im südlichen Teil der Gebirgskette Beskidy Sądeckie, direkt an der polnisch-slowakischen Grenze, liegt der kleine Kurort Piwniczna. Die Kurgeschichte des Ortes begann 1931, als man hier alkalische Sauerbrunnenquellen entdeckte. In nur kurzer Zeit baute man eine kleine Kurinfrastruktur mit einer Trinkhalle zur gesundheitlichen Anwendung des mineralhaltigen Wassers auf. Im Laufe der Jahrzehnte entstanden zahlreiche Heileinrichtungen, Kurpensionen und Ferienwohnungen, so daß Piwniczna heute weitgehend vom Tourismus lebt.

Um den kleinen Marktplatz im Zentrum befinden sich das Rathaus, einige Geschäfte und eine Kirche aus dem 19. Jahrhundert. Doch nicht deswegen kommen Besucher aus der gesamten Region in den kleinen, knapp 6000 Einwohner zählenden und am Gebirgsfluß Poprad gelegenen Ort. Wer nach Piwniczna fährt, fährt in die Natur. Der Kurort ist zu allen Jahreszeiten ein idealer Ausgangspunkt für Wanderungen durch die Beskiden. So ist es auch kaum verwunderlich, daß im Sommer Rucksacktouristen das Bild der Umgebung prägen; Skilifte machen die Gegend auch für Wintersportler attraktiv. Erfahrenen Skisportlern sei jedoch gesagt, daß die Pisten hier weniger anspruchsvoll sind als in der Hohen Tatra.

Neben Wander- und Wintersport werden in Piwniczna auch Floßfahrten auf dem in der slowakischen Tatra entspringenden Gebirgsfluß Poprad angeboten. Auf

Winterlandschaft in Piwniczna

einer Strecke von 10 Kilometern fährt man, geführt von geschulten Flößern, durch die Beskiden in den Ort Rytro. Eine Fahrt dauert etwa zwei Stunden. Zurück geht es mit dem Bus. Bei einem längeren Aufenthalt in der Region empfiehlt sich auch eine Fahrt in die nahe gelegene slowakische Stadt Stará L'ubovna. Der urige Kern der Stadt um die kleine Kirche lädt zum Besuch ein. Der polnisch-slowakische Grenzübergang ist nur wenige Kilometer von Piwniczna entfernt.

Eine Wanderung von Piwniczna nach Wąwóz Homole

Eine beliebte Wanderroute durch die Beskiden beginnt an einem Parkplatz in dem entlegenen Ortsteil mit dem Namen Sucha Dolina. Dorthin gelangt man mit dem städtischen Bus vom Marktplatz in Piwniczna. Von der Endstation des Busses, an der sich auch ein geräumiger und kostenpflichtiger Parkplatz befindet, folgt man dem rot gekennzeichneten Wanderweg in Richtung Obidza und Jaworki. Bereits nach etwa 20 Minuten erreicht man das Hotel Górski, eine Herberge an einem 780 Meter langen Skilift. Der teilweise steile Aufstieg zum Gipfel des Berges Obidza dauert von der Herberge aus etwa anderthalb Stunden und führt durch Nadelwälder und über Aussichtspunkte in die weite Landschaft. Eine Marienstatue an einem Baum auf dem Weg zum Obidza zeigt Kennern der slawischen Sprachen an, daß die Grenze zur Slowakischen Republik nur wenige Meter entfernt ist. Denn die Aufschrift der Figur ist, obwohl noch auf polnischem Staatsgebiet befindlich, in slowakischer Sprache verfaßt.

Auf dem Bergkamm auf einer Höhe von 931 Metern bietet die urgemütliche Hütte ›Bacówka na Obidzy‹ warme und kalte Getränke sowie regionale Speisen. Wer den Ausblick noch länger genießen und den Beinen etwas Ruhe gönnen möchte, kann auch fragen, ob noch eines der dreißig Gästebetten frei ist.

Den roten Wanderweg weitergehend, kann man bei gutem Wetter von einem Aussichtspunkt unweit der Hütte ›Bacówka na Obidzy‹ aus auf die Hohe Tatra blicken. In der Ferne schieben sich deren kantige Gipfel in den Himmel.

Ein Stück weiter auf dem Wanderweg gelangt man in das kleine Dorf Jaworki. Von dort ist es nicht mehr weit zu einem einzigartigen Naturreservat, der sogenannten ›Wąwóz Homole‹ (›Homoleschlucht‹). Dem Wanderer bietet sich der Anblick auf mächtige Felsen und rauschende Wasserfälle. Die Homoleschlucht ist bereits seit dem 15. Jahrhundert als Ort für Schatzsucher bekannt, und verschiedenen Legenden nach soll es auch immer wieder Schatzfunde gegeben haben. Dafür gibt es keine gesicherten Belege, nachweislich hat man hier hingegen lediglich Bergmannswerkzeug entdeckt, und zwar in der ersten Hälfte des 18. Jahrhunderts bei der Freilegung eines Schachts.

Wer den Weg nach Piwniczna nicht zurücklaufen möchte, kann mit dem Bus von Jaworki über Szczawnica nach Piwniczna zurückkehren. Für eine Wanderung auf der beschriebenen Strecke sollte man einen ganzen Tag einplanen.

Blick vom Berg Obidza auf die Sandezer Beskiden

Vorwahl: 018.
Postleitzahl: 33-350.

Pension ›Koliba‹, ul. Kościuszki 3, Tel. 446 41 41, Preisklasse 1.
›Leśny Dwór‹, ul. Kosarzyska 102, Tel. 446 53 26, www.lesnydwor.com, Preisklasse 2. Appartement-Anlage auf hohem Niveau.
Motel-Camping ›Lasek nad Popradem‹, Młodów, Tel. 446 41 52.
Herberge ›Hotel Górski‹, Sucha Dolina, Tel. 4464117, www.floryn.pl.
›Bacówka na Obidzy‹, Obidza 17, Tel. 446 53 05, www.piwniczna.sacz.pl/bacowka, Preisklasse 1.

Floßfahrten auf dem Poprad werden von der Firma CENTRUM von April bis zum Oktober angeboten. Die Abfahrtsstelle befindet sich in Piwniczna in der ul. Gąsiorowskiego, Tel. 446 84 49; 22/16 zł, Gruppenrabatte möglich.

Eine Floßfahrt auf dem Dunajec

Nordöstlich der Hohen Tatra befindet sich das Kalksteinmassiv der Pieninen mit seinen anmutigen Landschaften und schroffen Bergen und dem Grenzfluß Dunajec. Nicht wenige Menschen in der Region Małopolska sind der Meinung, daß gerade die Pieninen mit ihrer reichhaltigen Flora und Fauna und dem Dunajec-Durchbruch die touristisch sehenswerteste Attraktion Polens bilden.

Am eindrucksvollsten erschließt sich dem Besucher dieser Nationalpark bei einer Floßfahrt. Sie ist jedem zu empfehlen - vorausgesetzt, man hält sich nicht in den Wintermonaten in der Region auf. Wer nicht mit dem Floß fahren möchte, dem sei die Wanderung am Ufer des Dunajec entlang empfohlen. Ein teilweise ausgebauter Wanderweg vereinfacht die Tour. Dabei sollte keinesfalls der Ausweis vergessen werden, da man sich ständig im Grenzgebiet aufhält.

Eine Fahrt auf dem Dunajec beginnt in Kąty, einem Vorort von Sromowce Wyżne. An der mit Restaurantbetrieben, Sanitäranlagen und Parkplätzen gut auf die Touristenströme vorbereiteten Abfahrtsstelle steigt man in eines der hölzernen und mit Tannengrün zum Schutz vor Wasser geschmückten Flöße.

Ein solches Gefährt besteht aus fünf schmalen und langen, aneinandergebundenen Kähnen und kann bis zu zwölf Personen aufnehmen. Zwei erfahrene Flößer pro Boot lenken die Fahrgäste mit Holzstaken auf dem Grenzfluß. Die Flößer erkennt man an der Abfahrtsstelle sofort an ihren traditionellen blauen und mit verschiedenen Verzierungen bestickten Westen und ihrem Góralenhut. Schon beim Einsteigen begrüßen sie die Gäste nicht selten mit einem derben Spruch im polnischen Bergdialekt. Dann beginnt die Fahrt. Links liegt Polen, rechts die Slowakei.

Nach etwa zwei Kilometern erreicht man auf der rechten Flußseite mit Majere die erste Ortschaft. Auf der polnischen Seite hingegen erlaubt die Landschaft einen Blick auf die ›Trzy Korony‹ (›Drei Kronen‹), das höchste Gebirgsmassiv der Pieninen, das mit dem Berg Okrąglica eine Höhe von 982 Meter erreicht.

Weitere zwei Kilometer flußabwärts weisen die Flößer auf das slowakische Dorf Czerwony Klasztor (›Rotes Kloster‹). Im 18. Jahrhundert siedelte sich dort eine deutsche Minderheit aus Schwaben an. Die kleine Kirche, die auf der rechten Seite zu sehen ist, wurde in dieser Zeit gebaut. Etwas weiter in der slowakischen Landschaft ist eine kleine Holzkirche aus dem 16. Jahrhundert zu sehen.

Nach einigen weiteren Kilometern ist man am Durchbruch des Dunajec angelangt. Mehrere scharfe Kurven um die Berge haben die Flößer dann zu absolvieren, und der ursprünglich breite Fluß wird deutlich schmaler und an einigen Stellen auch spürbar schneller. Links und rechts erheben sich hohe Felsen mit so interessanten Namen wie Świnia Góra (›Schweinefels‹) und Wilcza Skała (›Wolfsfels‹).

Man ist nun am attraktivsten Abschnitt der Route angelangt. Auf einer Länge von sechs Kilometern sind bizarre Felsformationen in der engen Schlucht zu bestaunen. Erst wenige Kilometer vor der Anlegestelle in Szczawnica werden die Felsen rechts und links wieder kleiner. Auf der rechten Seite erscheint ein kleiner Grenzübergang. Die polnisch-slowakische Grenze verläuft durch den Berg Bystrzyk, und die Floßinsassen fahren nun wieder auf ausschließlich polnischem Boden.

Nach etwa zweieinhalb Stunden und 18 Kilometern Fahrt erreicht man schließlich den Ort Szczawnica, die Endstation der meisten von Polen aus startenden

Eine Floßfahrt auf dem Dunajec ist ein ganz besonderes Erlebnis

Blick auf die markanten ›Drei Kronen‹

Floßfahrten. An der Anlegestelle befindet sich eine Vielzahl von Restaurants, Kiosken und Souvenirgeschäften, ältere Damen verkaufen Pantoffeln und geräucherten Schafskäse.

Wer die längere Floßfahrt nach Krościenko gebucht hat, fährt noch etwa 4 Kilometer und 30 Minuten weiter. Von beiden Orten, Szczawnica und Krościenko, fahren Busse zurück zum Ausgangspunkt, nach Kąty.

Polskie Stowarzyszenie Flisaków Pieninskich (Polnische Pieninenflößergesellschaft), Biuro Spływu, 34-443 Sromoce Wyżne, Tel. 018/262 97 21, www.flisacy.com.pl. Öffnungszeiten der Kassenschalter in Kąty bei Sromoce Wyżne: April bis Aug. 8.30–17 Uhr, Sept. 8.30–16 Uhr, Okt. 9–15 Uhr.
Preise für eine Fahrt bis Szczawnica: 33 zł plus 2 zł Eintritt in den Pieninen-Nationalpark, Kinder bis 10 Jahre zahlen 16,50 zł plus 2 zł National-parkeintritt. Gruppen erhalten auf Anfrage spezielle Tarife.
Preise für eine Fahrt bis Krościenko: 42 zł plus 2 zł Eintritt in den Pieninen-Nationalpark, Kinder bis 10 Jahre zahlen 20,50 zł plus 2 zł für den Nationalpark. Gruppen erhalten auf Anfrage spezielle Tarife.
Die Rückfahrt mit dem Bus ist zusätzlich kostenpflichtig.

Szczawnica

Was Zakopane für die Hohe Tatra ist, das ist Szczawnica für die Pieninen: die Königin der Touristenorte. An der Grenze zu den Sandezer Beskiden gelegen, ist der gut 7500 Einwohner kleine Kurort am Durchbruch des Dunajec eine Perle der Region Małopolska. Ebenso wie Piwniczna hat auch Szczawnica seine Heileinrichtungen den alkalisch-salzigen Mineralwasserquellen in der Gegend zu verdanken. Sieben Heilbrunnen zählt die kleine Stadt heute. Die älteste, die Jozefina-Quelle, stammt bereits aus dem Jahre 1810. Von einem regen Kurbetrieb im 19. Jahrhundert zeugt die im Ort vorhandene alte Kurarchitektur, die dem Zentrum seine besondere Note gibt. Doch der Ort besticht vor allem durch seine landschaftliche Umgebung. Eine gute Möglichkeit, die Pieninen zu besichtigen, erhält man zweifellos als Teilnehmer einer Floßfahrt auf dem Dunajec. Für eine in Kąty bei Sromowce Wyżne beginnende Fahrt ist Szczawnica die Endstation. Zur Abfahrtsstelle etwa 18 Kilometer flußaufwärts gelangt man mit Bussen.

Neben der Floßfahrt lohnt es sich, die Gegend zu erwandern oder mit dem Rad zu erkunden. Zahlreiche Pfade führen zu der Homoleschlucht (›Wąwóz Homole‹) bei Jaworki und zu den höchsten Bergen der Pieninen im Gebirgsmassiv ›Trzy Korony‹ (›Drei Kronen‹). Gerade die ›Trzy Korony‹ sind ein beliebtes Wanderziel von Szczawnica-Besuchern. Dorthin gelangt man, wenn man der blauen Wanderroute, die an der Herberge Orlica beginnt, folgt. Etwa sechs Stunden sollte man für den Gang von Szczawnica bis zu den Trzy Korony einkalkulieren.

Unterwegs bei Szczawnica

Für kurze Wanderungen bietet sich ab dem Ortszentrum gelb markierte Route an. Sie führt auf den Gipfel des nahegelegenen Bergs Palenica, den man zu Fuß in etwa einer Stunde erreicht. Vom Wandern Ermüdete haben die Möglichkeit, mit einem Sessellift auf den Palenica zu fahren. Oben angekommen, bietet sich dem Besucher eine herrliche Aussicht auf die Pieninen, die Sandezer Beskiden und die Hohe Tatra.

Vorwahl: 018.
Postleitzahl: 34-460.
Reisebüro ›Orbis‹, ul. Główna 32, Tel. 262 22 47.
Polnische Touristikorganisation PTTK, ul. Główna 1, Tel. 262 23 32.

Hotel ›Jan‹, ul. Szlachtowa 14k, Tel. 262 19 01, www.pieniny.turist.pl/jan, Preisklasse 1.
Gasthof ›Pod Kolejką‹, ul. Główna 7, Tel. 262 27 24, Preisklasse 1.
Pension ›Belweder‹, ul. Połoniny 4, Tel. 262 15 95, www.belweder.nrs.pl, Preisklasse 1.
Pension ›Trzy Korony‹, ul. Słoneczna 4, Tel. 262 21 66, Preisklasse 1.
Pension ›Chemik‹, Park Dolny 11, Tel. 262 22 80, Preisklasse 1.
Pension ›Jakubówka‹, ul. Jana Wiktora 17, Tel. 262 22 39, Preisklasse 1.
Erholungsheim ›Warta Nawigator‹, ul. Zdrojowa 28, Tel. 262 23 46, www.szczawnicanawigator.pl.
Berghütte ›Orlica‹, ul. Pienińska 12, Tel. 262 22 45.

Tok-Bike, ul. Szalaya 88, Tel. (mobil) 0602/60 06 93.
Fahrrad- und Schlittenverleih, ul. Główna 28.
Mountainbikeverleih, ul. Pienińska 13.

In Szczawnica und Umgebung gibt es zahlreiche Skilifte. Im Ortsteil Palenica befinden sich gleich vier beleuchtete und gegebenenfalls mit künstlichem Schnee versehene Pisten mit eine Länge von 400, 500, 1000 und 1800 Metern. Höhenunterschiede zwischen 75 Metern und 270 Metern sind dabei zu überwinden. Ein Sessellift und vier Standskilifte erleichtern den Aufstieg. Snowboardfahrern steht in Palenica zusätzlich eine 100 Meter lange und 15 Meter breite Halfpipe zur Verfügung.
Empfehlenswert ist auch der von Familie Barnaś im Ortsteil Jaworki betriebene, gegenüber der Schlucht Wąwóz Homole befindliche Skilift. Auch Verleih von Skiausrüstungen, Tel. 262 15 43.

Die Minderheit der Lemken

In der Góralenwelt des südlichsten Polen siedelte sich im 14. und 15. Jahrhundert eine aus dem Osten stammende Gruppe an, die heute die anerkannte nationale Minderheit der Lemken bildet. Die Lemken gehören mit ihrer dem Ukrainischen nahen Sprache zu der ostslawischen Sprachgruppe und sind heute noch mit gut 100 000 Volkszugehörigen in den Dörfern und kleinen Städten südlich von Gorlice und auch in der Nähe von Szczawnica – beginnend westlich der Ortschaft Jaworki – beheimatet. Dabei reicht ihr historisches Siedlungsgebiet bis in die Bieszczady, die polnischen Waldkarpaten im polnisch-slowakisch-ukrainischen Grenzgebiet. Doch hatte es das Minderheitenvolk der Lemken in früheren Epochen der Geschichte schwerer als heute, ebenso wie die ihnen ethnisch etwas nahe stehende und ursprünglich weiter östlich in den Waldkarpaten beheimatete Volk der Bojken. Nach dem Zweiten Weltkrieg wurden sie im Rahmen der ›Aktion Weichsel‹ in den Westen vertrieben. Sie galten unter Stalin als Ukrainer und sollten in den nun zu Polen gehörenden früheren deutschen Ostgebieten angesiedelt werden. Auch sie wurden wie Millionen anderer nach dem Zweiten Weltkrieg zu Vertreibungsopfern. Erst nach dem Tod Stalins im Jahr 1953 durften die Lemken in ihrer angestammten Siedlungsgebiete, in denen sie heute wieder leben, zurückkehren. Anders als die überwältigende Mehrheit der Polen ist die traditionelle Konfession der Lemken nicht die römisch-katholische, sondern die griechisch-katholische. Mit ihren Kirchen, wie sie etwa in Łabowa, Owczary und Jaworki zu sehen sind, haben sie die Region kulturell bereichert. Heute genießen viele der Einrichtungen der Lemken Denkmalschutz und sind aus der Region nicht mehr wegzudenken.

So unbekannt die Volksgruppe der Lemken vielen auch sein mag, einer von ihnen hat es im 20. Jahrhundert zu Weltruhm gebracht: Andy Warhol. Der führende Vertreter der Pop-Art, dessen Familie aus einem slowakischen Ort namens Medzilaborce stammt, wurde zwar in Pittsburgh/USA geboren, seine Familie gehörte jedoch der Minderheit der Lemken an. Aus diesem Grund gibt es in dem nord-ostslowakischen Karpatenort Medzilaborce auch ein Andy-Warhol-Museum of Modern Art. Neben Werken von Andy Warhol sind dort auch Dokumente zu seiner Familiengeschichte zu sehen.

Ein kleiner Sprachführer

Aussprache

1. Im Polnischen werden die Wörter grundsätzlich auf der vorletzten Silbe betont.

2. Die Vokale werden kurz und offen gesprochen:
›e‹ immer wie in ›echt‹, nicht wie in ›See‹.
›o‹ immer wie in ›offen‹, nicht wie in ›Ton‹.
›y‹ bezeichnet anders als im Deutschen einen kurzen unbetonten e-Laut, etwa wie das erste ›e‹ in ›Gebäude‹.
›ą‹ bezeichnet ein nasales ›a‹, etwa wie in engl. ›Song‹, abhängig vom folgenden Laut auch wie ›am‹ oder ›an‹.
›ę‹ bezeichnet ein nasales ›e‹, etwa wie in franz. ›Seine‹, abhängig vom folgenden Laut auch wie ›em‹ oder ›en‹.
›ó‹ entspricht ›u‹.

3. Vokalverbindungen wie ›au‹, ›eu‹ und ›ie‹ sind wie zwei einzelne Vokale auszusprechen.

4. Die Konsonanten und deren Verbindungen:
›c‹ wird immer wie ›ts‹, also wie bei der Stadt ›Celle‹ gesprochen.
›ć‹, ›cz‹ werden wie ›tsch‹ ausgesprochen, ›ci‹ ebenfalls, aber etwas heller: ›tsch[i]‹.
›s‹ ist immer stimmlos, wie in ›Szene‹.
›ś‹, ›sz‹ werden wie ›sch‹ ausgesprochen, ›si‹ ebenfalls, aber etwas heller: ›sch[i]‹.
›z‹ entspricht dem deutschen ›s‹ wie in ›Segen‹.
›˝‹, ›rz‹ werden wie weiches ›sch‹ gesprochen, z.B. in Garage (Gara[sch]e).
›ê‹, ›zi‹ werden ebenfalls wie weiches ›sch‹ gesprochen, aber etwas heller: ›[sch][i]‹
›ł‹ entspricht dem englischen ›w‹ wie in ›why‹, am Wortende wird es fast verschluckt.
›ń‹ ist ein weiches ›n‹, man kann sich ein angedeutetes ›j‹ davor denken, etwa wie in ›Cognac‹.
›r‹ ist immer ein starkes Zungen-›r‹ wie man es im Deutschen in Mundarten wie dem Bairischen findet, dann aber heller, mehr mit der Zungenspitze gebildet.
›ch‹ schließlich wird immer wie das deutsche ›ch‹ in ›Rachen‹, nicht wie das in ›ich‹ gesprochen.

Allgemeines, Fragen und wichtige Ausdrücke

Guten Tag
dzień dobry

Auf Wiedersehen
do widzenia

Hallo / Tschüß
cześć

Guten Abend
dobry wieczór

Gute Nacht
dobranoc

Ja
tak

Nein
nie

Danke
dziękuję

Wir danken.
dziękujemy

Bitte
proszę

Nein, danke.
Nie, dziękujê.

Entschuldigung
przepraszam

gut
dobry (Adjektiv)
dobrze (Adverb)

schlecht
zły (Adjektiv)
źle (Adverb)

rechts
prawo

links
lewo

nach rechts
na prawo

nach links
na lewo

geradeaus
prosto

weit
daleko

nah
blisko

hier
tu/tutaj

Ich verstehe nicht.
Nie rozumiem.

Wir verstehen nicht.
Nie rozumiemy.

Was kostet das?
Ile to kosztuje?

Wo ist ...?
Gdzie jest ...?

Wann ?
Kiedy?

Wie lange ?
Jak długo?

Gibt es ...?
Czy jest?

Haben Sie ... ?
Czy Pani ma ... (wenn der Gesprächspartner eine Frau ist)

Czy Pan ma ... (wenn der Gesprächspartner ein Mann ist)

Ich habe nicht.
Nie mam.

Bitte schreiben Sie mir das auf.
Proszę mi to napisać.

Deutschland
Niemcy

Deutsch
niemiecki

Österreich
Austria

Österreichisch
austriacki

Schweiz
Szwajcaria

Schweizerisch
szwajcarski

Polen
Polsk

Europa
Europa

Vereinigte Staaten von Amerika
Stany Zjednocz one Ameryki

Geld
pieniądze

Kreditkarte
karta kredytowa

Geldautomat
bankomat

Bank
bank

Wechselstube
kantor

Zahlen
liczby

null
zero

eins
jeden

zwei
dwa

drei
trzy

vier
cztery

fünf
pięć

sechs
sześć

sieben
siedem

acht
osiem

neun
dziewięć

zehn
dziesięć

elf
jedenaście

zwölf
dwanaście

zwanzig
dwadzieścia

dreißig
trzydzieści

vierzig
czterdzieści

fünfzig
pięćdziesięt

sechzig
sześćdziesiąt

siebzig
siedemdziesiąt

achtzig
osiemdziesiąt

neunzig
dwiewięćdzisiąt

hundert
sto

zweihundert
dwieście

dreihundert
trzysta

vierhundert
czterysta

fünfhundert
pięćset

sechshundert
sześćset

siebenhundert
siedemset

achthundert
osiemset

neunhundert
dziewięćset

tausend
tysiąc

Unterwegs in Krakau

Verkehr
ruch

Abfahrt
odjazd

Ankunft
przyjazd

Ausfahrt
wyjazd (an Autobahnen)

Auto
auto

Bus
autobus

Straßenbahn
tramwaj

Zug
pociąg

Flugzeug
samolot

Flughafen
lotnisko

Haltestelle
przystanek

Fahrschein
bilet

Tankstelle
stacja benzynowa

Fahrrad
rower

Motorrad
motor

Allee
aleja

Altstadt
stare miasto

Ansichtskarte
widokówka

Arzt
lekarz

Bäckerei
piekarnia

Biergarten
ogródek

Briefmarke
znaczek

Brücke
most

Buchhandlung
księgarnia

Burg / Schloß
zamek

Café
kawiarnia

Dom
katedra

Geschäft
sklep

Hauptbahnhof
dworzec główny

Haus
dom

Hügel
kopiec

Kirche
kościół

Kloster
klasztor

Krankenhaus
szpital

Lebensmittelgeschäft
sklep spożywczy

Marktplatz
rynek

Museum
muzeum

Platz
plac

Polizei
policja

Post
poczta

Straße
ulica

Teestube
herbaciarnia

Telefonkarte
karta telefoniczna

Theater
teatr

Turm
wieża

Unterwegs in der Hohen Tatra

Alm (Tatraalm)
hala

Berg
góra

Felsenhöhle
jaskinia

Fluß
rzeka

Gipfel
szczyt

Grenzübergang
przejście graniczne

Herberge
schronisko

Naturschutzgebiet
rezerwat przyrody

Tal
dolina

Teich
staw

See
jezioro

Seilbahn
kolejka linowa

Sessellift
kolejka krzesełkowa

Sprungschanze
skocznia narciarska

Weg
droga

Wanderung
wędrowanie

Wanderweg
szlak turystyczny

Wanderkarte
mapa turystyczna

Wasserfall
wodospad

Hinweise
wskazówki

Achtung
uwaga

Betreten verboten
wstęp wzbroniony

Rauchen verboten
palenie wzbronione

Lebensgefahr
grozi śmiercią

Ende
koniec

Umleitung
objazd

geöffnet
otwarte

geschlossen
zamknięte

frei
wolne

besetzt
zajęte

reserviert
zarezerwowane

Eingang
wejście

Ausgang
wyjście

Toilette
toaleta, ustęp

Damen
panie, dla kobiet

Herren
panowie, dla mężczyzn

warm
ciepło

kalt
zimno

Zimmer
pokój

Speisekarte
jadłospis

Suppen
Zupy

Brühe mit Nudeln
Rosół z makaronem

Sauerteigsuppe mit Wurst
Żurek z kiełbasą

Rote-Rüben
Barszcz czerwony

Suppe mit kleiner Teigtasche
Zupy z uszkami

Tomatensuppe
Zupa pomidorowa

mit Nudeln
z makaronem

Gurkensuppe
Zupa ogórkowa

mit Reis
z ryżem

Hauptgerichte
Dania główne

Kotelett
Kotlet schabowy

Frikadelle
Kotlet mielony

Putenbrustfilet
Pierś z indyka

Hähnchenbrustfilet
Pierś z kurczaka

gegrilltes Hähnchen
Kurczak z grila

Fisch
Ryba

gedünstetes Sauerkraut mitFleisch
Bigos

Vegetarische Gerichte
Dania jarskie

Eierkuchen mit Quark
Naleśniki z serem

Eierkuchen mit Marmelade
Naleśniki z dżemem

Teigtaschen mit süßem Quark
Pierogi z serem

Teigtaschen mit Quark
Pierogi ruskie

Teigtaschen mit Obst
Pierogi z owocami

Teigtaschen mit Fleisch
Pierogi z mięsem

Beilagen
Dodatki

Kartoffeln
Ziemniaki

Kartoffelpüree
Ziemniaki piure

Bratkartoffeln
Ziemniaki smażone

Pommes Frites
Frytki

Reis
Ryż

Nudeln
Makaron

Salate
Sałatki

Rohkostsalat
Surówka

Mizeria
Gurkensalat

Deser
Dessert

Vanilleeis
Lody waniliowe

Schokoladeneis
Lody czekoladowe

Pudding
Budyń

Apfelstrudel
Szarlotka

heiße Getränke
Napoje ciepłe

Kaffee
Kawa

Kaffee mit Sahne
Kawa ze śmietanką

Kaffee mit Milch
Kawa z mlekiem

Cappuccino
Cappuccino

Tee
Herbata

schwarzer Tee
Herbata czarna

Kräutertee
Herbata ziołowa

Tee mit Zitrone
Herbata z cytryną

Heiße Schokolade
Gorąca czekolada

Kalte alkoholfreie Getränke
Napoje zimne bezalkoholowe

Mineralwasser
Woda mineralna

mit Kohlensäure
gazowana

Mineralwasser
Woda mineralna

ohne Kohlensäure
niegazowana

Saft
Sok

Apfelsaft
Sok jabłkowy

Apfel-Pfefferminzsaft
Sok jabłkowo - miętowy

Orangensaft
Sok pomarańczowy

Alkoholische Getränke
Napoje alkoholowe

kleines Bier 0,3
Piwo małe 0,3

großes Bier 0,5
Piwo duże 0,5

helles Bier
Piwo jasne

dunkles Bier
Piwo ciemne

Bier mit Saft
Piwo z sokiem

Rotwein
Wino czerwone

Weißwein
Wino białe

Glühwein
Wino grzane

Reisetips von A bis Z

Allgemeine Information
Über die kostenlose Servicehotline der Polnischen Tourismusorganisation 08 00/20 03 00 erhält man in Polen aus dem Festnetz rund um die Uhr Tips und Ratschläge für Reisende, und zwar sowohl in deutscher als auch in englischer Sprache. Aus dem Mobilfunknetz wählt man bei Fragen die Nummer 00 48/22/601 55 55 (siehe auch ›Informationsstellen‹).

Anreise mit dem Auto
Von Westen erreicht man Krakau und Kleinpolen am besten über die Autobahn A4. Der Autobahnabschnitt zwischen Katowice und Krakau ist gebührenpflichtig (Pkw insgesamt 13 zł, an zwei Stellen sind jeweils 6,50 zł zu zahlen).
Von Krakau nach Süden in Richtung Zakopane und Hohe Tatra führt die E77, die in Polen allgemein als Zakopianka bezeichnet wird. Ausgeschildert ist aber oft nur der Grenzübergang zu der Slowakei – Chyżne –, so daß man sich bei Autoreisen an diesem Ort orientieren sollte. Nach Osten führt die E40, die mit dem polnisch-ukrainischen Grenzübergang Medyka ausgeschildert ist. Diese Ausfahrt von Krakau in Richtung Medyka ist auch der direkte Weg zum Salzbergwerk Wieliczka vor den Toren Krakaus.

Anreise mit der Bahn
Zwischen Hamburg und Krakau (über Berlin) verkehren täglich Direktzüge in beide Richtungen. Auch über den Umweg über Warschau führen zahlreiche Verbindungen ans Ziel. Entscheidet man sich also für eine Bahnreise mit dem Berlin-Warszawa-Express, muß man in Warschau umsteigen, um nach Krakau zu gelangen.
Eine weitere Verbindung nach Krakau gibt es von Dresden mit Umsteigen in Wrocław (Breslau). Gute Direktzüge fahren auch von Wien aus in die frühere polnische Hauptstadt. Zusätzlich fährt täglich ein Nachtzug von Berlin-Lichtenberg nach Krakau.
Detaillierte Infos: www.bahn.de; www.pkp.com.pl.

Anreise mit dem Bus
Von nahezu allen deutschen Großstädten bieten Busunternehmer auf internationalen Buslinien täglich Fahrten nach Krakau an. Diese für Individualtouristen preisgünstigste Alternative wird überwiegend von nach Deutschland reisenden Polen genutzt. Vier der zahlreichen Anbieter:
Selmer Reisen Bülskemper, Olfener Straße 35, 59379 Selm, Tel. 025 92/913 30, www.selmer-reisen.de.
Comfort Lines sp. z o.o., ul. Pionierów 8, 44-117 Gliwice, Polen, Tel. 00 48/(0)32/331 04 00, www.comfort-lines.pl.
Bayern Express & P. Kühn Berlin GmbH, Mannheimer Straße 33/34, 10713 Berlin, Tel. 030/861 93 31, www.berlinlinienbus.de.
Eurolines, www.deutsche-touring.com.

Anreise mit dem Flugzeug

Seit dem Billigfluganbieter Krakau für sich entdeckten und im Herbst 2004 begannen, die Stadt täglich von Dortmund und Berlin aus anzufliegen, erlebt Krakau, das ohnehin schon seit Jahren ein beliebter Ort für Polentouristen ist, einen enormen Besucheransturm. Inzwischen wird der Flughafen Krakau regelmäßig auch von Köln/Bonn (3 x/Woche), Hamburg (3 x/Woche), Frankfurt (täglich), Stuttgart (5 x/Woche) und München (3 x täglich) angeflogen. Regelmäßige Flugverbindungen bestehen auch nach Wien (2–3 x täglich) und Zürich (6 x/Woche). In seltenen Fällen muß man in Warschau oder Kattowitz umsteigen.

Der Krakauer Flughafen befindet sich etwa 15 Kilometer westlich vom Stadtzentrum in Balice. Vom Flughafen fahren die Buslinien 192 und 209 mehrmals stündlich in die Krakauer Innenstadt (Fahrtzeit rund 20–25 Minuten). Die Linie 192 fährt unter anderem zum Hauptbahnhof und endet östlich der Altstadt an der Station Wieczysta in der Nähe der Verwaltung des Polizeihauptkommandanten. Die Linie 209 endet westlich der Altstadt unterhalb des Kościuszko-Hügels in Salvator. Selbstverständlich steht auch ständig eine größere Anzahl Taxis vor dem Flughafengebäude zur Abfahrt bereit.

Anschrift: Johannes-Paul-II.-Flughafen Krakau-Balice (Lotnisko im. Jana Pawła II. Kraków-Balice), ul. Kapitana Medweckiego 1, 31-870 Balice, Polen, Tel. 0048/(0)12/2850958, www.lotnisko-balice.pl.

Weitere Informationen erhält man bei: LOT, Wiesenhüttenplatz 26, 60329 Frankfurt/Main, Tel. 0180/3000336, www.lot.pl.

Autofahren

Das Straßennetz in Polen ist weit ausgebaut, doch nicht immer sind die Straßen in einem guten Zustand. Die Fernstraßen nach Krakau sind jedoch meistens gut. Wegen des weiter anhaltenden Ausbaus des Fernstraßensystems muß man streckenweise mit Baustellen rechnen.

Die zulässigen Höchstgeschwindigkeiten:

	PKW/Motorrad	LKW und PKW mit Anhänger
Einspurige Landstraßen	90 km/h	70 km/h
Zweispurige Landstraßen	100 km/h	80 km/h
Einspurige Schnellstraßen	100 km/h	80 km/h
Zweispurige Schnellstraßen	110 km/h	80 km/h
Autobahnen	130 km/h	80 km/h
Geschlossene Ortschaften	50 km/h (von 23 bis 5 Uhr 60 km/h)	

Die Alkoholgrenze im Straßenverkehr liegt bei 0,2 Promille. Vom 1. Oktober bis zum 1. März müssen Autos mit Abblendlicht fahren, Motorräder ganzjährig.

Die Pannenhilfe des polnischen Motorverbandes PZM ist landesweit unter

Tel. 981 zu erreichen, der ADAC in Warschau unter Tel. 022/825 97 34.

Autoverleih
Alle großen und international bekannten Autoverleiher sind auch in Polen vertreten. Bereits in Deutschland kann man häufig die gewünschten Leihwagen mieten.

Ärztliche Versorgung
Die ärztliche Versorgung in den Städten und Ferienorten ist grundsätzlich gut. Mittlerweile gibt es zwischen Polen und Deutschland ein Sozialversicherungsabkommen; daher müssen die Arztkosten nicht mehr privat getragen werden.

Baden
Viele Orte in Kleinpolen verfügen über öffentlich zugängliche Bäder, so etwa die Kreisstädte Bochnia und Myślenice. Das mit Abstand größte und attraktivste Bad ist der in Krakau an der ul. Dobrego Pasterza 126 gelegene Park Wodny (Wasserpark). Weitere Informationen zu den Bädern finden sich in den Kapiteln und Infoteilen zu den jeweiligen Städten.

Behinderte
Viele öffentliche Gebäude, Hotels und Ferieneinrichtungen sind inzwischen behindertengerecht eingerichtet. Problematisch ist leider immer noch die Reise mit öffentlichen Verkehrsmitteln. Rollstuhlfahrer sollten sich daher für eine Anreise mit dem Pkw entscheiden. Weitere Informationen erhält man beim Verein Integracja in Warschau, Tel. 022/831 49 44, www.integracja.org.

Botschaften und Konsulate
Botschaft der Bundesrepublik Deutschland, ul. Dąbrowiecka 30, 03-932 Warszawa,
Tel. 00 48/(0)22/617 30 11-15,
Fax 0048/(0)22/617 35 82,
www.ambasadaniemiec.pl,
germ.emb@zigzak.pl.

Botschaft der Republik Österreich,
ul. Gagarina 34, 00-748 Warszawa,
Tel. 00 48/(0)22/341 00 81,
Fax 00 48/(0)22/341 00 85.

Generalkonsulat der Bundesrepublik Deutschland in Krakau,
ul. Stolarska 7, 31-043 Kraków,
Tel. 00 48/(0)12/424 30 00,
Fax 00 48/(0)12/424 30 10,
dt.gk-krakau@gmx.net.

Generalkonsulat der Republik Österreich, ul. Krupnicza 42,
31-123 Kraków,
Tel. 00 48/(0)12/421 99 00,
Fax 00 48/(0)12/421 67 37.

Botschaft der Schweiz,
al. Ujazdowskie 27, 00-504 Warszawa,
Tel. 00 48/(0)22/849 14 56.
Ein schweizerisches Konsulat gibt es in Krakau nicht.

Bus/Minibus
Kleinpolen ist für sein ausgezeichnetes Bussystem bekannt. Kleinbusse, in

Hochprozentige Tradition:
Der Łącha-Slibowitz

Polen Minibusse genannt, fahren aus allen Städten in der Nähe von Krakau mehrmals täglich, nicht selten sogar mehrmals stündlich, nach Krakau. Daneben gibt es zahlreiche private Busunternehmer und das staatliche Beförderungsunternehmen PKS, die Krakau mit allen Orten in Kleinpolen verbinden. Das Umfeld des Krakauer Hauptbahnhofs, in dem sich auch der Busbahnhof befand, wird derzeit grundlegend neu gestaltet. Doch auch nach der Fertigstellung wird der Busbahnhof dort beheimatet sein. Die vielen verschiedenen Kleinbusse fahren von einem Parkplatz an der ul. Warszawska in unmittelbarer Nähe des Hauptbahnhofs ab. Auf diesen Parkplatz verweist ein Schild mit der Aufschrift ›Odjazdy Minibusów‹ (›Abfahrt der Minibusse‹). Auch nach Fertigstellung des neuen Bahnhofsviertels sollen die Minibusse in unmittelbarer Nähe des Hauptbahnhofs ihren zentralen Anlaufpunkt haben. Mit Bussen und Minibussen kommt man für wenig Geld in nahezu alle Orte Kleinpolens, so daß man auch ohne Auto in der Region sehr mobil sein kann.

Camping

In Polen gibt es viele Campingplätze. Leider können noch nicht alle mit den im Westeuropa geltenden Standards mithalten. Oft sind Abstriche bei den Sanitäreinrichtungen zu machen. Trotzdem ist seit Jahren eine kontinuierliche Verbesserung der Standards auf den Campingplätzen auch in der Region Małopolska zu verzeichnen. Empfehlenswerte Campingplätze werden in diesem Reiseführer bei den Unterkunftstips zu den einzelnen Städten und Orten genannt.

Einkaufen

Ein Ladenschlußgesetz gibt es in Polen nicht. Supermärkte haben in Städten oft werktags von 6 bis 20 Uhr und an den Wochenenden, auch sonntags, bis 13 Uhr geöffnet. In Großstädten sorgen einige 24-Stunden-Shops für eine Rund-um-die-Uhr-Versorgung.

Einreisebestimmungen

Seit dem Beitritt Polens zur EU ist zur Einreise nur noch ein gültiger Personalausweis erforderlich.

Fahrradfahren

Fahrradfahren ist in den südlichen Gegenden der Region Kleinpolen nur etwas für Geübte. Je weiter man in den Süden fährt, desto gebirgiger wird die Landschaft. Hinzu kommt, daß das Radwegenetz in ganz Polen noch sehr ausbaufähig ist und Fahrradfahrer oftmals von Autofahrern nicht ernst genommen werden. Weil Radfahren im Vergleich zu Deutschland oder gar den Niederlanden unüblich ist, ist im Falle einer Panne die Versorgungsdichte mit Ersatzteilen für hochwertige Fahrräder auch entsprechend geringer. Trotzdem sind einige der anspruchsvollen Bergstrecken durch die Natur Kleinpolens ein gutes Gelände für Mountainbikefans. Daneben gibt es in der Umgebung von Krakau interessante Radwanderstrecken. Einige dieser Touren werden in diesem Reiseführer vorgestellt. Weitere Informationen über Radwanderrouten in ganz Polen erteilt die polnische Touristikgesellschaft PTTK in Warschau, Tel. 022/826 22 51, www.pttk.pl.

Fahrradverleih

Die Anzahl der Einrichtungen zum Fahrradverleih ist in Kleinpolen noch ausbaufähig. In Krakau können Fahrräder unter anderem in der ul. Floriańska 37 ausgeliehen werden. Auch in anderen Orten wie in Szczawnica (Pieniny) und in Jerzmanowice (Ojców-Nationalpark) werden Fahrräder verliehen. Diese Einrichtungen sind jeweils in den Informationskästen zu den einzelnen Orten aufgeführt.

Feiertage

Feste Feiertage:
1. Januar (Neujahr)
1. Mai (Tag der Arbeit)
3. Mai (Tag der Verfassung)
1. November (Allerheiligen)
11. November (Unabhängigkeitstag)
25./26. Dezember (Weihnachten)

Geldautomaten

Geldautomaten findet man inzwischen in jeder Kleinstadt der Region. In der Krakauer Innenstadt gibt es zahlreiche Geldautomaten am Marktplatz, am Bahnhof, in der ul. Floriańska und anderswo. Mit Kreditkarten und deutschen ec-Karten kann man in der Regel problemlos Geld abheben.

Golf

Der Golfsport erfreut sich in Polen steigender Popularität, auch wenn das Netz der Golfplätze noch recht große Maschen hat. Ein kleinerer Golfplatz befindet sich in Niepołomice. Der wohl größte der Region Kleinpolen, der Kraków Valley Golf & Country Club,liegt in der 20 Kilometer westlich von Krakau gelegenen Stadt Krzeszowice. Der 18-Loch-Platz mit einer Gesamtlänge von 6518 Metern wurde vom US-amerikanischen Architekten Ronald Fream entworfen. Eine Golfschule, eine Schießsportanlage, ein Reitstall und ein Hotel ge-hören zur Anlage. Anschrift: Kraków Valley & Country Club, Paczółtowice, 32-063 Krzeszowice 3, Tel. 00 48/(0)12/ 258 85 00. Weitere Informationen im Internet unter www.krakow-valley.pl.

Grenzübergänge, deutsch-polnische:
Linken–Lubieszyn
(Personen- und Güterverkehr)
Pommellen–Kołbaskowo
(Autobahn, Personen- und Güterverkehr)
Rosow–Rosówek
(nur Personenverkehr)
Schwedt–Krajnik Dolny
(Personen- und Güterverkehr)
Hohenwutzen–Osinów Dolny
(keine Lkw, keine Reisebusse)
Kietz–Kostrzyn
(Personen- und Güterverkehr)
Frankfurt/O.–Słubice
(keine Lkw, keine Reisebusse)
Frankfurt/O.–Świecko
(Personen- und Güterverkehr)
Guben–Gubin
(Personen- und Güterverkehr)
Forst–Olszyna
(Autobahn, Personen und Güterverkehr)
Bad Muskau–Łęknica
(nur Personenverkehr)
Podrosche–Przewóz
(Personenverkehr, keine Reisebusse)
Ludwigsdorf–Jędrzychowice
(Personen- und Güterverkehr)
Görlitz–Zgorzelec
(nur Personenverkehr)
Zittau (Chopinstraße)–Sieniawka
(Personen- und Güterverkehr bis 7,5 t)
Zittau (Friedenstraße)–Porajów
(Personenverkehr, keine Reisebusse)

Handkuß
Gelegentlich treffen Frauen in Polen auf Vertreter der Alten Schule. Gerade bei älteren Herren ist die nach außen dargestellte besondere Achtung gegenüber Frauen noch verbreitet. Frauen sollten sich also nicht wundern, wenn ihnen zur Begrüßung die Hand geküßt und im Geschäft die Tür aufgehalten wird. Einem ungeübten Ausländer kann die Manier, einer polnischen Dame zur Begrüßung die Hand zu küssen, indessen nicht empfohlen werden. Die Gefahr, daß der richtigerweise nur oberflächliche Handkuß zu einem für die Dame unangenehmen und für den Herren peinlichen Erlebnis wird, ist nicht gering. Dem ungeübten Ausländer empfiehlt sich daher die Begrüßung einer Dame per Handschlag.
Wer jedoch als Mann einer Dame in Geschäften, Behörden und auch im Haus nicht die Tür aufhält und ihr nicht den Vortritt gewährt oder sie aber beim Essen nicht als erste bedient, kann in Polen leicht als ungehobelter Klotz angesehen werden.

Informationsstellen
In vielen Orten Kleinpolens gibt es Touristeninformationsstellen mit fremdsprachlicher Besetzung. Diese Stellen sind in diesem Reiseführer jeweils in den Informationsrubriken der vorgestellten Städte und Orte zu finden. Eine kompetente Adresse in Deutschland ist das Polnische Fremdenverkehrsamt: Kurfürstendamm 71, 10709 Berlin, Tel. 030/2100920, www.polen-info.de.
In Österreich ist das Polnische Fremdenverkehrsamt in der Mariahilfer Straße 32–34 in 1070 Wien, Tel. 01/5247 19 10, vertreten.

Kein Ladenschluß: ein 24-Stunden-Geschäft

Internet

Das Internet ist auch in Polen lange schon ein selbstverständliches Medium. Viele Hotels und Museen und nahezu alle Touristenbüros sind inzwischen im Netz vertreten. Großen Zulauf haben in den vergangenen Jahren die Internetcafés erfahren. In der jüngsten Zeit werden sie hingegen von den Hausanschlüssen verdrängt. Trotzdem gibt es sowohl in Krakau als auch in kleinen Städten vielfach öffentlichen Zugang zum Internet. Wer ein Internetcafé sucht, sollte nach einem Schild mit der Aufschrift ›Kawiarnia Internetowa‹ oder einfach nur nach ›Internet‹ Ausschau halten.

Kartenspiele

Während ein geselliges Skat- oder Doppelkopfspiel in deutschen Kneipen nichts Verwerfliches ist, ist öffentliches Kartenspielen in Polen verpönt. In Kneipen, Restaurants und Zugrestaurants empfiehlt es sich daher, das Kartenspiel in der Tasche zu lassen, wenn man nicht einen schiefen Blick des Wirts oder gar einen höflichen aber direkten Hinweis auf den Ausgang des Lokals erhalten möchte.

Kino

Kinofilme werden in Polen in ihrer Originalsprache mit polnischen Untertiteln gezeigt. Somit kann auch, wer nicht der polnischen Sprache mächtig ist, in den vollen Kinogenuß kommen, sofern er die Originalsprache des Films, in der Regel Englisch, versteht. Lediglich Kinderfilme werden in polnischer Übersetzung gezeigt.

Kreditkarten

In den Geschäften der Innenstädte der Großstädte, gerade auch in Krakau, können größere Einkäufe nahezu ausnahmslos auch mit Kreditkarte bezahlt werden. Ebenso wird die ec-Karte weitgehend akzeptiert. In kleineren Städten ist der bargeldlose Zahlungsverkehr noch nicht so verbreitet.

Maut

Eine generelle Maut gibt es auf polnischen Straßen nicht. Die Benutzung einiger Fernstraßenabschnitte, wie z.B. die A4 auf der Strecke Katowice–Krakau, ist jedoch kostenpflichtig. Jeweils am Beginn und am Ende des Abschnitts befinden sich Kassenhäuschen. An jeder Zahlstelle sind pro Pkw 6,50 zł zu bezahlen, so daß auf der Autobahnstrecke Kattowitz–Krakau insgesamt 13 zł zu entrichten sind.

Notruf

Landesweit einheitlich.
Polizei: 997
Feuerwehr: 998
Rettungsdienst: 999

Öffnungszeiten

Ein Ladenschlußgesetz gibt es in Polen nicht (siehe auch ›Einkaufen‹). Unattraktiv sind gelegentlich die Öffnungszeiten staatlicher Einrichtungen wie z.B. Museen. Anstelle besucherfreundlicher, täglich gleicher Öffnungszeiten variieren diese nicht selten von Tag zu Tag, so daß Interessierte genau hinsehen müssen, wenn sie nicht vor verschlossenen Türen stehen wollen.

Post

Postämter sind in der Regel montags bis sonnabends zwischen 8 und 22 Uhr geöffnet. Die Briefkästen sind rot.

Postleitzahlen

Kleinstädte in Polen haben in aller Regel nur eine Postleitzahl. In Großstädten variieren die Postleitzahlen jedoch von Bezirk zu Bezirk. In diesem Reiseführer werden die Postleitzahlen eines Ortes jeweils am Anfang eines Infokastens genannt. Lediglich bei der Adreßbezeichnung Krakauer Einrichtungen war es aufgrund der Vielzahl der verschiedenen Codes erforderlich, zu jeder Einrichtung die Postleitzahl hinzuzufügen.

Reiseveranstalter

Baldes Studien- und Wanderreisen,
Königstr. 68, 53115 Bonn,
Tel. 0221/92 12 88-0, Fax 92 12 88 88,
www.baldes.de

DNV Tours, Heubergstr. 21,
70806 Kornwestheim,
Tel. 071 54/13 18 30, Fax 13 18 33,
www.dnv-tours.de

Ex Oriente Lux Reisen GmbH,
Brachvogelstraße 1, 10961 Berlin,
Tel. 030/39 60 38 71, Fax 39 60 38 79,
www.eol-reisen.de.

Go East Reisen,
Bahrenfelder Chaussee 53,

22761 Hamburg, Tel. 040/89 69 09-0, Fax 89 49 40, www.go-east.de, info@go-east.de.

in naTOURa Natur- und Erlebnisreisen, Zum Gallbühl 32, 37079 Göttingen, Tel. 05 51/504 65 71, Fax 504 69 24, www.innatoura-polen.de, info@innatoura-polen.de.

Intercontact Gesellschaft für Studien- und Begegnungsreisen mbH, In der Wässerscheid 49, 53424 Remagen, Tel. 026 42/20 09-0, Fax 200 98 90, www.ic-gruppenreisen.de.

Perelingua Sprachreisen, Varziner Str. 5, 12159 Berlin, Tel. 030/851 80 01, Fax 851 69 83, www.perelingua.de, info@perelingua.de.

StattReisen Berlin e.V., Malplaquetstraße 5, 13347 Berlin, Tel. 030/455 30 28, 45 80 39 47, Fax 45 80 00 03, www.stattreisenberlin.de

Studiosus Reisen München GmbH, Riesstraße 25, 80992 München, Tel. 089/500 60-0, Fax 500 60 10, www.studiosus.com, info@studiosus.com.

Ventus Reisen GmbH. Spezialist für Gruppen- und Individualreisen, Krefelder Str. 8, 10555 Berlin, Tel. 030/3910 03 32/333, Fax 399 55 87, www.ventus.com, office@ventus.com.

Wer die individuelle Anreise nach Krakau vorzieht, kann dort die Angebote der örtlichen Anbieter nutzen. Einige von ihnen bieten auch deutschsprachige Touren in der Stadt und in das Umland an. Zu nennen sind hier insbesondere:

Bird service, Sw. Krzyza 17, PL 30-960 Kraków 1, Tel. 00 48/12/292 14 60, Fax 292 11 53, www.bird.pl.

Marco der Pole – Studienreisen nach Mittelosteuropa, ul. Kanonicza 15, 31-002 Kraków, Tel. 00 48/12/430 21 17, Fax 430 21 31, www.marcoderpole.com.pl.

Sicherheit

Das Vorurteil, Polen sei ein unsicheres Land, ist leider in Westeuropa und besonders in Deutschland immer noch weit verbreitet. Die kurz nach der politischen Wende Ende der achtziger Jahre aufgrund der Auflösung der bis dahin bestehenden Gesellschaftsstruktur tatsächlich angestiegene Kriminalitätsrate ist heute wieder auf ein für mitteleuropäische Länder normales Niveau gesunken.

Polen ist nicht unsicherer als Deutschland. Die Gefahr, in den Krakauer Tuchhallen Opfer eines Taschendiebstahls zu werden, ist vermutlich nicht höher als am Alexanderplatz in Berlin. Insofern sollte man sich von überholten Vorstellungen endlich verabschieden und auch nie vergessen, daß die internationale Automafia, die zweifel-

los in Polen gerade in Großstädten ihr Unwesen treibt, auch in Deutschland vertreten ist.
Daher ist die Benutzung bewachter Parkplätze, wie z.B. in Krakau in der ul. Szpitalna neben dem Słowackitheater oder am pl. Szczepański, zu empfehlen.

Strom

Die Netzspannung beträgt 220 Volt, die Steckdosen entsprechen der Euro-Norm; es ist kein Adapter erforderlich.

Tankstellen

Mit Tankstellen ist Kleinpolen gut versorgt. Die Benzinpreise sind um etwa 20 bis 25 Prozent niedriger als in Deutschland. Bemerkenswert ist auch das im Vergleich zu Deutschland sehr gut ausgebaute Netz an Tankstellen mit LPG-Gas-Angebot. An den Zapfsäulen in Polen werden die unterschiedlichen Benzinsorten nach ihrer Oktanzahl benannt.

Taxi

Taxifahren ist in Polen verhältnismäßig billig, auch wenn die Tarife lokal deutlich differieren. Hinter den Radio-Taxis (Funktaxis), deren Visitenkarten in vielen Hotels und Restaurants ausliegen, verbergen sich in aller Regel seriöse Unternehmen. Bei weiteren Strecken ist dennoch eine Preisvereinbarung vor Fahrtantritt zu empfehlen.

Telefon

Öffentliche Telefone sind mit einem Kartensystem ausgestattet. Telefonkarten gibt es mit 25, 50 und 100 Einheiten. Nach einem noch nicht ganz verschwundenen System sind von den Plastiktelefonkarten perforierte Ecken abzubrechen, bevor die Karten in die Telefonautomaten eingeschoben werden.
Das Mobilfunknetz funktioniert in Kleinpolen bis auf wenige Löcher ausgezeichnet. Selbst im Hochgebirge, zum Beispiel auf dem Kasprowy Wierch bei Zakopane, sollte das Handy funktionieren.
Die Telefonvorwahl vom Ausland nach Polen ist 00 48. Die innerpolnischen Vorwahlen für die einzelnen Städte werden in diesem Reiseführer jeweils in den Infokästen angegeben. Die Vorwahlnummer nach Deutschland ist 00 49. Nach Österreich ist die Vorwahl 00 43 und in die Schweiz die Vorwahl 00 41 zu verwenden.
Zu beachten ist aber, daß aufgrund einer Systemumstellung bei innerpolnischen Gesprächen nun in jedem Falle die jeweilige Ortsvorwahl zu wählen ist, auch wenn man sich in dem Ort des Zieltelefons befindet. Wer also von einem Krakauer Festnetztelefon aus ein anderes Festnetztelefon in Krakau anrufen möchte, muß auch zunächst die Vorwahl 012 wählen.

Toiletten

Öffentliche Toiletten erkennt man entweder an der Aufschrift ›Damski‹ (Damen) und ›Męski‹ (Herren) oder an einem Kreis (für die Damen) und einem Dreieck (für die Herren). Die zentralste öffentliche Toilette in Krakau befindet sich am Marktplatz in den Tuchhallen, direkt gegenüber der Marienkirche.

Trinkgeld

Fünf bis zehn Prozent Trinkgeld sind auch in polnischen Restaurants und Gaststätten üblich.

Unterkunft

Unterkünfte werden in diesem Reiseführer in den Inforubriken zu den jeweiligen Städten angegeben. Bei den Übernachtungspreisen besteht ein enormes Stadt-Land-Gefälle. Während sich die Preise für Hotelübernachtungen in Krakau nicht mehr von Hotels in westeuropäischen Großstädten und Touristenorten unterschei-

Ein hübscher Kiosk

den, besteht weiter südlich die Möglichkeit, bei etwas niedrigerem Standard für deutlich weniger Geld Urlaub zu machen. Informationen zum Urlaub auf dem Lande erhält man im Internet unter www.agroturystyka.pl.

Währung und Wechselkurs

Mit dem Beitritt Polens zur Europäischen Union war nicht die Einführung des Euro als gesetzliches Zahlungsmittel in dem Land verbunden. Der Polnische Złoty, der international mit zł und im Bankwesen mit PLN abgekürzt wird, ist weiterhin die Landeswährung. Die Zeiten, in denen in Polen ausländische Währungen als Zahlungsmittel lieber gesehen wurden als der Złoty, sind längst vergangen. Wer Bargeld tauschen möchte, sollte daher die allerorts zu findenden Geschäfte mit der Aufschrift ›Kantor‹ (›Wechselstube‹) aufsuchen (siehe auch ›Wechselstuben‹).
Der Złoty ist nicht fest an den Euro gebunden, der Kurs schwankt; Stand Juni 2006: 1 Euro entspricht 3,7 Złoty; 1 Złoty entspricht 0,27 Euro.

Wandern

Zum Wandern eignet sich die Region Kleinpolen ausgezeichnet. Auf zahlreichen Pfaden können sich Wanderfreunde von den Schönheiten der Natur überzeugen. Einige der Wege sind in diesem Reiseführer beschrieben, nämlich in den Kapiteln über Zakopane, Piwniczna, den Babia-Góra-Nationalpark und den Ojców-Nationalpark.

Wechselstuben

Bei der Suche nach einer Wechselstube (›Kantor‹) in Krakau empfiehlt es sich, nicht leichtsinnig in die erstbeste zu laufen. Gelegentlich scheinen die Betreiber der Wechselstube nämlich auf die Unerfahrenheit ausländischer Touristen zu setzen. So kommt es manchmal, wenn auch selten, vor, daß anstelle eines an den internationalen Geldmarkt angepaßten Umtauschkurses von beispielsweise 462,50 Złoty für 100 Euro auf dem Aushang von Wechselstuben 406,25 Złoty für 100 Euro ausgeschrieben werden. Die zusätzliche Null zwischen der ersten und der dritten Ziffer macht dann einen Unterschied von etwa 14 Prozent aus. Auch bei anderen Kursständen betreiben einige wenige schwarze Schafe dieses Spielchen. So stand der Wechselkrus für 100 Euro im Januar 2006 bei etwa 382 Złoty. Einige wenige Wechselstuben machten daraus das Angebot 100 Euro entspricht 332 Złoty, wobei die mittlere der drei Ziffern der Bezeichnung der polnischen Währung fast wie eine Acht geschrieben wurde. Doch das sind Ausnahmen. Uneingeschränkt gute Erfahrungen haben die Autoren bisher in den Wechselstuben in der ul. Floriańska in den Häusern Nr. 27, Nr. 34 und Nr. 37 gemacht.

Wintersport

Kleinpolen mit seiner Winterhauptstadt Zakopane ist das Zentrum des polnischen Wintersports. Auch auf größere Anstürme von Skifahrern ist man in den Wintersporthochburgen bestens vorbereitet. Nicht auf allen Pisten werden Profis ausreichend herausgefordert. Ein- bis zweimal jährlich in den Skiurlaub fahrende Hobbyabfahrtsläufer kommen aber in jedem Fall auf ihre Kosten. Wintersportausrüstungen wie Skier und Schlittschuhe können überall in den Touristenzentren in der Hohen Tatra ausgeliehen werden. Oft befinden sich diese Einrichtungen direkt an den Skiliften.

Zeit

Es gilt wie in Deutschland die mitteleuropäische Zeit (MEZ) mit Umstellung von Sommer- auf Winterzeit.

Zeitungen

Polnische Zeitungen sind selbstverständlich an jedem Kiosk zu bekommen. Deutsche, österreichische und schweizerische Tages- und Wochenzeitungen kann man im Krakauer Hauptbahnhof, am Flughafen Balice und in größeren Hotels kaufen. Ein besonders reichhaltiges Angebot an internationaler Presse befindet sich im Haus der Buchhandlung Empik am Rynek gegenüber dem Adam-Mickiewicz-Denkmal in der Nähe der Marienkirche.
Die Bibliothek des Goethe-Instituts in Krakau verfügt ebenfalls über ein gutes Angebot deutscher Tageszeitungen. Das Goethe-Institut befindet sich in Krakau am Rynek Główny 20, Tel. 422 58 29; Öffnungszeiten der Bibliothek Mo und Mi 12 bis 16, Di und Fr 14 bis 18 Uhr.

Zoll

Seit 1. Mai 2004 gelten folgende Einfuhrbestimmungen aus Polen nach Deutschland: Pro Person dürfen 200 Zigaretten, 10 Liter Spirituosen (über 22 Prozent Alkoholgehalt) und 20 Liter Kraftstoff (zusätzlich zum normalen Tank) über die Grenze gebracht werden. Für Bewohner des Grenzgebiets gelten gesonderte Bestimmungen.

Züge

Zwischen den polnischen Großstädten bestehen gut ausgebaute Zugverbindungen. So kann man von Krakau aus mehrfach täglich sowohl in den Norden in Richtung Warschau, Danzig und Stettin als auch in den Westen nach Katowice, Breslau und Poznań fahren. Auch in den Osten nach Lemberg (Lwów) verkehren Züge über Tarnów und Przemyśl.
Gelegentlich läßt der Service in den Zügen der polnischen Staatsbahn PKP jedoch zu wünschen übrig. Nicht selten sind die Waggons der zweiten Klasse auch auf den Fernstrecken, wenn man nicht gerade mit einem Intercity oder Eurocity fährt, mit Acht-Personen-Abteilen ausgestattet, so daß es unterwegs schon mal sehr eng und unbequem werden kann. Doch befindet sich die Polnische Staatsbahn damit in guter Gesellschaft. Schließlich war es die Deutsche Bahn AG, die die schwächer ausgestatteten Interregio-Züge von heute auf morgen zu ICs machte, ohne daß sich am Standard irgendetwas geändert hätte.

Literatur- und Internethinweise

Brix, Emil (Hg.), Europa erlesen. Krakau, Klagenfurt 2002.

Dedecius, Karl, Panorama der polnischen Literatur des 20. Jahrhunderts. Abt.V. Panorama. Ein Rundblick, 2000.

Kerski, Basil/Eberwien, Wolf-Dieter, Die deutsch-polnischen Beziehungen 1949–2000. Eine Wert- und Interessengemeinschaft?, 2001.

Kijowska, Marta, Krakau. Spaziergang durch eine Dichterstadt, 2005.

Krzemiński, Adam, Polen im 20. Jahrhundert. Ein historischer Essay, 1993.

Pankiewicz, Tadeusz, Die Apotheke im Krakauer Ghetto, 1995.

Różewicz, Tadeusz, Zweite ernste Verwarnung. Gedichte, deutsche Übersetzung von Henryk Bereska, 2000.

Szczypiorski, Andrej, Die schöne Frau Seidenmann, Roman, 1991.

Szymborska, Wisława, Auf Wiedersehen, Bis morgen. Gedichte, 1998.

Weigel, George, Zeuge der Hoffnung. Johannes Paul II. Eine Biographie. 2002.

www.polen-info.de
Seite des polnischen Fremdenverkehrsamtes in Deutschland.

www.malopolskie.pl/informator2004/de/o_k.html
Große Adressensammlung für kulturelle Einrichtungen in Kleinpolen.

www.krakow.pl (engl.)
Informationen über das ›magische‹ Krakau.

www.wawel.krakow.pl/dmenu.htm
Alles über den Wawel.

www.kopalnia.pl
Alles über das Salzbergwerk in Wieliczka.

www.deutsches-polen-institut.de
Seite des Deutschen Polen-Instituts in Darmstadt.

www.deutsch-polnische-gesellschaft.de
Seite der Deutsch-Polnischen Gesellschaft der Bundesrepublik Deutschland e.V.

www.mpk.krakow.pl
Seite des Krakauer Nahverkehrsunternehmens MPK, nur auf polnisch.

Die Autoren

Joanna Walas-Klute wurde 1975 in Myślenice geboren und wuchs in Dobczyce auf. Nach dem Abitur studierte sie Kunst und Pädagogik an der Pädagogischen Akademie Krakau, lernte an der Linguistischen Fakultät der Universität Bielefeld Deutsch und absolvierte nach dem Abschluß des Kunst- und Pädagogikstudiums im Rahmen eines DAAD-Stipendiums ein Ergänzungsstudium an der Hochschule für Bildende Künste Braunschweig. Heute lebt Joanna Walas-Klute, die den Kontakt zu ihrer Heimat Małopolska nie abgebrochen hat, im westfälischen Versmold und arbeitet am dortigen Gymnasium des Christlichen Jugenddorfwerks Deutschlands (CJD) als Kunstlehrerin.

Thorsten Klute wurde 1974 im westfälischen Versmold geboren. Nach dem Jurastudium an der Unversität Bielefeld, einem Polnischsemester an einer Krakauer Privatschule, einem juristischen Aufbaustudium zur Osterweiterung der Europäischen Union an der Technischen Universität Dresden und dem Referendariat im Landgerichtsbezirk Bielefeld machte er sich zunächst als Rechtsanwalt selbständig. Seit der Kommunalwahl im September 2004 ist Thorsten Klute hauptamtlicher Bürgermeister der Stadt Versmold. Sein Reiseführer ›Die Polnischen Waldkarpaten‹ erschien ebenfalls im Trescher Verlag (2006).

Kartenregister

Krakau
Hotels 137
Innenstadt Innenklappe vorn
Kazimierz 100
Marienkirche 59
Nowa Huta 113
Straßenbahnnetz Innenklappe hinten
Wawel 88
Zentrum und Wawel 53

Sonstige Stadtpläne
Nowy Sącz 250
Tarnów 208
Wieliczka 168
Zakopane 220

Übersichtskarten
Die Bergregion 218
Kleinpolen 15
Kleinstädte im Südosten 167
Ojców-Nationalpark 161
Das religiöse Kleinpolen 188
Zakopane und Hohe Tatra 230

Ortsregister Kleinpolen

Auschwitz (Oświęcim) 14, 197
Auschwitz II-Birkenau 200

Babia-Góra-Nationalpark 20, 247
Babia Góra 17
Bar 30
Beskiden 17, 249
Bielska Tatra 16
Bochnia 185
Borzęta 182
Bronisław Chromy 97
Brzączowice 182
Brzezowa 182
Chrzanów 14
Czerwony Klasztor 256

Dobczyce 180
Dobczycer Stausee 182
Dolina Chochołowska 19, 234
Dolina Kościeliska 19, 234
Dunajec 17, 18, 205, 242, 249, 255, 258

Gerlachovsky štít 16
Giewont 16
Gniezno 23
Gubałówka 229

Hohe Tatra 14, 229
Hucisko 87

Kalwaria Zebrzydowska 194
Kamienica 249
Karpaten 14
Kasprowy Wierch 16, 21, 231
Kornatka 182
Krościenko 257
Krynica 14

Miechów 14
Morskie Oko 235, 236
Myślenice 182, 183

Niepołomice 178
Niepołomicer Urwald (Puszcza Niepołomicka) 178
Nowy Sącz 249
Nowy Targ 242

Obidza 253
Ochmanów 179

Ojców-Nationalpark 20, 160

Pięciu Stawów Polskich 236
Pieniński-Nationalpark 17
Piwniczna 252
Poprad 18, 249, 252

Raba 178, 180, 183
Rabka 244
Rysy 16, 235
Rytro 253

Sachsenhausen 35
Siwy-Wierch-Massiv 17
Skawa 192
Sromowce Wyżne 255
Stará L' ubovna 253
Sucha Beskidzka 245, 247
Szczawnica 256, 258

Tarnów 14, 30, 205
Tatra 16
Trzy Korony 17, 256, 258

Wadowice 192
Warschau 28, 33
Wąwóz Homole 253, 258
Weichsel (Wisła) 17, 178
Westliche Tatra 16
Wieliczka 168

Zakopane 14, 219
Zawoja 247, 248

Ortsregister Krakau

Adam-Mickiewicz-Denkmal 63
Alter Friedhof 106
Alte Synagoge 102

Barbakan 54
Benediktinerabtei (Tyniec) 126
Błonia-Wiesen 37, 122
Bonifratów-Trinitatis-Kirche 112
Botanischer Garten 123

Collegium Maius 77
Collegium Novum 78
Cricoteka 84

Denkmal für Józef Dietl 81
Denkmal für Piotr Skarga 83
Dominikanerkloster 82

Florianstor 54
Franziskanerkirche 81
Fronleichnamskirche 111

Haus zu den Drei Kronen 85
Hohe Synagoge 111
Hotel Copernicus 85
Hotel Pod Różą 57

Izaak-Synagoge 111

Jama Michalika 56
Jan-Długosz-Haus 85
Jan-Matejko-Haus 56

Kamaldulenserkloster 125
Kamienica Szara (›Graues Haus‹) 73
Kazimierz 25, 35, 99
Kirche Arka Pana (Arche des Herrn) 116
Kirche św. Idziego 84
Kirche św. Anny 79
Kirche św. Barbary 61
Kirche św. Katarzyny 112
Kleparz 25
Königstrakt 54

Kościuszkohügel 124, 127
Krakhügel 124
Kupa-Synagoge 110

Las Wolski (Wolskiwald) 127

Mały Rynek 61
Marienkirche 58
Mikweh 105
Mogiła 121
Museum der Erzdiözese Krakau 85
Muzeum Galicja 104

Nowa Huta 36, 113

Pałac Pod Baranami (Palast zu den Widdern) 74
Pałac Pod Krzysztoforami 75
Pałac Spiski 75
Palast der Krakauer Bischöfe 82
Park Bednarskiego 123
Park im. Henryka Jordana 122
Park Krakowski 123
Pharmaziemuseum 57
Piłsudskihügel 125, 127
Plac Bohaterów Getta 107
Plac Centralny 114
Plac Mariacki (Marienplatz) 61
Plac Nowy 110
Planty 122
Płaszów 35, 108
Pod Jaszczurami (Zu den Eidechsen) 73
Pod Murzynami (Zu den Mohren) 57

Pod Orłem (Zum Adler) 75
Popper-Synagoge 104

Rathaus 75
Rathaus (Kazimierz) 112
Remuh-Synagoge 105
Rynek Główny 57

St.-Martin-Kirche (św. Marcina) 83
St.-Peter-und-Paul-Kirche 82
St. Adalbert-Kirche 63
St. Andreaskirche (św. Andrzeja) 83
Stahlwerk (frühere Lenin-Hütte) 114
Synagoge ›Auf'm Bergel 104

Tempel-Synagoge 110
Tuchhallen (Sukiennice) 70
Tyniec 24

Ulica Grodzka 81
Ulica Kanonicza 84
Ulica Lipowa 109, 110
Ulica Sienna 62
Ulica Szeroka 102, 108
Universitätsviertel 77

Wandahügel 124
Wawel 88
Dom 90
Drachenhöhle 97
Königliche Gemächer 94
Königliche Privatappartements 95
Sigismundturm 92
Wawelschloß 93
Zoo 123

Personen- und Sachregister

Adalbert (Heiliger) 69
Albrecht von Hohenzollern 57
Anioł, Stanisław 176
Anna Jagiellonka 90
August II. 28

August III. 28

Baczyński, Józef 245
Barbara von Rożnów 210
Barbara von Tęczyn 210
Bären 236
Bartoszewski, Władysław 41
Bem, Józef 207, 213
Berecci, Bartolomeo 90, 205, 210
Boczkowski, Feliks 175
Bolesław (König) 23
Bolesław Chrobry (der Tapfere, Fürst) 23
Bolesław II. Śmiały (der Kühne) 24
Bolesław III. Krzywousty (der Schiefmündige) 24
Boner, Severin 61
Brandt, Willy 41
Breschnew, Leonid 190
Buonaccorsi, Filip 82
Bush, George W. 94
Buzek, Jerzy 38

Castigilione-Suski, Kasper 246
Chałubiński, Dr. Tytus 222
Coxcie, Michiel von 94
Cruy, Adrian (Andrichomiusz) 194

Deutsch-polnische Beziehungen 40
Dietl, Józef 71, 81
Długosz, Jan 84, 85, 162, 180, 251
Dolabelli, Tomasz 111
Dubrava (Prinzessin) 23
Dürer, Hans 94

Elizabeth II. (englische Königin) 57
Elżbieta von Szternberg 209
Estreicher, Karol 101
Europäische Union 39

Fauna 18
Fischer, Stanisław 186
Flora 18
Fontana, Baltazar 79, 83
Frank, Hans 35, 93
Franz (Florentiner Architekt) 93
Freundschaftsvertrag 40

Galizien 30
Gegenreformation 26
Gierek, Edward 190
Goeth, Amon Leopold 108
Goethe, Johann Wolfgang von 75, 177
Góralen 228
Großmährisches Reich 23
Großpolen (Polonia Maior) 14

Heinrich (schlesischer König) 69
Herzog, Roman 41, 57
Herzogtum Warschau 33
Heydrich, Reinhard 198
Hitler-Stalin-Pakt 35

Ibrahim Ibn Jakub 23
Isserle, Moses 106
Jadwiga 25, 77, 180
Jagiellonen-Dynastie 25
Jan III. Sobieski 92
Jaruzelski, Wojciech 37, 190
Johannes Paul II. 122, 189, 194, 234
Jordana, Henryka 122

Kaczyński (Jarosław und Lech, Brüder) 42
Kaczyński, Lech 39
Kantor, Tadeusz 86
Kanty, Jan 79
Katharina II. 28
Katholische Kirche 43
Kazimierczyk, Stanisław 112

Kazimierz III. 173
Kazimierz III. Wielki 77, 100, 178, 180, 183, 242
Kazimierz Jagiellończyk 90
Kazimierz Odnowiciel (der Erneuerer) 24, 126
Kazimierz Wielki 25, 162, 186
Kinga (Heilige) 174
Kleinpolen (Małopolska) 14
Klima 21
Kohl, Helmut 41
Komorowski, Piotr 246
Konföderation von Bar 30
Kopernikus, Nikolaus 77
Kościuszko, Tadeusz 30, 57, 75, 92, 124, 128
Krak (König) 23
Kriegsrecht 37
Kwaśniewski, Aleksander 38

Lemken 36, 260
Ludwig von Ungarn 25

Marcinkiewicz, Kazimierz 39, 42
Markowski, Józef 176
Markowski, Tomasz 176
Marta von Tarnów 205
Matejko, Jan 56, 71, 78
Mazowiecki, Tadeusz 37
Michałowski, Piotr 71
Michnik, Adam 39
Mickiewicz, Adam 63, 92, 245
Mieszko I. (polnischer Herzog) 23
Mikołajowski, Jan 210

NATO 37

Oder-Neiße-Linie 40
Orkan, Władysław 222, 224
Oscypek 233

Padwy, Gian Maria Mosca (Padovano) 61, 205
Pankiewicz, Tadeusz 107
Paul I. (russischer Zar) 75
Penderecki, Krzysztof 74, 76
Piasten-Dynastie 23
Piłsudski, Józef 34, 92, 125, 129
Pittoni, Giambattista 61
Polnische Teilungen 28
Poniatowski, Józef 30, 75
Popper, Wolf 104
Przerębska, Katarzyna 246
Putin, Wladimir 57

Reformation 26
Republik Krakau 33
Richard d' Alton 212
Różewicz, Tadeusz 201
Rygier, Teodor 64

Schindler, Oskar 35, 108, 110
Sędzimir, Tadeusz 114
Siebenjähriger Krieg 28
Siemiginowski, Jerzy Eleuter 79
Siemiradzki, Henryk 71, 84
Skarga, Piotr 83
Słowacki, Juliusz 92
Solidarność 37
Sołtyk, Kajetan 90
Sonderaktion Krakau 35
Spielberg, Steven 108
Spira, Nathan 104, 106
Sprache 48
Stanisław (Bischof) 24
Stanisław August Poniatowski 28, 30
Stefan Batory 90
Stolarczyk, Józef 222
Stoß, Veit 26, 61, 82
Szymborska, Wisława 80

Tarnowski, Jan 205, 209
Trachten 72

Vertrag über gute Nachbarschaft und freundschaftliche Zusammenarbeit 41
Vischer, Hans 61, 90

Waclaw II. (tschechischer König) 163, 249
Wahlkönigtum 27
Wałęsa, Lech 37, 38, 41, 44, 191
Walezy, Henryk 73
Warhol, Andy 260
Warschauer Vertrag 36, 41
Waweldrache 98
Węgierski, Ludwik 77
Weizsäcker, Richard von 197
Wiener Kongreß 33
Wiślany 23
Witkiewicz, Stanisław 221, 223
Władysław I. Herman 24
Władysław II. Jagiełło 26, 180
Władysław Jagiełło 77, 101
Władysław Łokietek 25, 163
Wojtyła, Karol (s.a. Johannes Paul II.) 36, 44, 82, 85, 97, 189, 192
WTO 37
Wyrodek, Antoni 176
Wyspiański, Franciszek 85
Wyspiański, Stanisław 81

Zakopane-Stil 221
Zebrzydowski, Jan 194
Zebrzydowski, Mikołaj 194
Zweiter Weltkrieg 35
Zygmunt I. 45
Zygmunt I. Stary 27, 90
Zygmunt II. August 27, 90, 94, 178
Zygmunt III. Waza 27

Bildnachweis

Alle Fotos von Joanna Walas-Klute und Thorsten Klute, außer: bird service (128, 222, 223, 228, 231, 257, 258), Sabine Fach/Hinnerk Dreppenstedt (8, 9, 43, 49, 56, 62, 74, 79, 82, 84, 89, 91, 99, 103, 106, 110, 111, 112, 115, 123, 124, 129, 132, 134, 135, 143, 147, 179, 206, 212, 213, 214), Peter Hirth/transit (38, 66o., 68, 118o., 118u., 158/59, 172o.), Just/Hofmann (22, 55, 92, 117, 119o., 239u., 277), Kerstin und André Micklitza (164, 216/17, 239o., 240), Gabi Niechziol (25, 67, 85, 95, 120u., 169, 170o., 171, 281), K. Nowicki (98), Detlev von Oppeln (65), Claudia Quaukies (12/13, 50/51, 66u., 77, 120o., 172u.).

Titel: Glasmalerei am Waweldom, Innenansicht

S. 12/13: Touristen auf dem Rynek
S. 50/51: Die Tuchhallen auf dem Rynek
S. 130/31: Auslage einer Krakauer Bäckerei
S. 158/59: Im Ojców-Nationalpark
S. 216/17: In der Hohen Tatra